大融合
互联网时代银行业变局

肖远企　张　坤　方舒婷　著

中国金融出版社

责任编辑：赵燕红
责任校对：李俊英
责任印制：程　颖

图书在版编目（CIP）数据

大融合　互联网时代银行业变局（Daronghe Hulianwang Shidai Yinhangye
Bianju）／肖远企，张坤，方舒婷著．—北京：中国金融出版社，2015.5
ISBN 978 - 7 - 5049 - 7835 - 6

Ⅰ.①大…　Ⅱ.①肖…②张…③方…　Ⅲ.①互联网络—影响—银行
业—研究　Ⅳ.①F830.3

中国版本图书馆 CIP 数据核字（2015）第 035101 号

出版
发行　中国金融出版社

社址　北京市丰台区益泽路 2 号
市场开发部　（010）63266347，63805472，63439533（传真）
网 上 书 店　http：//www.chinafph.com
　　　　　　（010）63286832，63365686（传真）
读者服务部　（010）66070833，62568380
邮编　100071
经销　新华书店
印刷　利兴印务有限公司
尺寸　169 毫米×239 毫米
印张　17
字数　300 千
版次　2015 年 5 月第 1 版
印次　2015 年 5 月第 1 次印刷
定价　60.00 元
ISBN 978 - 7 - 5049 - 7835 - 6/F.7395
如出现印装错误本社负责调换　联系电话（010）63263947

目　录

第一章　互联网与金融业融合

在金融业历史中，金融功能维持着基本稳定，而金融中介则不断改变着自己，以更富效率的方式为经济社会发展提供金融服务。金融业是最早应用信息与通信技术来改造自己的行业之一，如今的金融业已经与互联网紧密融合在一起了，而且融合的进程仍然在继续深入推进。这极大地扩大了金融服务供给，加剧了金融业竞争，提高了金融服务的便利性、可得性和普惠性，从而给更多的金融服务消费者和经济增长带来了收益。金融业与互联网的融合并不会改变金融的本质，但给金融业带来了广泛而深远的影响。

第一节　金融技术一体化

以互联网为代表的信息与通信技术是人类社会最重要的技术创新之一，它们在降低经济社会运行成本方面发挥了重要的作用。金融业主动应用先进技术成果，由浅入深地与信息技术融合起来，而一些互联网企业也抓住时机进入金融服务领域。金融业与互联网相互融合和一体化，使金融功能得以更好地发挥。

一、中介存在

在现代社会，金融活动少不了各类金融中介机构的身影，它们积极而广泛地参与到各项金融活动中，通过专业化的服务降低交易成本，消除信息不对称，推动金融交易的顺利进行。从根本上讲，金融中介的存在促进了金融功能的发挥。相比较而言，金融功能是稳定的，而金融中介需要根据交易成本和信息状况的变化不断改进自己，使自己能够更好地适应促进金融功能发挥的角色。否则，它们将会在金融业的历史上消失。

（一）必要性

投资、商业、消费以及日常生活都需要金融活动。随着财富积累，越来越多的财富将集中在那些没有投资意愿，或者缺少投资机会和经营管理能力的个人和家庭手中，而那些有意愿、有能力、有机会的企业和公司则缺少充足的资金。个人、家庭、企业或者其他组织的收入和支出在时间上并不一致，也会形成暂时性的资金短缺或者盈余。短缺者希望通过支付一定的费用来获取资金，而盈余者则可以通过出借资金来获取收益。经济发展要求打破这种资金配置的不匹配，尽可能地避免资金闲置。

由于信息不对称以及交易成本等因素，这些金融活动不能完全通过金融市场来进行，或者说仅仅通过金融市场不能实现资金配置的理想效果。利息率可以作为一个重要的资金配置信号，但在信息不对称或交易成本过高的情况下，市场调节机制的作用会受到很大的抑制。资金盈余方无法获得资金需求方的充分信息和信任，如果将资金交给资金需求方，它们也无法获得资金使用情况的充分信息和评估，并施加充分的监督。如果资金盈余方收取过高的利息率，会将那些低风险的资金短缺者排除在市场之外，那些获得资金的企业和公司可能会将这些资金用于高风险的项目。如果收取过低的利息率，又无法覆盖自己所承担的风险。交易成本和信息不对称等因素导致了市场失灵。此外，不同的盈余者的闲置资金数量、期限都有所不同，风险偏好的状况也不尽相同，而不同的短缺者对资金的需求也存在差异。在这种情况下，如果让大量异质的借款人和贷款人在金融市场上自行匹配，势必会形成时间、空间以及数量上的摩擦，由此导致的高昂成本将不利于金融活动的顺利进行。

金融中介的基础性作用就是缓解资金余缺双方之间的信息不对称，代表资金盈余方对资金需求方进行评估、筛选和监督。它们一方面将大量的分散在个人和家庭手中的闲置资金汇集起来，通过审慎的机制，将这些资金分配给那些需要资金的个人、企业和公司。金融中介借助数据分析来完成这种资金配置过程。金融中介会要求资金需求方向它们提供必要的财务数据、抵（质）押和担保，使用自己的模型来评估资金需求方的信用水平。它们还会利用自己与资金需求方的长期业务往来记录来考察资金需求方的信用状况。由此所产生的数据处理结果将会作为金融中介商业决策的依据。这也是一些人将数据处理看做银行等金融中介的核心的原因。随着"大数据"时代的逐步来临，金融中介在改善信息状况方面的作用将得到更大的发挥空间。

金融中介在改善信息不对称问题方面有着规模经济优势。如果没有金融中介的存在，那么资金供给者需要针对每一个资金需求者进行数据的收集和处理，来评估它们的信用状况。单个或几个资金供给者的资金量有限，它们不会将自己的资金全部提供给某个或少数几个资金需求者。它们每次选择新的资金需求者都需要对这些资金需求者的信用状况进行评估。从整个社会的角度来看，这种交易的非连续性会导致大量的重复和过高的社会成本。在不借助金融中介的情况下，资金供给者还需要对资金使用者分别进行监督。这同样会导致重复监督和过高的社会成本。金融中介的存在可以减少大量的重复活动。金融中介可以代表资金供给者进行数据的收集和处理，可以积累大量的经验和技能，而且可以在数据库和模型开发方面进行投入来改善自己的数据分析技能。它们还可以代表资金供给者对资金需求者进行监督，监督活动的重复也得到了尽可能地减少。金融中介与资金需求者建立长期的业务往来，这可以将资金余缺双方之间的交易和转换降低到最少，从而节省了频频的转换所伴随的信息损失和成本。

个人和家庭从金融中介那里获得了投资收益，企业和公司从金融中介那里获得自己所需要的资金。尽管金融中介并不能完全消除信息不对称问题，但它们确实改善了这一状况。① 金融中介的存在和参与符合资金余缺双方的利益，同时也有利于社会经济的发展。

除了促进资源配置之外，金融中介提供的支付结算及风险管理服务还是大量交易活动之所以能够顺利进行的重要条件。如果没有金融中介，许多交易活动都将很难顺利进行。比如，如果没有金融中介，交易方需要远距离携带大量的资金来完成交易。在此过程中，会存在大量的安全隐患和交易费用。当然，它们可以选择通过金融中介的支付结算网络及保险服务来实现同样的目的。关键在于，有了金融中介的参与，交易过程更加安全、便捷，交易成本更低。

金融中介在财富管理和风险管理等方面的服务为人们的生产生活提供很多的便利。财富管理是伴随着人们财富水平的提高而产生的金融需求。信用货币的币值与黄金等硬通货相比稳定性较差，通货膨胀问题也普遍存在于世界各国。因此，以非现金的形式来储存财富已成为大势所趋。证券、基金、不动产投资等财富形式受到越来越多人的青睐。但是这些投资品价格也一直处于波动之中，要实现财富管理的目标就必须有良好的专业分析和研究能力。此外，自人类社会形成以来，风险便始终存在着，自然灾害、人身意外、政治动荡等带来的诸多风险时时刻刻影响着人们的正常生活。而且人类社会越是繁荣，社会活动和社会关系就越是复杂，风险的种类也就越多，发生的可能性也越大。面

---

① 金融中介与资金需求者和使用者之间也存在信息不对称问题，这会导致"信贷配给"（credit rationing）。一部分资金需求者即使愿意支付较高的利息率，也无法获得金融机构的资金。

对无处不在的风险，人们在提高风险意识，加强风险防范的同时，也衍生出了寻求风险补偿的需求，即通过缴纳费用，在遭受风险损失时获取补偿。保险服务提供商在满足人们的保险需求方面发挥了不可替代的作用。随着大数据分析应用越来越广泛和深入，金融中介可以更好地认识客户，更好地满足他们的财富管理需求和风险管理需求。

（二）稳定性

尽管整个社会的交易成本和信息不对称因为金融中介的作用而有所改善，但并不能完全消除交易成本和信息不对称问题。比如，金融中介将资金余缺双方之间的信息不对称转化为它们与资金供给者和资金需求者之间的信息不对称，将本该由资金余缺双方承担的交易成本转化为自己的成本。金融中介需要持续不断地投入来减少由于自己的介入而产生的交易成本和信息不对称。

信息和通信技术的进步为金融中介的改善提供了技术基础。那些能够应用新技术来改变或改造自己、提高经营管理效率的金融中介得到了更好的发展，而那些无法适应新技术环境的金融中介则逐步退出历史舞台。现代金融业在信息化和网络化方面所达到的水平是五六十年前的金融家们所无法预料和期冀的。这种改变可以使金融业更高效地发挥自己应有的功能，便利经济社会的各类交易活动和资源配置过程。

从根本上讲，我们需要的是金融，是金融业提供的服务，是金融业所应发挥的功能。金融不同于金融业，金融业是金融活动的执行者，只有在金融业的存在使得金融功能得到更好地发挥的条件下，其存在才具有合理性和必要性。根据博迪和莫顿等提出的金融功能观点，金融业最基本的功能是促进经济资源的配置和利用，在此基础上可以进一步区分出六个核心功能：一是提供支付结算手段，促进各类商品和劳务的交换。二是提供汇集资金以支持不可分割的大规模投资的机制。三是提供跨时间、跨区域、跨行业转移经济资源的方法。四是提供管理不确定性和控制风险的方法。五是提供价格信息以协调经济各部门的分散化决策。六是提供解决信息不对称性和委托—代理问题的方法。金融功能比金融机构（金融中介）更稳定，也就是说，在不同时期、不同国家和地区，金融功能的变化要小于金融机构的变化。即使是名称相同的金融中介，它们发挥的功能也会存在很大不同。金融机构的形式会跟随金融功能，也就是说，金融机构之间的创新和竞争最终会导致在它们执行金融功能方面的更高的效率。

金融业或金融中介会随着时间的推移而发生很大的变化。比如，经济发展总是需要金融业提供投融资活动，但至于是通过金融中介还是通过金融市场，通过何种形式的金融中介来完成资源配置却是不断变化的。在此过程中，一些金融中介消失了，保留下来的金融中介也已经今非昔比，还产生了新的金融中介。金融市场的地位在不断增强，金融产品越来越丰富，越来越多的金融活动从金融中介内部转移到了金融市场。技术进步是这一过程的重要推动力量。

金融中介也并非总是处于剧烈的变化当中，它们具有相对稳定性。无定态是无意义的，不可分析的。但金融中介的稳定性限制在其所承担的金融功能方面，当金融中介无法体现对金融功能的促进作用时，其存在的合理性、必要性也会相应消失。从整个行业来看，旧的机构被淘汰，新的机构也会应运而生。这些新机构的出现同样也是适应某些金融功能的要求。

从趋势来看，金融体系的结构和组织形式将朝着金融功能得以更好地发挥的方向发展。以互联网和大数据分析为主体的现代信息通信技术仍在不断迎来新的大发展，这对于金融业的不断改进、提高效率提出了更高的要求。

二、中介触网

金融业的触网与科技的进步和自身的发展是密不可分的。金融业的各项业务都涉及大量计算记账操作。在手工操作的年代，这些操作不仅费时，而且容易出错，严重影响了金融业的运营效率。20 世纪 40 年代至 50 年代，第一代电子计算机兴起。电子计算机的引入有效地克服了手工操作的弊端，不仅节省了操作时间，精简了操作流程，还降低了操作失误发生的概率。计算机的使用为金融业应用互联网提供了必要的准备。20 世纪 80 年代，互联网的繁荣为金融业的发展提供了新的动力。互联网打破了过去人们在时间和空间上的界限，使任何接入互联网的人能够共享和传递信息。互联网的引入和广泛应用使金融业务处理能力上了一个新的台阶，许多金融机构的信息数据处理系统已经能够支持从内部管理到外部经营的全部电子化操作。

越来越多的客户熟悉和使用互联网，为金融业应用互联网提供了更多的空间。互联网对人们的行为习惯和思维模式都产生了深刻的影响。特别是进入21 世纪以来，智能手机、平板电脑等便携设备的普及和移动互联网的发展让用户停留在网上的时间更长，对互联网的依赖性更强，越来越多的人选择在家里远程办公、网上购物、网上订餐等。随着网络应用的丰富和物流网络的广泛布局，包括通信、娱乐、出行、就餐等在内的几乎所有日常需求都能在网上得到满足，互联网在人们生产生活中的重要程度不断加深。一些观察者称此为"宅经济"。

客户行为的"互联网化"不可避免地影响到金融行业。一方面，客户已经习惯于在网上满足自己的日常需要，其中也包括对金融服务的需求。另一方面，客户在互联网上进行的其他活动也激发了潜在的金融需求。比如，网上购物或者观看付费视频等活动都需要网上支付业务的支持。

金融业竞争日趋加剧也迫使金融服务提供者通过先进的信息技术降低运营成本，提高运营效率。据粗略估算，同一笔业务在柜台办理的成本大约是电子渠道的10倍，而且电子银行能够有效分流柜面压力，将员工从重复、繁琐的简单交易操作中解放出来，去充实营销和服务队伍，提高服务能力。除此之外，金融机构也借助互联网有效地降低了信息搜集成本、监督成本和操作成本。

一些金融管理规章制度的松绑也推动了金融业的互联网化进程。比如，2005年，《中华人民共和国电子签名法》颁布，互联网保险行业迎来了新的发展机遇，随后中国人保财险推出国内第一张全流程电子保单。再比如，2013年，中国证券登记结算有限责任公司发布了《证券账户非现场开户实施暂行办法》，规定了"见证开户"及"网上开户"这两种非现场开户方式，改变了过去证券账户只能在柜台开立的监管要求，加深了证券业与互联网的融合。

银行业与互联网的接轨从电子化发展而来。20世纪60年代，美国商业银行开始将计算机运用于记账和编制报表等工作，提高了银行内部的办公效率。进入80年代后，信息网络技术的成本大幅降低，银行开始向一些重要客户提供接口，方便客户用专线与其开户银行进行数据的传输，但是能享受这一服务的客户很有限，服务成本也居高不下。90年代，网上银行的概念开始兴起，各大商业银行纷纷投入力量，开发网上银行，这个时期诞生了全世界第一家纯网络银行——美国安全第一网络银行（SFNB）。此后，现代通信技术加速发展和信息安全技术不断完善，推动产生了手机银行、电话银行等新型服务方式。现在，电子银行已经成为绝大多数商业银行的"标配"，电子银行已经是商业银行提供服务的重要渠道。银行业已经改变过去仅仅将互联网作为服务渠道的传统定位，高调挺进互联网领域。比如，目前我国的五家大型商业银行都已经建立了自己的电子商务品牌，一些中小银行开始尝试直销银行，借助电子渠道打破网点、地域的限制，扩大服务范围。

证券市场的电子化进程经历了信息披露、指令传递、指令执行以及证券交易等若干个阶段。网上证券最早产生于20世纪90年代中期，在短短几年内席卷全球，引发了一场证券交易的革命。我国证券市场虽然起步较晚，但是证券业互联网化的脚步却很快，这与通信技术的快速发展是分不开的。1998 年，我国出现了网上证券交易，投资者开始运用证券公司的交易软件通过互联网进行证券买卖。此后，越来越多的股民开始通过网络查看股市行情，买卖股票，移动技术的成熟和智能手机的普及还带动了手机炒股应用的推广。目前，我国证券交易的网络化普及率已经超过 90%。为了提供更加优质的服务，很多证券公司也推出了自有的证券交易软件，这些软件大都包括实时行情、交易委托、开放式基金委托、资讯播报等多种功能。

目前，保险业的互联化主要是指保险公司在自建网站或电子商务平台上进行保险产品销售，但互联网保险并不只是渠道，它们也代表着新的金融业态。根据中国保险业协会发布的国内首份《互联网保险行业发展报告》，2011 年至2013 年国内经营互联网保险业务的公司从 28 家上升到 60 家，规模保费从 32亿元增长到 291 亿元，投保客户数从 816 万人增长到 5437 万人。艾瑞咨询集团的研究报告显示，2013 年互联网保险的保费贡献最大的险种为车险，占比52.4%，其后依次是理财险 27.9%、意外险 14.8%、长期寿险 4.0%，占比最低的为健康险和家财险，仅占总体规模保费的 0.6% 和 0.3%。目前，互联网保险各个险种保费在该险种整体保费的比例都很低，其中占比最高的是意外险，占比 2.88%，其次是车险和理财，占比分别是 0.83% 和 1.00%，占比最低的险种是长期寿险，占比只有 0.04%。这些简单标准化的保险产品将会越来越多地通过互联网来经营。同时，那些复杂的保险产品也将越来越多地互联网化。2013 年引起轰动的"三马卖保险"是对互联网保险的一种尝试和创新。中国平安、阿里巴巴以及腾讯联手成立众安在线财产保险股份有限公司（以下简称众安在线）。众安在线于 2013 年 11 月 6 日正式成立，旨在为互联网的经营者和参与者提供整体的解决方案，而不是单纯地将传统的保险产品放在互联网上销售。众安在线推出的第一款产品"众乐宝"就是为淘宝卖家定制的信用保证保险，这款产品已经具备了互联网的基因，体现了保险与互联网的深度融合。

三、网络贴金

尽管金融业通过持续应用先进的技术，不断提高业务处理能力、创新能力和业务覆盖面，但仍然无法满足大量金融服务的需求，特别是一些单笔交易金额较小而服务成本较高的长尾客户的金融服务需求，以及以互联网或电子商务为基础的经济形态所需要的大量金融服务需求。一些互联网企业凭借着在技术和客户等方面积累的优势开始涉足金融业。

互联网"贴金"的道路不尽相同。一些互联网企业从诞生之初便以网络金融服务为主营业务，比如支持网络支付的第三方支付机构、P2P网络贷款平台以及网络众筹平台等。还有一些互联网平台提供的金融服务是互联网企业在积累了一定的客户和数据资源的基础上，捕捉到用户的实际需求，为增强客户黏性，延伸业务触角而产生的，比如基于电商平台的信用贷款和消费贷款，以及以第三方支付账户的客户为基础的理财产品销售等。

互联网企业从事金融业务已经有几十年的历史。在国内，直到2012年，一些互联网企业采取了较大的举措，推出了一系列创新性的互联网金融产品，才掀起了一股互联网金融的热潮。2012年8月，平安集团董事长马明哲宣布将与阿里巴巴集团、腾讯共同建立合资公司开展互联网金融业务。马明哲表示合作的最终目标是实现通过互联网提供一整套的综合金融服务，即一个客户、一个账户、多个金融产品的业务模式。同年9月，阿里巴巴宣布将从2013年起转型，重塑为平台、金融、数据三大业务条线。此后不久，另一家电商巨头京东也将其触角伸向了金融领域。2012年11月，京东商城开始推出供应链金融服务。这种服务模式结合了京东商城供应商评价、结算、票据处理等系统，联结了网上银行和银企互联等电子渠道，面向商城内的供应商提供针对采购、入库、结算以及融资等方面的综合性金融服务。当互联网巨头纷纷布局金融领域的同时，P2P网络信贷、众筹融资等业务模式也开始越来越多地被人们熟知，并借助互联网金融的热潮蓬勃发展。2013年以后，"互联网金融"成为网络上最热门的关键词，"余额宝"、"众乐宝"等都是互联网贴金产生的互联网金融创新产品，诸如"嘀嘀打车"和"快的打车"的补贴大战更是引起了对移动支付、移动金融这片互联网金融蓝海的广泛关注。

互联网"贴金"的一个重要原因是电子商务的繁荣和发展。电子商务的大繁荣不仅改变了人们的生活和消费习惯，而且为互联网金融的发展创造了巨大的经济基础和市场空间。一方面，电子商务促生了网上支付需求。第三方支付机构就是为便利网络购物的支付环节而诞生的，并伴随着电子商务的繁荣取得了长足的发展。另一方面，电子商务平台上积累了海量数据和客户资源，为基于平台提供金融服务打下了坚实的基础。通过布局金融业，互联网公司可以创造一个从电商到金融，再到电商的业务闭环。

伴随着信息技术的发展，许多国家和地区都形成了相对稳定的互联网产业格局，也培育了一批技术成熟、规模成型的互联网企业。这些企业具备了资金、技术、客户等多方面的优势，具备了涉足金融业务的实力，而金融业的高利润对它们也极具诱惑力。这些企业往往成为互联网贴金的"排头兵"，例如我国的阿里巴巴、腾讯等公司。对于这些企业来说，进军金融行业不仅能够产生新的利润增长点，而且能够为平台内的商户和用户提供包括资金融通、投资理财等在内的金融服务，这可以有效增强客户的黏性，反过来推动平台的发展。这或许是这些互联网企业不约而同发展金融业务的最直接动力。

金融机构的服务能力不能满足所有客户的金融需求，存在巨大的长尾市场等待发掘是互联网"贴金"的市场条件。一直以来，融资难都是制约中小企业生存和发展的头等问题。根据 2014 年"两会"提案的数据，我国中小企业数量占企业总数的 99%，约有 60% 的民营企业得不到银行贷款，时刻面临着资金成本昂贵和资金链断裂的风险。通常，中小企业财务管理不甚规范，信用水平较低而且缺乏可供担保抵押的财产，而且资金需求量往往不大，运用传统的贷款技术去管理单笔中小企业贷款的成本很高。从成本收益的角度，银行即便认识到中小企业的资金需求汇集起来将是一个惊人的体量，出于盈利和不良资产管控的考虑，也更愿意选择服务大型企业。许多中小企业不得不依靠民间借贷的方式来缓解资金紧缺问题，但这些融资方式本身存在较多的缺陷。首先，对资金需求方来说融资成本较高。据媒体报道，我国江浙地区民间借贷利率的月息可高达 30%。同时，对资金供给方而言风险较高，因为民间放贷很难实现分散投资，当出现借款人违约的现象，放贷人往往血本无归。即使排除成本和风险的因素，由于民间借贷严重依赖熟人社会，能通过这种途径获取充足资金的企业也是十分有限的。

投资需求也是金融需求中十分重要的一部分，多样化的投资渠道是成熟金融市场的重要特征。我国的居民储蓄率一直居高不下，除了社会保障体系有待完善等原因外，居民特别是平民的投资渠道的匮乏也是关键因素，银行、信托等财富管理机构将精力都专注于拓展大客户，因此有大量的闲散资金没有合适的投资工具去消化。

广阔的市场吸引着互联网企业去开拓，而日新月异的技术进步也为互联网企业在网上掘金提供了有力的支撑。互联网搭建起了信息集聚和交换的平台，提高了资源配置的效率。大数据和云计算的运用能够将平台客户和用户的信息流整合成一份可靠的信用档案，将客户的信用真正转化为价值。借助网络，互联网企业能够以较低的成本将大量的闲散资金汇聚起来，让长尾效应得到充分的发挥。"余额宝"在上线的一年时间内实现了用户数量超过 1 亿户，资金规模超过 5400 亿元，成为全球第七大基金和第三大货币基金，这样的"神话"吸引着更多的互联网企业进军金融行业。

监管环境的宽松也是互联网企业跨界进入金融服务领域，并从支付业务起步逐渐深入金融业腹地的重要条件。从世界范围来看，各国对互联网金融采取的基本是审慎宽松的监管政策，对待互联网和金融的融合都持较为开放的态度，这种比较宽松的环境也加快了互联网企业迈进金融业的步伐。我国现行的金融监管体制采取的是以机构监管为核心的分业监管模式，机构监管的特点是按照机构来划分监管的范围和权限。创新的互联网金融业态往往模糊了金融机构的边界，难以被简单地划入某一类金融机构的范畴，由此就产生了监管机构不明的问题，并导致我国的互联网金融监管处于缺位的状态。监管的缺失便利了互联网金融的创新和发展，但同时也为监管套利、逃避监管甚至是违法行为提供了机会和可能。

申请民营银行牌照是截至目前国内互联网企业进入金融业最为重要的行动。2014 年 7 月 25 日，中国银监会批复同意深圳市腾讯网域计算机网络有限公司等发起人筹建"深圳前海微众银行"。前海微众银行注册资本 30 亿元人民币，其中深圳市腾讯网域计算机网络有限公司出资 30%，其他发起人出资 70%。阿里巴巴集团于 2013 年 3 月宣布将筹备成立"阿里小微金融服务集团"，将阿里巴巴的金融业务进行整合分拆，2014 年 6 月 11 日浙江阿里巴巴电子商务有限公司更名浙江蚂蚁小微金融服务集团有限公司。2014 年 9 月 26 日，中国银监会批复同意浙江蚂蚁小微金融服务集团有限公司等发起人筹建"浙江网商银行"，由浙江蚂蚁小微金融服务集团有限公司持股 30%，其他发起人持股 70%。浙江网商银行将坚持小存小贷的业务模式，主要满足小微企业和个人消费者的投融资需求，提供 20 万元以下的存款产品和 500 万元以下的贷款产品，采取全网络化营运，不设实体门店。阿里巴巴赴美国上市时，将支付宝分拆至阿里巴巴的金融板块。2014 年 10 月 16 日，浙江蚂蚁小微金融服务集团有限公司——蚂蚁金融服务集团正式成立，标志着阿里巴巴集团的金融业务板块更加完备和成熟。目前，蚂蚁金融服务集团经营消费者金融和小微企业金融两大业务板块，旗下金融服务机构包括支付宝、小额贷款公司、天弘基金、众安在线、招财宝、浙江网商银行、一达通、商诚融资担保公司等，涵盖支付、存款、贷款、基金、理财、保险、担保等多个金融服务领域。更为重要的是，在这些业务背后的云计算、大数据和信用体系等底层平台。蚂蚁金融服务集团是通过另类途径构建起的一家金融服务集团或金融控股公司。

互联网"贴金"的主要模式可以分为四类：支付结算类、融资类、投资理财类、保险类。涉及支付结算类业务的主要有两类不同的企业。一类是依托于电子商务平台而逐步建立发展起来的支付平台，如支付宝、财付通等，这类平台具有在线支付、移动支付、转账汇款等功能。另一类则是独立的第三方支付平台，如"快钱"、"拉卡拉"、"环迅支付"等，它们主要通过与商户合作，向用户提供支付服务。

网络融资类业务涵盖的种类比较多，如 P2P 网络信贷、网络众筹、"蚂蚁小贷"、"天猫分期"、"京东白条"以及供应链金融模式等，都可以归入此类。① P2P 网络信贷主要通过其网络平台，发布借款人的资金需求及资质等信息，出借人可据此直接与对方签订借贷协议。目前，国内的 P2P 网络贷款业务又可以分为无担保线上模式、有担保线上模式和债权转让模式等。网络众筹则是通过平台发布项目、创意等内容，以吸引有意向的投资者进行投资并获取回报的业务模式。较为典型的众筹平台有美国的 Kickstarter 以及国内的点名时间、众筹网等。第三类网络融资模式是"蚂蚁小贷"、"天猫分期"和"京东白条"为代表的基于数据积累、挖掘形成信用调查的网络融资。"蚂蚁小贷"和"天猫分期"以阿里巴巴电商平台内积累的海量交易数据为基础，通过云计算等技术手段，可以较快捷地对商户、客户作出信用评估，从而以此为基础进行提供融资服务。还有一类融资模式是以京东商城为代表的供应链金融模式，在此模式下，京东商城通过与金融机构合作，并提供相应的信息及技术支持，使平台内的客户获得金融服务，而其本身并不提供融资。

网络投资理财类业务也具有多种形式。一种是在门户网站或平台上为金融机构发行的金融产品充当信息中介，并承担一定的代销业务，如我国的"融360"以及"天天基金"等网站。另一种则是以支付宝推出的"余额宝"为代表，将平台自身与金融市场产品直接关联，为客户提供投资理财服务。

保险业在应用互联网和大数据方面拥有广阔的前景。保险业主要面向个人客户，它们也在利用互联网发展业务。大部分保险公司都推出了线上业务办理服务，更加紧密地拥抱互联网可以帮助保险公司扩大覆盖面，设计创新型的互联网保险产品，更好地发挥自己的功能。众安在线是一家数据驱动的创新型互联网保险公司，根据互联网电子商务领域、社交领域及互联网金融等各种场景

---

① "蚂蚁小贷"的前身是"阿里小贷"，产品包括阿里信用贷款、网商贷、淘宝信用贷款、订单贷款等。

下产生的保险需求，定制化地设计开发保险产品。众安在线不设任何分支机构，完全通过互联网进行销售和理赔服务。

四、殊途同归

金融业触网与互联网"贴金"之间存在着诸多的不同点，其中最主要也是最明显的有两点：其一，二者的主体不同。金融业触网的主体是金融业，是各式各样的金融机构，它们通过结合信息技术，以互联网为载体为客户提供金融服务。而互联网"贴金"则是以互联网企业等非金融机构为主体的。其二，二者的发展路径也存在着区别。金融业触网是一种完善和改进，在原有金融服务的基础上通过互联网平台来提高金融服务种类、质量、范围和效率。互联网"贴金"则属于拓展和创新，在金融服务方面经历了一个从无到有的过程。当然，这也会促进金融功能的发挥。

金融业触网与互联网"贴金"在本质上都以互联网为媒介来提供金融服务，也都具有促进金融功能发挥、推动金融发展的作用。无论是金融机构还是互联网企业，也无论它们提供金融服务是出于何种目的，二者从方式上讲都是以互联网为基础，从特征上讲都具有互联网所蕴含的创新性，从效果上讲也都起到了拓宽金融服务的广度和深度的作用。归结起来，二者都能够强化金融功能的发挥。也正是这种差异性与同质性并存的状态，使得金融业触网与互联网"贴金"具有了"殊途同归"的意味。

那么，到底什么是互联网金融？对于这一问题，存在着不同的看法。有人认为，互联网金融是指互联网企业通过互联网提供的金融服务。例如，阿里巴巴董事局主席马云就曾提道："未来的金融有两大机会，一个是互联网金融，另一个是金融互联网。"也有人认为，互联网金融应该是一个更为宽泛的概念，金融业触网与互联网"贴金"都是以互联网为媒介提供金融服务的方式，互联网金融应该是二者之和。例如，招商银行前董事长马蔚华就曾给出过类似的互联网金融定义："互联网金融是基于互联网的金融活动，基于互联网的资金融通活动，这一名词的定义有狭义和广义之分，……广义的互联网金融包括一切依托互联网展开的金融活动。"

我们认为，金融业触网与互联网"贴金"从功能上看是一致的，应该撇开主体之争，从金融功能的角度来考察"互联网金融"。这可以给我们一个更加宽广的视角。具体来讲，我们可以通过考察"谁在做、做什么、怎么做以及为谁做"四个问题获得关于互联网金融的更加深入的认识和理解。

　　从金融功能视角来分析"谁在做"的问题，可以使得我们淡化互联网金融的主体之争。无论是互联网企业，还是金融机构，都可以是互联网金融的提供者。以全球第一家纯网络银行 SFNB 为例，在其诞生之初，它是一家互联网技术企业，通过互联网为客户提供银行服务。1998 年，SFNB 被加拿大皇家银行收购，它成为金融机构的一部分。虽然主体的属性发生了变化，但是其通过互联网提供金融服务这一方式却没有改变。因此，我们不能仅仅因为 SFNB 被收购这一事实而将其从互联网金融的图谱上抹掉。也是基于同样的理由，我们认为互联网金融的主体既可以是互联网企业，也可以是金融机构。

　　从"做什么"来看，互联网金融是一个开放的范畴。淡化主体之争之后，我们可以发现，互联网金融服务的内容非常广泛，既包括银行、证券公司、基金公司及保险公司等金融机构提供的互联网金融服务，也包括电子支付、网络融资、理财等互联网企业提供的金融服务。随着客户、技术、监管政策及社会环境的发展变化，新的互联网金融产品和新的业务模式将不断涌现，一些过时的产品和模式也会消失。

　　从"怎么做"来看，以互联网为基础和手段是互联网金融的基本特征。互联网金融是通过互联网提供的金融服务。互联网在金融活动中的应用极大地降低了金融活动的成本，提高了金融效率，也使得金融服务这种无形产品的提供可以进一步地扩大到更加广泛的地域范围。金融业的全球化正是在现代信息和通信技术的基础上才得以发展到如此深入的程度，金融市场的统一性得到了不断的强化。交易成本的下降和市场一体化程度的提升，改进了金融资源的配置效率。

　　从"为谁做"来看，互联网金融的覆盖面得到了极大的提升。互联网金融的客户群体十分广泛，既有大型客户，也有中小型客户。更为重要的是，互联网金融抓住了那些原本被排除在金融服务门外的小微企业和个人客户。互联网应用降低了金融服务的成本，使得为这部分"弱势群体"提供金融服务具备了商业上的可行性。将金融服务的覆盖面扩大到"弱势群体"具有重要的社会意义。

　　金融机构提供的互联网金融服务和互联网企业提供的金融服务共同构成了互联网金融这一范畴。互联网金融从广度和深度两个方面对金融服务进行了提升。当前，伴随着互联网以及存储能力和计算能力的发展，大数据的商业价值正在不断地显现，已经受到了广泛重视。借助数据分析，金融服务提供者可以更好地认识它们的客户，更好地满足客户的金融服务需求，为客户提供个性化的金融服务，银行业可以借此获得更好的风险控制和风险管理。

相比过去的金融服务模式，互联网金融具有可得性高、信息透明度高以及资源配置效率高的特性。互联网金融的本质仍是金融，因而也具备金融活动的基本功能，同时因为增加了互联网的因素，使得这些功能得到了更加充分和高效率的发挥。比如，第三方支付的兴起与发展，对银行业支付结算形成了有益补充。这使得那些无法通过银行支付服务完成的支付活动，以及可以通过银行支付服务完成但成本过高的支付活动得到了极大的发展。第三方支付是伴随着网络购物的发展而兴起的，但发展至今，已经以多种多样的形式广泛参与到各类支付服务中。同时，二维码支付、语音支付等全新的移动支付模式正在不断涌现。这些支付方式适用于不同的应用场景，使得支付功能不断优化。再比如，网络众筹、P2P网络贷款、电子商务平台商户贷款以及一些银行开发的网络贷款，这些新的融资服务方式成本更低、效率更高、手续更加简便，促进了资源配置功能的发挥。

第二节　金融形态虚拟化

互联网应用丰富了金融功能的实现形态，虚拟化就是其中一种重要的发展趋势。技术进步让电子货币的应用场景越来越广泛，甚至有人预言我们会在不久的将来迈入无卡、无现金的社会。支付方式也在不断演化，当前支付已经可以通过一个网络虚拟账户来完成。一些资金融通过程也逐步从线下走到了线上，还有一些资金融通活动产生之初就是以互联网为基础的。

一、货币形态

货币是普遍接受的交换媒介，具有价值尺度、流通手段、价值贮藏及支付手段等职能。货币的这些职能是稳定的，但货币的形态随着人们需求的多样化和技术的进步产生了巨大的变化。特别是随着信息通信技术的进步，出现了一系列电子货币。近年来，比特币受到热炒，引发了人们对虚拟货币的争论。

（一）货币沿革

最初，人们用于物易物的方式交换物资，物物交换的困难在于交易双方必须恰巧需要对方的物品，且在量上相匹配才能成功交易。为了解决这一难题，人们开始选择双方都能接受的物品如贝壳、宝石等作为交换的媒介。经过长期的选择与淘汰，金银因为具有体积小、价值大、便于分割、耐摩擦、不易损耗等自然属性而逐渐从普通商品中分离出来充当了一般等价物。这也是马克思所说的：金银天然不是货币，但货币天然是金银。

随着经济的发展，金属货币的缺陷凸显出来。在大额交易过程中，使用金属货币仍然存在很高的交易成本，资金安全性也是一个重要的问题。于是出现了作为金属货币的象征的纸币。最初，纸币都是以金银为基础的，纸币和金银之间可以自由兑换，两者可以同时流通。在布雷顿森林体系崩溃后，各国货币进入了信用本位制时代，国家不再规定纸币的含金量，货币发行的基础不再是黄金，而是国家的信用。国家根据全社会生产和交易的需要发行纸币，纸币作为主币流通，具有无限法偿性及强制性。相比实物货币和金属货币，纸币的便携性已经有了较大的提升，但是在涉及大额、跨区域的资金交易需求时，纸币的局限性仍然难以逾越。

随着技术的进步，单一介质的纸币发展为电子货币多样化的介质。1998年，欧洲央行（ECB）发布《电子货币报告》（*Report on Electronic Money*），将电子货币定义成"以电子化方式存储于技术设备中的货币价值，可以广泛地用于向电子货币发行方之外的其他方支付"。电子货币主要具有储蓄、汇兑、结算及消费贷款等功能，它是实体货币的实现形式，与实体货币具有相同的价值。一般而言，电子货币采取与实体货币相同的计价单位，信用卡、网上银行账户、电子钱包等都是常见的电子货币载体。

尽管今天的电子货币与曾经的金属铸币在货币的职能方面没有什么改变，但是互联网技术确实让货币的形态和载体更加丰富多样。电子货币便利了人们的生活，但它们所具有的虚拟特性也不可避免地带来了安全问题，比如，账户盗刷和用户信息泄露等。这些问题已经成为金融业需要解决的重要课题。

（二）虚拟货币

在互联网世界，出现了不由货币当局发行、不具有实体形式的虚拟货币。虚拟货币与电子货币尽管都是数字化存储，但两者之间存在很大的区别。电子货币的发行方主要是商业银行等金融机构，属于一国的货币体系之内，受到货币当局和银行的监控，而且电子货币的应用场景十分广泛，在使用时与实体货币是等价的，也被计入货币口径。而虚拟货币的发行主体一般不是金融机构，而是普通企业，使用范围也受到严格限制。一些知名的虚拟货币，比如腾讯的Q币，百度的百度币，盛大公司的点券、比特币以及莱特币等，最初只能用于在互联网上购买网络游戏中的装备、服装、电子书等电子化产品，后来逐渐地超出了虚拟产品的范畴，一些实体商品也接受虚拟货币购买。

比特币是一种开源的基于 P2P 技术的虚拟货币，面向所有人开放，它以一套独立密码编码，通过复杂算法产生。比特币是一种去中心化的数字货币，其运营不依赖中央银行、政府、企业或银行的信用支持。除了具有数字化存储和支付的虚拟货币特征之外，比特币还具有一般虚拟货币不具备的特点，包括没有集中发行方、数量有限、完全匿名和交易不可追踪等。有人认为比特币将冲击现行货币体系，更有信仰者将比特币奉为"未来的黄金"。2013 年 11 月，上海的"盛大青春里"楼盘宣布接受比特币购房。"盛大青春里"的开发商是盛大网络集团旗下的盛大天地（中国）有限公司，该公司希望在传统的房地产行业中植入更多的互联网基因，接受比特币支付就是其中的手段之一。

比特币的拥趸者所最津津乐道的一点在于比特币没有集中发行方，认为这要优于目前政府垄断货币发行的体制。理由之一是比特币剥夺了政府通过滥发货币攫取民众财富的特权，因此能够更好地保障普通民众的经济权利，实现真正的"民主"和"自由"。此外，比特币的支持者将其总量的有限性作为其优于其他虚拟货币，乃至可以媲美黄金的重要理由。根据设计原理，比特币的总量将在 2140 年达到 2100 万个上限，在这个过程中比特币总量的增长速度是越来越缓慢的，最初是约每 10 分钟生成 50 个，当总量达到总量上限的一半即 1050 万个后，每 10 分钟产生的比特币减半为 25 个，当总量达 1575 万个，即新产出的比特币是 1050 万个的一半时，每 10 分钟产生的比特币再减半为 12.5 个，依此类推。

比特币通过"挖矿"的形式产生，任何人或机构都不能按照自己的意愿来改变比特币的供给量，没有任何人或机构能够通过改变比特币的供应来调节宏观经济。经济发展是持续不断的，世界经济总量是不断增长的，对于货币的需求量也将不断增加。存在数量上限的比特币显然无法为经济发展提供一个富有弹性的货币供给机制。在国际货币史上，黄金曾经发挥过重要的作用，时至今日仍然很多人怀念金本位制。但金本位制崩溃的重要原因正是黄金的供应量缺乏弹性，而且黄金总量在不同国家和地区的分布不均衡，不能满足不断扩大的社会生产和商品流通需求。很多人认为，比特币的优越性恰恰在于杜绝了通货膨胀的可能。尽管恶性通货膨胀不利于经济增长以及民众的生活，但是长期通货紧缩的危害同样是巨大的。

比特币允许匿名的所有权和使用权，既可以用计算机文件的形式保存于个人电脑中，也可以储存在第三方托管账户。这种完全匿名的属性极大地便利了洗钱等违法行为，成为一种有效的洗钱工具。

比特币的安全性问题同样是它固有的隐患。2013 年 2 月 28 日，世界上最大规模的比特币交易所 Mt. Gox 因交易平台的比特币被盗，已经向东京地方法院申请破产保护，包括用户交易账户中的约 75 万个比特币，以及 Mt. Gox 自身账号持有的约 10 万个比特币全部不翼而飞。

比特币既没有内在价值，也没有国家信用保障，不具有货币的价值基础。在金属货币时代，货币自身是商品，本身就有内在价值。信用本位的纸币及其实现形式电子货币没有使用价值，都是单纯的价值载体，但它代表的是国家信用，只要国家机器正常运转，国家法律的强制力就能赋予公众对于本位货币的信任。比特币是否能够获得公众认可完全取决于人们的信任度和普遍接受程度，但这种信任度缺乏可靠的基础和支撑，其稳定性是值得怀疑的。另外，在金属货币时代，金银作为货币的独特性是其自然属性及长期选择的结果，具有内在必然性。到了信用货币时代，一国本位币的唯一性是由国家法定的。从技术的角度，比特币的独特性没有任何保障，它的可替代性很强，任何具有独立算法、总量有限、基于 P2P 技术的虚拟货币都可以取代它。例如现在全球流通市值第二的虚拟货币莱特币（Litecoin）就可以看做改进版的比特币。

对于比特币，我国金融监管机构的立场明确，并且出台了相应的规章制度。2013 年 12 月 5 日，中国人民银行等五部委联合发布《关于防范比特币风险的通知》，指出比特币是一种特定的虚拟商品，不具有与货币等同的法律地位，并明确要求各金融机构和支付机构不得开展与比特币相关的业务。比特币在中国市场的价格应声下跌，这一现象也佐证了比特币价值的脆弱性。

二、支付过程

支付产生于商品交换，往往要借助货币。货币就是交换过程的结晶，但其产生、发展和应用能够反作用于支付过程，便利了支付和交易。货币形式的多样化发展使得支付过程日益多样和便捷。

银行卡的发明让支付的流程中最早出现"去纸币化"的现象，买卖双方在交易中不再使用现金作为结算工具。银行卡最早是以信用卡的形式出现的，世界上第一张信用卡诞生于 20 世纪 50 年代的美国。后来又出现了先存款后消费，不具有透支功能的借记卡。当客户使用借记卡消费时，电子货币直接从客户的银行账户转移到了商家的银行账户。电子货币的出现让支付过程更加的简单、安全和便捷，在购买贵重商品时，人们不用再随身携带巨额现金，而且电子货币也免去了找零的繁琐。

随着互联网的普及，电子商务逐渐走进人们的日常生活，网上购物成为了潮流和时尚，为其提供结算服务的第三方支付机构应运而生。在第三方支付方式下，交易双方通过网络虚拟账号进行支付。他们可以互不相识，在地缘上，双方很可能距离数千公里。买家在决定购买商品时甚至没有见过商品的实物，付款后也并不能立刻拿到商品，卖家在发出货物后也不能马上拿到货款，卖方的收款和买方收货都存在时滞。这种时滞是网络交易能够顺利进行的保障。对商家而言，通过第三方支付平台能够有效地规避货物发出后不能收到客户货款的风险。对客户而言，不但能够规避无法收到货物的风险，而且能够在验货后再确认收货，货物质量也能够得到保证。

2010年末，支付宝率先推出了创新支付工具——支付宝快捷支付，并迅速成为主流的支付方式。使用快捷支付的客户无须开通网上银行，只要拥有支付宝账户并绑定一张借记卡或者信用卡，就可以仅凭借支付宝密码成功支付。支付过程中的所有授权都由第三方支付机构向银行发起，客户在第一次绑定成功后无须再输入银行卡号及密码。

随着移动互联网的发展，移动支付也有了越来越多的使用场景和功能创新。移动支付具有多种模式，这些模式同刷卡消费、网上支付一样，从支付流程上，并没有现金的流转，是电子货币从买方账户转移到了卖方账户。当前，出于安全性的考虑，移动支付特别是近场支付多以小额支付为主。

三、资金融通

资金融通的实质是资金在资金盈余方和资金紧缺者之间的调配。借贷行为是一种古老的调剂资金余缺的形式。从17世纪最早的银行，到股票、债券等直接融资，再到现在借助互联网开展的网络贷款、P2P网络贷款以及网络众筹等，资金融通形式发生了翻天覆地的变化。尽管这些形式都没有改变资金从盈余方流向紧缺方这一功能实质，但是确实提高了资金配置的效率，降低了因为信息不对称及地域限制等因素导致的交易摩擦和市场失灵。

互联网与金融活动的融合丰富了资金融通的选择。具有同样知识背景、类似风险偏好的资金需求者和供给者更容易被联系在一起。他们可能互相并不认识，但对于某一笔融资的用途及可能发生的结果有相似的意见。许多以往得不到资金支持的个人和企业选择在互联网上展示他们的构想，提出他们的需求。需求的多样化吸引着更多具有共识的资金供给者，资金融通的外延不断得到伸展。

互联网应用放大了社会空间。互联网助力下的资金跨地域分配可以使得融出资金者和融入资金者的范围都得到扩大。在互联网上进行资金融通基本不受地域限制。同时，互联网通过扩大资金融通参与者的基数，提高了资金合理匹配的可能。

近来，还出现了利用群或社交网络来对资金进行配置的产品。比如，在马年春节期间引爆热潮的"微信红包"应用，用户可以选择用"拼手气群红包"和"普通红包"两种方式发放红包，用户设置完发放红包数量及总金额后，可以将红包发到微信群，也可以定向发给微信好友。其中最受欢迎的是每次分配金额不确定的"拼手气群红包"，因为金额不确定，而且发放的红包数量少于群成员数量，就出现了风靡一时的"抢红包"。微信是以熟人为核心建立起来的即时通讯软件，这是"微信红包"应用能够广泛推广的基础，参与者互相都是在现实生活中认识的亲戚、朋友或同事。另外，一般而言，在群中抢红包的人和发红包的人是不断转化的，也就是说每个人都同时扮演着资金流入方和流出方的角色。

以互联网为代表的新技术改善了信息环境，降低了信息收集、存储、处理的成本，缓解了信息不对称性。在大数据和云计算基础上，信息的多样性、可用性和有效性都得到了提升。以阿里金融为例，通过电子商务平台收集了商户的历史交易数据、信用记录、客户评价、资金流状况等海量信息，再通过量化模型对信息进行处理，获得商户的资信评级，就能作出是否贷款，以及贷款额度、利率定价等一系列贷款决策。京东白条同样利用了电子商务背景下的大数据分析技术。

四、风险管理

风险管理的基础是风险的识别和计量，风险识别和计量也是风险管理的两个基础性程序。金融业商业决策需要建立在准确及时识别和计量各类风险的基础之上。比如，商业银行需要根据风险识别和计量结果作出贷款决策，保险公司需要依据对客户的风险评估来核定保险费率、制定保险政策，证券公司需要根据风险识别和计量结果作出资产配置及风险对冲决策。

从定性分析逐渐向定量分析过渡是金融风险管理实践的一个重要发展趋势。在此过程中金融业面临的最大困难之一，就是如何以较低成本搜集到足够多准确的用户数据，以使通过这些数据计算出的指标具有统计上的合理性。所能获得的数据类型、存储能力、计算能力、建模能力都是不断提高量化风险管理实践有效性的限制和障碍。数据本身的可得性与可处理性也存在冲突，以结构化数据为基础的数据库技术无法存储和处理非结构数据，大量有用的信息或被遗弃，或被束之高阁。

信息通信技术的进步使得低成本的大数据搜集和准确分析成为可能。基于互联网产生了更加多样的数据，存储和计算能力的新发展不断发现解决数据收集处理中遇到的各种难题的方法。互联网以及先进的存储和计算能力允许金融机构利用大数据分析那些客户的风险特征，增强了风险评估的准确性和及时性，提高了风险管理活动的有效性，使得风险管理作为金融活动的一个环节所具有的价值不断提升。具有普惠价值的是，在那些个人信用不良或者不满足传统银行贷款资格的个人金融服务和小微金融服务领域，互联网和大数据可以发挥非常重要的作用。

以保险业为例。管理风险是保险业产生、存在和发展的基本原因。互联网应用和大数据分析让保险业迎来了新的发展机遇。保险人与投保人掌握的信息是不对等的，在保险关系中，保险人处于信息劣势地位，投保人对保险标的掌握的信息比保险人多。这种信息不对称是保险业最常见的问题，会导致逆向选择和道德风险。比如汽车保险，对于驾驶技术不高、开车马虎的驾驶员来说，投保的意愿更强烈，也愿意支付更高的保险费，而对于负责任、不容易出事故的驾驶员来说就不愿意承担高额的保费，但保险公司在事前很难对这两类驾驶员进行区分。如果不能采取一些方法将两类驾驶员区分开来，保险市场可能被那些"坏"驾驶员占据，而"好"驾驶员却不能得到有效的风险保障，严重的话会导致汽车保险市场萎缩甚至消失。保险公司常用的应对方法是，根据大数法则制定一个大众化的保险费率，然后根据出险的情况对费率进行调整。这种方式的缺陷在于，在被保险人投保时，不能提前作出预判，同时数据的积累也需要一定的时间。

车联网为汽车保险的发展带来了变革的契机。根据车联网产业技术创新战略联盟的定义，车联网是以车内网、车际网和车载移动互联网为基础，按照约定的通信协议和数据交互标准，在"车—X"（X 可以是车、路、行人及互联网等）之间，进行无线通讯和信息交换的大系统网络。与车联网在汽车保险中的作用紧密相关的两个概念是基于使用量的保险（UBI）和车载诊断系统（OBD）。在美国、英国、韩国、日本等国家和地区，基于使用量的保险（UBI）已经得到了运用。根据资料显示，目前基于使用量的保险（UBI）定价主要分为三种模式：一是仅依赖于汽车上的里程表读数。二是依赖于 GPS 记录的里程数，或者基于车辆的驾驶时间。三是依赖于来自车辆的多种数据，包括速度、使用时间、驾驶行为、行驶距离和时长等。后两种模式也被称为基于车载信息系统的用量保险，保险公司在汽车上安装车载远程通讯设备，对驾驶时间、驾驶距离以及驾驶员的驾驶方式等数据进行记录和综合考量，并将这些指标与保险费相关联。这一技术的使用使得保险公司不仅可以针对不同投保人制定不同的保险费率，而且能够通过数据分析预判潜在的风险，在降低事故发生率上具有显著的效果。

在消费者信用评估方面，现代信息技术和大数据同样表现出了巨大的应用前景。如果存在成千上万种多样化的、实时的数据，为什么仅仅使用少数几类数据来评估消费者信用呢？数据量以及数据存储能力和计算能力均已今非昔比。在大数据时代，数据处理将变得越发的重要。如果没有数据处理方法，或者数据处理方法不对，那么数据就会变成一文不值的"垃圾"，或者为处理人员带来误导性的结果。ZestFinance 是 Google 前首席信息官（CIO）Douglas Merrill 和美国第一资本投资国际集团（Capital One）信贷部高级主管 Shawn Budde 联合创办。Merrill 曾经遇到过为次级人群进行信用评分的挑战，他认为，Google 的高维机器学习搜索算法可以用于评估消费信用。ZestFinance 坚信"一切数据皆为信用数据"，它为自己确定的使命是为那些不能获得充分的银行服务的人节省融资成本，其团队主要由数据极客、数学家和计算机科学家组成。ZestFinance 的数据建模专家和信用分析专家共同努力，建立了大数据分析模型，极大地改善了信用分析的质量和效率。ZestFinance 的前身是成立于2009 年 9 月的 ZestCash，早期提供贷款服务，后来专注于提供信用评估服务，并于 2012 年 7 月更名为 ZestFinance。目前，这家位于洛杉矶好莱坞大道的公司将自己的大数据分析服务提供给其他贷款者，并为它们提供担保服务。原先的竞争者变成了服务对象，自己则变成了担保服务提供商，ZestFinance 遂退出了贷款业务以避免与服务对象直接竞争。

第三节　行业边界模糊化

互联网让信息的传播速度越来越快，其中包括各类金融产品信息的透明化以及金融知识的普及。客户对信息的获取能力增强后，对金融产品的价格变得更加敏感。同时，互联网金融的发展又降低了客户的转换成本。如此一来，客户的忠诚度大幅下降，客户在不同的金融服务提供者之间的流动性加强了。从供给面来看，将金融业与提供金融服务的互联网企业之间对立起来完全是"机构观点"的遗迹，它们提供的金融产品和服务并不相同，但这些产品具有相同或相似的金融功能。这些产品适用于不同的应用场景，金融业和互联网企业为客户在不同应用场景获取便利的金融服务提供了多样化的选择。正是因为功能的相似性和可替代性，双方之间才具有竞争关系。从金融功能角度看，它们并无本质区别，均从属于金融服务行业。金融业已非往昔，金融业的边界更趋模糊化，金融服务业的范围已经扩大化。整个金融服务行业都将在这个日益扩大化的金融业基础上进行竞争。

一、动态客户

长期以来，金融机构将"以客户为中心"作为自己的经营理念以及创新与竞争的根据，它们也采取了一些措施来落实这一理念，但效果并不理想。在金融机构认为自己已经为改善客户服务质量方面作出了很多努力时，客户并不完全认可金融机构的努力，他们认为自己的意志并没有得到充分的体现和尊重。从消费者的角度看，他们别无他法，在金融活动中处于被动和弱势的地位。消费者可以选择的范围较为狭窄，变换金融机构的成本比较高，再加上金融机构之间的同质性很强，他们没有动力去更换自己的金融服务供应商。他们一边对金融机构的产品和服务质量表示不满，一边还得在需要的时候向金融机构寻求金融帮助。

随着互联网的普及应用，消费者的信息状况和地位不断改善。互联网使得信息能够更为充分而有效地传播，提高了金融产品价格的透明度，同时也弱化了地域的限制，让一些因为地缘优势而享有的价格垄断难以为继。信息透明化和价格比对成本的下降使得消费者对于价格的敏感度不断提高，他们能够迅速获取价格变动的信息并及时作出反应。互联网金融具有更高的公平和平等性，无论是在一线繁华都市，还是在中小城市乃至县城，只要能够上网，客户就能够享受同等的服务和价格，依靠地域而垄断价格的现象会越来越少。

比如，国金证券与腾讯合作推出的"佣金宝"产品，将佣金降至万分之二的近乎成本线。这在证券公司中一石激起千层浪，给同行业其他证券公司带来了很大的压力。在"佣金宝"推出后，证券公司营业部的客户都纷纷要求"要么降佣，要么转户"。在这个过程中，证券公司除了顺应潮流之外没有其他更好的选择，否则就会在竞争中面临客户流失、市场份额萎缩的结局。尽管降低佣金是国金证券的个体行为，但是将会倒逼整个行业进入"零佣金"

时代。

互联网也降低了消费者的转换成本。过去，更换一家服务机构的流程复杂，消费者要耗费较多的时间和金钱成本，客户的黏性相对较高。但是现在很多业务都支持网上办理，而且金融服务商又会着力保证客户体验的一致性。从客户的角度，转换成本很低，这大大降低了客户的忠诚度，也让金融服务机构不得不更加重视客户开发、使用过程中的客户体验以及客户维护等问题。

消费者的议价能力得到较大的提升，客户体验、客户需求及满意度成为金融服务提供者考虑得越来越多的因素。为了吸引客户，一些金融机构甚至不惜放下身段，让利于消费者来提高客户流量。恰如互联网给予了每一个人成为新闻播报者和传播者的自由，将我们带入"自媒体"时代一样，互联网也开启了"自金融"时代的大门。"自金融"的浅层含义是客户的自助服务，包括客户自主选择金融服务提供者、金融产品以及金融服务的提供渠道等内容。浅层次的自金融包含着金融服务"自助化"和"个性化"两种趋势。"自金融"更深层的内涵还在于金融活动中主导力量的变革，金融服务的消费者第一次真正从幕后走到了台前，成为金融产品创新以及金融服务优化的主导者，而金融服务提供者则不得不在"以客户为中心"方面投入更多的人力和资源。

消费者的话语权和议价能力在不断增强，金融机构则相反。此外，互联网的透明化和快速传播效应，使得金融机构的声誉风险管理更加复杂和困难。消费者的行为正在变得更加难以预测，他们随时都可能因为些许的不满而给出"差评"，并转向其他金融机构。

二、竞争乱局

金融业是准入门槛最高的行业之一，是受监管最为严格的行业之一。金融稳定关系到国家的经济民生，在世界各国，对于金融业的监管和准入限制都是十分严格的。在国内，金融监管体系采取分业监管的模式，主要按照支付、银行、证券、保险归口到"一行三会"（中国人民银行、中国银监会、中国证券会、中国保监会）进行监管。对于不同类型的金融机构的准入标准和业务范围，监管部门都制定了严格的规范。

互联网降低了金融行业的进入壁垒。在能够通过互联网提供金融服务之前，金融机构的实体运营场所是至关重要的。这种"水泥＋砖头"的运营模式成本很高，新进入者需要有巨大的财力支撑，而且即使能够筹措到资金，优越的地理位置也已经基本被现有的机构所占领了。互联网的发展改变了这一格局，实体营业场所的重要性逐渐下降。从"水泥＋砖头"到"鼠标＋键盘"乃至现在到"指尖"的革命，让金融行业的资金门槛大为降低，越来越多的企业跻身于金融服务提供者的行列。

过去，金融机构依靠长期积累的风险管理经验和规模优势可以铸成无形的壁垒。技术进步正在打破这一壁垒，大数据及数据挖掘的深入应用使得基于数据的风险管理迎来新的发展空间。

互联网企业利用自身的技术优势和客户资源，通过强势营销和产品创新来争夺金融业的客户。互联网企业创新的空间和自由度要比传统金融机构大得多。当前，对互联网金融发展仍然没有明确全面的立法、监管机构及相应的监管措施，互联网企业所做的创新和突破很难说都是符合监管要求的。随着互联网金融监管模式走向成熟，这种依托于监管套利产生的强竞争力也会逐渐减弱。

互联网作为一个开放的平台，具有广泛传播性。这导致当一个创新产品推出后，就会被同业快速地复制。结果，互联网金融产品趋向于同质化，可替代性很强。比如在余额宝推出后短短几个月，市场上的"宝类"产品猛增至数十个，都能实现低门槛认购、T＋0赎回等功能。对于消费者来说，这些产品几乎是无差异的。金融服务的提供者只有通过提高产品的收益率或者降低服务的费率来吸引更多的消费者，价格战争不可避免。

求新、求变成为互联网金融时代金融创新的主旋律，在新产品研发方面呈现出奋力争先的局面。高可复制性、可模仿性让金融创新带来的收益难以长期维持，但由于先行者优势的存在，最先推出的创新产品往往能够获得最广泛的关注，从而赢得口碑和客户资源的双丰收。随后出现的同类产品即使花大力气进行宣传，知名度和影响力也很难与最早的产品比肩，而且还要面临市场上众多同质化产品的竞争。

"赢者通吃"现象加剧了竞争的惨烈程度。赢者通吃描述的是市场发展将会导致集中，使得规模最大的公司占据绝大部分的市场份额。由于市场份额呈几何级数衰减，即使市场上公司数量很少，排名靠后的公司的市场份额都已经可以忽略不计。互联网所具有的网络效应进一步放大了赢者通吃的影响，谁占领了市场的头把交椅，谁也就占据了绝对的主导权。

互联网金融的竞争版图并不局限于金融领域，金融服务应用场景和入口也将成为竞争之地。事实上，越来越多的金融机构开始加大自我变革的力度，凭借自身的品牌优势、资金实力以及客户资源，抢滩登陆互联网企业的业务领地。比如，银行业已经进入电子商务领域。尽管现在判断这种跨界"反攻"是否能够取得预期的成效还为时尚早，但这种尝试本身就体现了互联网包容、开放的特性，也让竞争的维度更加多元化。

三、金融脱媒

关于互联网对金融产生的影响，金融脱媒是被提到最多的词汇之一。金融脱媒是一个社会融资范畴特有的概念，描述的主要是越来越多的资金供给者和资金需求者绕开商业银行而经由资本市场直接产生债权债务关系的过程。金融脱媒的结果体现是，直接融资在整个社会融资过程中的比重不断提升。有人提出互联网金融是一个"融资脱媒"和"支付脱媒"的过程，并将它们统称为"金融脱媒"。实际上，所谓的"支付脱媒"发生在支付领域，而非融资领域。按照对于金融脱媒的习惯用法，将"支付脱媒"纳入金融脱媒的概念之中并不准确。

19世纪30年代大萧条期间，作为复苏经济和稳定银行体系的措施之一，美国推出了Q条例。这项条例的核心内容是利率管制，规定不允许银行对活期存款支付利息，又为定期存款设置了利率上限。随着美国迈入通货膨胀阶段，利率的上限设置使得银行存款对于投资者的吸引力大大降低。作为银行存款的替代品，世界上第一只货币市场基金于1971年在美国成立。这对银行存款产生了巨大的影响，存款分流现象十分严重。为了应对货币市场基金的冲击，银行进行了一系列的创新，推出了NOW账户和MMDA账户等创新产品，提高对投资者的吸引力。[①] 在债务融资方面，美国分业经营、分业监管政策刺激了资本市场的快速发展，越来越多的企业逐渐转向资本市场来筹集资金。

应当看到，金融脱媒的直接诱因在于，资金供给方追求更高的收益，资金需求方试图以更低的成本获取融资。在完美市场中，市场的作用就能够使资源配置实现帕累托最优，金融中介不能够对资金供求双方的福利进行帕累托改进。但在现实中，并不存在一个无交易成本、无摩擦的市场，这也是金融中介之所以存在的重要原因。互联网技术的出现改善了信息环境，降低了交易成

---

① NOW账户（Negotiable Order of Withdrawal Account）即可转让支付命令账户，这一账户可以正常进行转账、提现和向第三方支付，与传统支票账号不同的是，NOW账户的余额可以获得利息。MM-DA（Money Market Deposti Accounts）即货币市场存款账户，开立这一账户有最低金额限制，能够获取较高利息，每个月享有限定次数的转账或签发支票权利。

本，推动了直接融资的发展，起到了金融脱媒"加速器"的作用。

一些互联网金融模式已经成为推进金融脱媒的重要力量。比如P2P网络贷款。我国有两种P2P网络贷款模式。第一种模式是资金供给方和资金需求方之间直接签订借贷合同，P2P网络贷款平台提供贷前审查、贷中管理、贷后催收以及撮合交易的职责，但是并不参与交易。这种模式的一个演化是平台提供分散投资工具，也就是投资人的本金将投向多个项目，通过分散投资降低风险。在这种模式下，投资者的风险主要来源于选择的项目，平台的收入来源是收取的管理费或者投资人收益的分成。这种模式的实质就是直接融资。第二种模式是理财产品式的P2P网络信贷。平台将贷款产品打包成标准化的产品出售，形成了一个不透明的资金池，而且采用了期限错配的方式融短贷长，实际上进行的是类银行的操作。这类P2P平台赚取的是利差收益，投资人要承担的是平台的整体风险，包括信用风险和流动性风险。最近集中暴露出问题的P2P基本都是这一模式。在2013年10月我国九部委联合举行的处置非法集资部际联席会议上，中国人民银行明确将理财资金池模式纳入了借网络贷款为名实施非法集资的行为。

再比如，通过网络众筹平台来为项目融资也有潜力发展成为重要的直接融资活动。在捐赠类、股权类两类众筹模式中，只有股权融资类才真正涉及投融资。投资者为资金需求者募集资金并获得股权，这与我们熟悉的私募、天使投资等概念并没有本质上的区别，只不过在众筹平台上对投资人的出资额度要求较低，而且投资人的身份也更加隐蔽。但是无论在国外还是国内，股权类众筹都面临着严峻的法律红线。比如我国对于公开发行证券方面就有对象和人数的双重限制，《证券法》规定，向不特定对象发行证券或者向特定对象发行证券累计超过200人的，都算是公开发行证券，必须通过证监会或国务院授权的部门核准。《公司法》也规定，有限责任公司股东人数不得超过50人，未公开发行的股份有限公司股东人数不得超过200人。当前，国内外的监管机构都在积极探索和尝试新的监管政策，积极为股权类众筹的发展创造一个良好的环境。

我国的社会融资结构中直接融资比例一直偏低。截至2014年4月，我国银行业金融机构的总资产超过157万亿元，其中商业银行的总资产约122万亿元。同期，我国证券公司的总资产超过2万亿元，基金业总资产合计超过5万亿元，与银行业资产规模相去甚远。造成我国直接融资比重偏低的原因是多方面的，既有法制、信用体系等环境因素，也与我国资本市场发展历史较短有关。但是从长期来看，运用更多的资源推动直接融资方式的发展，提高资源配置的效率，既是金融发展的必然趋势，也是满足社会经济发展的需要。

互联网金融将成为推动直接融资发展的一个重要力量。P2P 网络贷款、网络众筹等网络平台的运营成本比较低，能够最大限度地让利于资金供求双方，使投资人获取高回报。比如，以"宝宝们"为代表的互联网理财产品能够实现"T+0"赎回和资金实时到账，支持"1 元钱"乃至"1 分钱"起认购，申购和赎回能够在网上十分便捷地自助完成，且收益率普遍高于银行的三年期定期存款，对银行存款产生分流和替代几乎是必然的。根据中国证券投资基金业公布的数据，截至 2014 年第一季度，我国互联网基金产品已经超过 30 只，合计资产规模达 1 万亿元，约占同期基金资产规模的五分之一。

第四节　金融服务普惠化

普惠金融最早是由联合国在推广"2005 国际小额信贷年"时提出的，指的是能有效地、全方位地为社会所有阶层和群体提供服务的金融体系，关键是为正规金融体系之外的广大中低收入阶层、贫困地区和人口、小微企业提供金融服务。普惠金融的理念同互联网平等、开放、便利和包容的精神是异曲同工的。互联网金融能够让更多的客户通过更加多样化的渠道、以更低廉的价格获得更加优质的和更加丰富的金融产品，与普惠金融平等、实惠和便利的本质是一致的。互联网金融的发生和发展使得普惠金融的内涵和外延也发生了变化，普惠金融越来越商业化，理财、保险等金融产品在普惠金融体系中的地位不断上升，小额贷款的地位则有所下降，普惠金融的覆盖面进一步扩大。

一、丰富产品

互联网金融以更加便捷、简单的产品极大地增加了金融产品的多样性，为客户提供了更多的选择。从当前发展状况看，互联网金融在大众化、标准化、碎片化的简单金融服务方面具有限制优势，并且在服务小微企业、普通个人、中低收入人群方面已经展示出了巨大的发展潜力。未来，随着人们越来越熟悉通过互联网和视频通信的方式进行交流，越来越多的个性化、定制化的复杂金融服务也将更多地通过互联网来开展。

互联网的低营销成本和销售成本为一些具有较强的时效性和个性化的小众产品提供了生存的土壤。2013 年中秋节前夕，淘宝保险与安联财险联合发布了"中秋赏月险"。如果投保人在赏月城市由于天气原因没有看到月亮，将获得保险理赔。此后，针对单身人士和未成年孩子家庭的"脱光险"、"熊孩子险"等产品也纷纷推出。"脱光险"是淘宝保险与平安保险设计的一款保险产品，从2013年11月11日也就是俗称的"光棍节"当天开始销售。如果被保险人在次年的11月1日到11日之间领取结婚证，就可以获得保险公司的奖励。这些个性化的保险产品受众分散而且不确定，通过传统的保险代理人的销售方式很难推广，而互联网销售的成本很低，并且面向的都是年轻化的客户群体，销售成功的几率要大得多。新颖的产品和营销方式满足了个性化的客户需求。

借助互联网平台，一些金融产品实现了较强的客户参与性和互动性。2014年3月，阿里巴巴基于淘宝移动客户端，推出了新一代"宝"类产品——"娱乐宝"。娱乐宝实质上是一款投连险产品。阿里巴巴与国华人寿合作，将娱乐宝与"国华华瑞1号终身寿险A款"进行对接。当资金募集完成后，再放入一个结构化信托计划的优先级中。这款投连险产品的购买人如果在一年内提前领取账户资金或者退保，需要交纳3%的手续费，一年投资到期后全部自动领取。娱乐宝的首期有四个投资项目，包括3部电影和1款游戏。其中，影视剧项目投资额每份100元，游戏项目投资额每份50元，每个项目每人仅能购买10份。在设计理念上，娱乐宝这款产品就意在让更多的人能够参与其中，充分体现了全民娱乐的思想。娱乐宝首期四个项目的总投资额为7300万元，预期年化收益率为7%。然而，收益并不是娱乐宝这款产品的主要卖点，娱乐宝的投资人有机会享有与影视剧主创见面会、电影点映会以及明星亲自录制视频音频祝福等娱乐权益。这款产品也因此被奉为是"粉丝福音"。娱乐宝前两期成功募集资金1.65亿元，有近40万网民参与了投资。

互联网金融创新的风起云涌给金融机构带来了一些危机感，也促使金融机构开展业务创新。比如，中信银行、南京银行、江苏银行、浦发银行等多家银行已经与第三方支付机构合作，推出了针对小微企业的POS网贷产品。POS网络贷款是以小微企业POS机刷卡交易的流水作为贷款审批依据的一种新的贷款业务模式。

二、创造价值

普惠金融很重要的意义之一在于让金融消费者真正得到实惠。只有在新技术或者新的生产要素出现，使得企业的成本降低，创造出新的价值时，企业才会将部分新增的价值转移给消费者。对于互联网金融企业，随着客户量和交易量的增长，边际成本将趋近于零，平均成本也将逐步降到接近于零的水平，它们可以为客户提供更多的价值，包括更高收益的产品服务以及更低成本的资金。这种建立在互联网基础上的、以"薄利"甚至是"免费"为特征的商业模式坚持"客户至上"，将对不以互联网为基础的金融服务模式产生巨大的冲击。整个行业的盈利能力和盈利水平有可能因此下降，但整个社会将从中获益。

比如，2013 年推出的佣金宝，实行了"万二"佣金，将原本由证券经纪商赚取的高额佣金还给普通客户。再比如，直销银行以互联网为基础，没有物理网点，人员费用较低，通过电子渠道提供服务。这种经营模式所节约的大量成本可以转化为提供更多的高收益产品。客户可以从较低的贷款利率以及较高的存款利率和理财产品收益中得到实实在在的实惠。一般来说，直销银行不向客户收取账户管理费或者网银年费。为了弥补没有实体网点的不足，直销银行还会为客户提供一定次数在合作银行的 ATM 上的免费取现的机会。

发现信用并创造价值是互联网与金融结合的重要成果之一。比如，阿里巴巴最具开发潜力资源之一，是其借助电子商务和支付积累的海量用户和商户信息。这些用户不能从银行业获得充足的金融服务和资金支持。阿里巴巴凭借自己的数据分析，深入挖掘用户和商户的信用，并据此作出贷款决策。在我国的信用体系建设仍不完善的情况下，互联网作为一个记录行为方，能够以较低的成本建立起一个网上信用中心。这为解决小微企业、个体工商户以及一些网络购物者的融资难问题提供了基础性的方法，从根本上实现了"把信用转换为金钱"。从整个社会的角度看，将会有极大的福利增进和创造巨大的价值。

三、扩大覆盖

互联网金融从扩展服务渠道和延长服务时间等方面提高了金融的可获得性。客户不仅能够选择获得金融服务的方式，选择在自己最方便最需要的时间获取金融服务，而且能够实现个性化的自我服务。

现在，几乎所有的银行和证券公司都已经在网上提供金融服务，将部分乃至全部线下营业厅的功能迁移到了网上，网上银行、网上证券乃至网络保险已经为人们所熟悉和广泛使用。随着移动互联网的迅猛发展，基于移动端的互联网金融产品也越来越丰富。相比计算机网络，移动互联网的便捷性更高，客户利用等人或者排队的零散时间，就可以拿出手机完成一笔转账，或者是认购银行的理财产品。

目前，绝大部分的金融机构都提供线上和线下相结合的服务渠道。此外，金融服务还出现了与社交平台和电商平台紧密贴合的趋势。据不完全统计，截至 2014 年 1 月末，已经有近 60 家商业银行，40 多家证券公司，40 多家基金公司以及大约 10 家保险公司开设了微信服务号，而且微信服务号已经从早期的咨询和品牌推广窗口发展成为金融机构不可或缺的营销和服务平台。早在 2010 年，泰康、阳光和华泰三家保险公司就入驻淘宝开办网店，现在天猫商城上的保险公司已有数十家，保险产品涵盖了车险、意外险、旅行险、理财险等多种类型。2012 年 7 月，交通银行与阿里巴巴联合推出"交通银行淘宝旗舰店"，首期开放的内容包括贵金属、基金、保险、个人/小企业贷款、贵宾客户服务、借记卡等 6 个频道。2014 年 4 月，广东华兴银行与天猫商城联合推出"广东华兴银行天猫旗舰店"，并推出了"华兴天猫钱袋"，该产品以个人网上银行和支付宝渠道为依托，可以通过电子渠道实现开户。2013 年 3 月，方正证券率先进驻天猫商城，提供咨询和资讯类的产品。

线下的营业厅都有运营时间的限制，人们要办理业务必须在营业时间去营业厅。这对于那些时间紧张的人来说很麻烦。互联网让时间不再是问题，转账汇款、购买理财等基本的金融交易在营业厅关门后，乃至在周末都可以由客户在网络上自助完成。比如，为了迎合不同行为习惯的客户的需求，光大银行还率先推出了理财的"早市"和"夜市"，早市的销售时间是早上 7 点至 9 点，夜市的销售时间是晚上 8 点至 12 点。这与传统的营业时间是完全错峰的，客户在非工作日也可以自助完成份额的赎回、产品的购买等操作。

对于希望获得更加人性化、面对面服务的客户来说，除了去网点之外，也有了更多的选择。国内包括广发银行、光大银行、农业银行等商业银行推出了远程智能柜员机（VTM）。这一设备集成了高清显示屏、高清摄像头、手写签名、二代身份证读取及证件扫描等相关设备模块，能够为客户提供 7×24 小时的远程虚拟柜员服务。

移动互联网的发展让贫困人群也能够享有储蓄、转账支付、小额信贷以及保险等基础性的金融服务。比如在非洲、东南亚的一些国家，移动支付已经成为当地农村居民小额汇款转账的主要手段，成为弥补金融基础设施不足、替代传统网点式服务的重要方式。以移动支付这种简单易用，而且具有高效率、低成本特点的金融服务为抓手，缓解农村欠发达地区的金融服务问题具有重要意义。

四、降低门槛

由于传统金融运营方式的成本较高，为了实现收益最大化，金融机构针对一些金融服务设置了准入门槛。无论是银行理财、信托、私募股权投资还是私人银行，对于投资者的资金实力都有很高的要求，准入门槛少则百万元，多则千万元。比如，大量缺少合格抵押和担保的小微企业很难从银行获得贷款，更难以通过发行债券和股票等直接融资工具来获得资金。再比如，由于投资起点的设置也较高，资产管理机构往往定位于高净值的目标客户群，真正的平民投资渠道很有限。

互联网降低了金融服务的成本，降低了客户准入门槛，使得传统金融机构覆盖不到的或不愿意覆盖的群体同样能够享有金融服务。比如，互联网和大数据的运用优化了信用评价体系，催生了订单贷款、供应链金融等纯信用贷款，同时大大缩短了贷款的审批流程，降低了单笔业务交易成本，有效缓解了具有"短、频、急"特点的小微企业资金需求。

对于投资者而言，互联网金融为更多的投资者提供了新的投资机会，引领了大众理财时代的到来。在互联网平台上，增加一个用户或一笔交易的成本几乎为零，由于能够以较低的成本实现资金的聚积，单笔投资金额的门槛就可以得到显著降低。实际上，门槛越低越有利。为了实现风险分散，一些P2P网络贷款平台甚至会规定投资者对单个项目的投资最高金额。即使只有小额的闲余资金，投资者也能够参与到这种收益较高的投资形式中。在互联网理财方面，"余额宝"将货币基金的投资起点骤降成了1元钱。宝宝类产品的繁荣迫使银行业推出类似的余额理财服务。比如，2014年3月，兴业银行与兴业全球基金联手，推出"掌柜钱包"，将认购起点进一步拉低至"1分钱"。可以说，已经实现了无门槛投资理财。

互联网企业涉足金融领域时瞄准小微企业和普通民众这些长尾客户并不是偶然的。尽管大企业和大客户能够带来高收益，但是他们对于金融服务的综合性和专业性要求很高。在这方面，互联网企业没有优势。小微企业和普通民众对金融服务的需求比较简单。或者说，只要提供一些简单的金融产品就可以满足他们的需求。由于金融知识不足，他们甚至会排斥复杂的金融产品。简单的金融产品一般都是可以标准化的，更易于通过互联网向广大小微企业和普通民众提供。这也是余额宝取得巨大成功的重要原因。

第五节　金融业态多样化

金融功能需要借助一定的形式来实现。金融功能实现形式有三个关键构成要素：一是金融业或金融机构。二是金融机构所提供的金融产品或金融服务。三是金融机构提供金融产品或金融服务的方式，包括将金融产品和金融服务向消费者进行推广的方式。金融功能保持着基本稳定，但其实现形式是不断变化的。技术条件、监管政策和金融需求环境的变化是驱动金融功能实现形式发展变化的重要因素。金融功能实现形式的不同体现为多种多样的金融业态。

从功能的角度看，提供金融服务的企业，包括在法律意义上不属于金融机构的企业，都属于金融业。互联网应用降低了金融业进入壁垒，金融业的范围已经扩大了。范围的扩大意味着金融机构多样性的提高。如今，很多提供互联网金融服务的企业在法律意义上都不属于金融机构。

金融产品或金融服务也更加多样化。比如，银行业往往提供了成百上千种产品服务，这意味着，针对金融产品和金融服务的搜索和个性化推荐将存在巨大的需求。但从功能角度看，这些金融产品和金融服务所承担的金融功能仍然是有限的几种，或者说承担某特定金融功能的金融产品或金融服务的数量在不断增加，这也意味着，针对承担某特定金融功能的金融产品或金融服务的搜索和个性化推荐也将具有较大的市场空间。

金融机构本身在变化。为了更好地适应技术、商业、客户、监管的变化，金融机构利用新的信息技术成果来提高效率，更好地发挥自身功能，在内部管理、商业决策、业务流程、运营模式、渠道体系等方面都不断创新。这会改进整个社会的福利，尽管它们可能并不以此为目的。

金融功能实现形式的多样化意味着更多的金融业态。一些金融机构可以在一个更为狭窄的业务范围，甚至是单一的业务范围内找到自己的目标客户和利基市场。比如，支付宝诞生之初是为淘宝商城上的网络购物交易提供支付服务，"京东白条"是为京东商城上的购物者提供的信用贷款。只要它们能够高效率地履行金融功能，就可以为自己的存在和发展找到合理性和依据。这些专业化经营的金融机构具有较强的竞争力。

金融机构呈现在客户面前的是简单和便捷，但在有些场合，它们背后的关联性却是越来越强。现代信息技术使得金融业内部分工越来越深入和细化，金融活动被分散在不同的企业。这些企业通过紧密程度各异的合作或联盟，以互联网为基础来提供金融服务。比如，支付宝需要与众多商业银行合作才能启动支付服务。

专业化是一个趋势，综合化、全能化是另一个趋势。专业化和综合化看似相互矛盾，实则不然。综合化需要建立在专业化的基础之上。从经济意义上讲，业务单一不利于分散局部冲击，一定程度的综合化是需要的，但综合化不能牺牲效率，否则，综合化经营的金融机构很难在与专业化经营的金融机构的竞争中获得优势。

信息技术应用提高了金融机构的管理能力，它们可以通过多元化战略来扩大自己的规模。关键在于，规模的增加不会引发"管理无效率"。在实践中，综合化经营的程度还要受到监管政策的影响。

随着互联网金融的发展，产生了一种新型的金融服务集团或金融控股公司。比如，蚂蚁小微金融服务集团。它们提供支付、融资、保险、基金等多种多样的金融产品和金融服务，这些金融产品和金融服务由专业化的金融机构或互联网企业来经营。随着更多的互联网企业不断壮大自己的金融服务业务，会有更多的另类金融服务集团出现。

金融机构的业务范围会对金融稳定、利益冲突和消费者权益保护产生一定的影响。在实践中，经营范围是金融业市场准入监管的重要内容之一。对于互联网金融企业而言，准入监管也是必不可少的。

第二章　互联网金融服务模式

互联网金融的外延非常丰富，包含多种多样的业务模式和服务模式。那些新型的金融服务模式能够满足金融机构无法覆盖的客户需求，或者能够以更低的成本满足客户需求。技术进步使新的金融服务模式不断产生。

第一节　互联网支付

互联网支付是指客户为购买特定商品或服务，通过计算机、移动终端等设备，依托互联网发起支付指令，实现货币资金转移的行为。互联网支付是目前发展最为成熟的互联网金融业态之一。根据中国互联网络信息中心（CNNIC）的数据，目前我国互联网支付用户最常使用的支付方式依次是第三方网上支付、网上银行直接支付、移动手机支付，占比分别为 39.7%、34.4% 和 9.0%。

一、网上支付

网上支付主要指通过桌式电脑、便携式电脑等设备，依托互联网发起支付指令，实现货币资金转移的行为。互联网支付发展史中最具标志性的事件之一是 PayPal（贝宝）公司的成立。PayPal 前身是 1998 年 12 月 Peter Thiel 和 Max Levchin 联合创立的 Confinity 公司。Confinity 公司于 1999 年 10 月推出了名为 PayPal 的资金转移服务。2000 年 1 月，PayPal 开始提供在 eBay 上进行支付的服务，PayPal 的客户数获得了井喷式的增长，在短短 3 个月时间里便达到 100 万。同年 6 月，Confinity 公司更名为 PayPal。2002 年 2 月，PayPal 上市，市值 9 亿美元。同年 10 月，eBay 以 15 亿美元收购 PayPal。PayPal 于 2009 年 11 月推出全球支付平台 PayPal X，于 2010 年 3 月推出手机支付客户端，于 2013 年与 Discover 共同拓展线下市场。目前，PayPal 拥有 1.37 亿活跃注册账户，在全球 193 个国家和地区支持使用 26 种货币进行交易，其支付服务包括在线支付、移动支付及其他支付等。

我国的第一笔互联网支付发生在 1998 年，标志性事件是招商银行的一名员工通过"一网通"网上银行支付系统购买了一批价值 300 元的 VCD 光盘。1998 年，由北京市政府与人民银行、信息产业部、国家内贸局等中央部委共同发起的首都电子商务工程正式启动，确定首都电子商城为网上交易与支付中介的示范平台，这是首信易支付的前身。1999 年 3 月，我国第一家第三方支付公司——首信易支付开始正式运行。随后发生的网络经济泡沫破灭使得很多互联网公司破产，加之人们的网络购物观念尚未形成，我国的网上支付发展也陷入停顿。

网上支付的发展是同电子商务的繁荣相辅相成、密不可分的。2003 年国内爆发了"非典"，家庭、办公室成为人们购物的重要地点，人们开始接受并熟悉电子商务和网络购物。由于电子商务买卖双方之间的"信息不对称"问题没有得到有效的解决，支付环节成为网络购物快速发展的制约因素。2003 年 10 月，淘宝设立支付宝业务部，开始推行"担保交易"。2004 年 12 月，支付宝正式上线，独立运营，这一支付创新大大促进了电子商务和网上购物的发展。根据中国互联网络信息中心的数据，截至 2014 年 6 月，我国使用网上支付的用户规模达到 2.92 亿人，较 2013 年底增加 3208 万人，半年度增长率 12.3%。与 2013 年 12 月相比，我国网民使用网上支付的比例从 42.1% 提升至 46.2%。

网上支付不仅提供了网上购物支付环节中商家与各银行之间的接口，确保了技术上的安全和通畅，更重要的是解决了网络交易最大的障碍，即买家和卖家之间的"信息不对称"问题。按照网上支付平台是否提供交易担保，分为"直付支付模式"和"间付支付模式"。

（一）直付支付

通过直付支付平台进行的支付，资金在付款人确认付款后即会从付款人的银行账户或者支付平台账户直接划入收款人的支付平台账户。在整个交易过程中，第三方支付平台不主动监控和担保商品的送达和质量，因而采用这种模式的支付机构主要是为资信卓著的企业客户提供行业解决方案。目前，国内的易宝支付、快钱、环迅支付、首信易支付等都属于这一类。最为著名也是具有最强国际影响力的直付支付机构是 PayPal。图 2-1 反映的是典型的 PayPal 支付过程。

尽管 PayPal 没有明确的第三方担保职能，但是它在支付过程中对买卖双方都进行了保护。根据支付协议，如果买家没有收到货品、货品损坏或者不符

② 使用银行卡或贝宝余额为您的购物付款。

① 在易趣或其他在线商家的网站购物，并在确认交易方式时选择贝宝。

④ 卖家可以将资金转账到他们的银行账户或保留在他们的贝宝账户中。

贝宝账户

易趣
商家网站　PayPal 贝宝

③ 将您的付款安全地发送到卖家的贝宝账户。

贝宝账户　银行

收到的款项

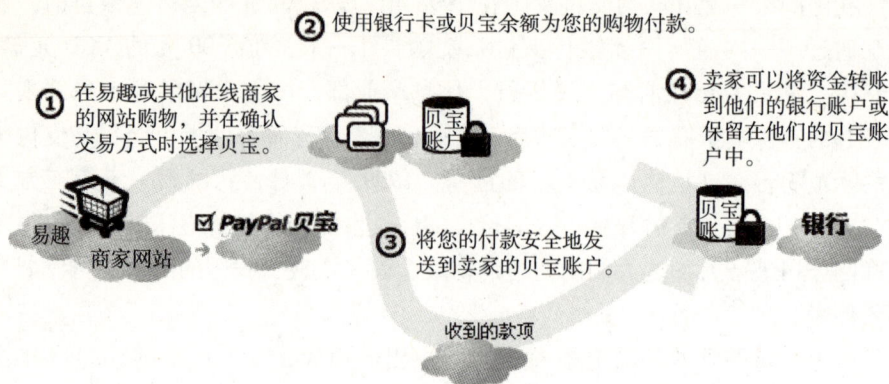

图2-1　贝宝支付流程图

合描述，买家都有权在支付货款的 45 天时间内提起争议，PayPal 会退还全部货款及运送费。而对于遇到恶意拒付的客户，卖家在提供充足凭证的情况下能够获得所有货款。买家所有不良的行为都会被记入信用记录。

（二）间付支付

网络购物交易存在双向"信息不对称"问题。一方面，商品信息全部由卖方提供，买方处于完全的信息劣势地位。另一方面，对于买方的信用情况，卖家处于信息劣势。在间付支付模式中，支付机构在交易中充当了中立第三方的角色，缓解信息不对称所造成的障碍，减少交易摩擦。买方在确认购买商品后，发送支付信息，将货款从自己的平台账户转移到第三方支付平台在银行开立的账户，直到买方收到货物并确认付款，货款才转移到卖方账户。

在国内，间付支付模式在 B2C、C2C 交易平台上运用更为广泛。同所有互联网企业一样，第三方支付企业的市场格局也符合基于"马太效应"的"赢者通吃"定律。根据艾瑞咨询集团对第三方支付行业的年度监测报告，2013年我国第三方互联网支付交易规模达到 5.4 万亿元，同比增长 46.8%。支付宝以 48.7% 的市场份额保持领先，紧随其后的财付通占比 19.4%。

2010 年末，支付宝率先推出了创新支付工具——支付宝快捷支付，并迅速成为主流的支付方式。据统计，2012 年"双十一"的淘宝购物狂欢节当天，45.8% 的交易笔数由支付宝快捷支付支撑，支付宝余额支付占 31%，而传统的网银支付渠道仅占 23.2%。快捷支付的优势在于速度快、便捷，使用快捷支付的客户无须开通网上银行，只要拥有支付宝账户并绑定一张借记卡或者信用卡，就可以仅凭借支付宝密码成功支付。在整个支付流程中，客户既不需要预先为支付宝账户充值，减少了资金的占用，也不必经过烦琐的登录网上银行的过程，节约了付款的时间。快捷支付不仅为用户提供了更好的服务体验，还使得银行和客户的关系更为疏离，支付过程中的所有授权都由第三方支付机构向银行发起，银行在整个支付交易中无法获得客户的支付信息及用途。客户在第一次绑定成功后无须再输入银行卡号及密码，始终感受第三方支付机构的服务，对银行的忠诚度和黏性也快速下降。

二、移动支付

移动支付是指基于无线通信技术（蓝牙、红外、短信、近距离通信、移动互联网等），通过移动终端以非语音方式实现的货币资金转移行为。从不同地区来看，移动支付在欠发达国家和地区比在发达国家和地区发展得好。非洲国家在移动支付的运用方面最为成功，全球最常使用手机钱包的国家中有近75%在非洲。据统计，肯尼亚68%的成年人都使用手机钱包。在日韩为代表的亚太地区，移动支付也已经初具规模。而在欧美等金融体系健全、银行卡市场发达的国家，虽然进行了多方尝试，移动支付的进程仍然十分缓慢。根据中国互联网络信息中心的数据，截至2014年6月，我国手机支付增长迅速，用户规模达到2.05亿户，半年度增长率为63.4%，网民手机支付的使用比例由25.1%提升至38.9%。

根据依托的技术条件不同，移动支付可以区分为远程支付和近端支付。远程支付主要基于信息通信技术和数据通信技术，而近端支付指利用近场通信（NFC）、射频识别技术（RFID）等近距离通信技术进行支付。从国际上看，远程支付比近场支付发展更为成熟。2011年，远程支付交易量占移动支付总交易量的92.1%，而近场支付发展相对缓慢。主要原因有两个：一是近场支付技术标准不统一，阻碍了近场支付的大范围推广。二是近场支付的商业模式还不成熟，产业链中的相关方对市场主导权的争夺较为激烈，难以形成推动发展的合力，而在现有银行卡支付已经较为便捷的条件下，商户也没有动力去推动近场支付。

移动支付具备三个网上支付难以比拟的优势：一是便携的支付设备。移动终端携带方便，支持多种无线通信技术，真正实现了随时随地的支付。二是全方位的支付场景。移动支付的远程支付覆盖了互联网支付线上的绝大部分内容，同时其近端支付可以支持超市、交通设施等线下场景的运用。三是多样化的支付账户。移动支付可以提供移动支付专用账户、第三方账户及银行账户等多种账户形式，用户的选择更加丰富。

随着智能移动终端、移动通信技术、移动互联网及移动电子商务的发展，以及用户对于移动支付的认知逐步加深，移动支付将成为极具发展潜力的支付领域。基于近场支付（NFC）技术的近场支付模式和基于二维码的O2O模式是近期移动支付领域涌现出来的具有巨大发展潜力的两种移动支付技术。这两种模式互有利弊。近场支付（NFC）对手机以及配套设备的要求都很高，但一旦改造完成，安全性更好，用户体验也更加流畅。二维码支付能够以较低的成本普及，但安全性还有待进一步加强。未来，无论是购物、娱乐还是就餐，人们都可以不再携带现金或者银行卡，而是使用手机等移动终端完成支付。

（一）电信运营商主导型

电信运营商主导的远程支付模式主要是短信支付。2000年中国移动正式推出短信服务后曾广泛应用于小额收费业务，如付费下载、电子书刊的购买等。然而，由于短信支付的安全性较差，这种以手机话费作为资金来源的支付方式受到了监管部门的严格限制，逐渐淡出了支付领域。中国移动、中国联通和中国电信转而通过第三方支付分别推出了移动支付产品和品牌。

在日本和韩国的移动支付发展过程中，电信运营商占据完全的主导地位。2004年，日本最大的电信运营商NTT DOCOMO采用了索尼公司设计的Felica技术推出了近场移动支付产品，在投入商用后获得了成功。韩国的移动支付产业链为三大电信运营商——SKT、KTF和LG牢牢控制，其中发展最好的是SKT的Moneta产品和KTF的K－merce。美国的四大电信运营商之一的Sprint早就与谷歌钱包（Google Wallet）达成合作，进军移动支付领域。其他三大电信运营商AT&T Mobility、T－mobile USA以及Verizon Wireless也察觉到近场支付的发展潜力，合资成立了采用NFC技术的Isis公司，推出了手机钱包产品。

在支付账户的选择上，电信运营商主要采用以下三种形式：一是旗下支付子公司账户，如美国Isis和国内的三大运营商。二是信用卡账户，如日本的NTT DOCOMO iD及韩国的SKT Moneta。三是预付卡账号，如韩国的SKT T－cash。电信运营商推出的近场支付多将支付证书等信息加载于Sim卡上，从而掌握了核心业务信息。

电信运营商在发展移动支付时，拥有诸多的优势和资源。首先，电信运营商掌握了庞大的客户资源，并且随着人们的通话习惯从固定电话向手机迁移，用户的黏性也在逐渐增强。其次，电信运营商保有大量的用户信息，在大数据的背景下，能够分析出客户对移动互联网的接受和使用程度、客户活跃地区等关键信息，进行点对点的精准营销。再次，电信运营商与上下游的厂商有长久的合作关系，能够迅速高效地将技术落地。最后，电信运营商拥有良好的品牌信誉和较高的用户认知度，比新兴的支付公司更容易为用户接受。

（二）卡组织主导型

卡组织主导的远程支付以手机客户端、Wap 端为主，而近场支付所采取的方式不尽相同。比如，国际卡组织 Visa 的近场支付是基于对银行卡的改造。为体现非接触式支付"一晃即支付"（wave and pay）的特征，Visa 将其推出的移动支付产品命名为 Visa payWave。这款产品是在 Visa 卡片上植入特殊芯片的复合式芯片卡，当接触到刷卡机或者读卡器时，卡片能够自动识别出应当运行的模式，并启动接触式或非接触式功能。

中国银联推出的近场支付产品有 SD 卡和 Sim 卡两大类。其中，金融智能 SD 卡将 NFC 技术与 Micro SD 卡结合起来，能够同时实现远程支付和近场支付。SIM 卡类产品是采用 Simpass 技术的双界面电信卡。Simpass 技术支持接触与非接触两个工作接口，接触界面实现 Sim 功能，非接触界面实现支付功能。目前已经在国内面市的产品是中国银联与中国电信合作推出的"银联翼宝"。

卡组织发展移动支付的优势在于其对于支付业务十分熟悉，并且拥有丰富的银行和商户资源。从用户的角度，卡组织的品牌认知度很高。但卡组织一般不直面用户，市场拓展能力较弱，需要与银行、电信运营商或者第三方支付机构合作发展客户，形式也多为银行卡账户。

（三）第三方支付机构主导型

在网上支付中具有丰富经验的第三方支付机构将相同的模式转至移动端，就产生了第三方支付机构主导的移动远程支付。目前，第三方支付机构主导的近场支付绝大多数是远程支付在线下的延伸，如二维码、条形码支付，以及是以 Square 为代表的类似于 POS 机刷卡终端。这些都属于 O2O（Online to Offline）的范畴。

以支付宝设计的二维码支付使用场景为例。用户在商场购物时，可以由导购员用电子设备生成商品订单，用户使用支付宝手机客户端扫二维码，直接完成支付。对于未来，支付宝还设计了包括"虚拟商城"、"二维码样品购物"等应用场景。虚拟商城是指商户在线下投放产品广告及二维码，用户可以扫码付款，然后由商户通过物流派送到用户手中。而样品购物主要用于实体店商品缺货、断码或者预售的场景。二维码支付是第三方支付机构主推的线下移动支付方式，但是二维码支付在终端受理环节存在风险点，在国内已经被人民银行紧急发文暂停。2014 年 12 月 12 日，支付宝推出付款码支付（即条形码支付），重返线下支付领域。

Square 公司于 2010 年推出创新移动支付产品 Square up，这款应用程序为小企业主、零售商户等客户提供了接收信用卡或借记卡支付的渠道，同时又免去了申请 POS 机的复杂程序和昂贵费用。客户只需要拥有一部智能移动终端并安装 Square 客户端，并在 Square 上成功注册账户，就能免费获得 Square 读卡器。使用 Square 读卡器，只有在支付时才对卖家收费。手续费分两种标准收取：在接受刷卡支付时，每笔收取支付金额 2.75% 的手续费；如果是在客户端输入卡面支付，则收取每笔支付金额 3.5% 加 15 美分的手续费，每天下午 5 点前的款项将在收款后第一个工作日打入卖家账户，5 点以后的款项在收款后第二个工作日转入。

国内的类 Square up 产品很多，如拉卡拉、乐刷等。但由于收单业务风险点较多，这些读卡器在刷卡数量上都有严格的限制，不能替代 POS 机，只能作为个人随身携带的刷卡器使用。目前，国内第三方支付企业钱袋宝开发的"小精灵"系列产品中的非接触版是一款较为典型的 NFC 产品。与刷卡器一样，小精灵非接触版利用手机的音频口插入设备，通过这个小方块能够实现小额的现场支付。然而，这一产品无论从便携性还是使用的便捷性上都没有显著地提升客户体验，因而也没有获得广泛使用。

综合来看，第三方支付机构在发展移动远程支付方面能够凭借其与互联网支付相似的运营模式快速占领市场，但在进军近场支付时，它的优势就不再明显了。第三方支付机构存在的重要基础在于网络交易的虚拟性，但当交易场景回到线下，交易过程除了在支付环节不用现金和刷卡外，与传统的"一手交钱，一手交货"的方式没有什么不同，第三方支付的担保功能不再被需要。

（四）互联网企业主导型

互联网巨头谷歌推出了支持远程支付和近场支付的"谷歌钱包"，初期仅支持电信运营商 Sprint 生产的 Nexus S 4G 手机，现在能够支持的机型已经多达 30 种。谷歌钱包是将用户的手机作为一个虚拟的钱包。客户如果想使用谷歌钱包，需要先下载谷歌钱包的应用程序并创建账户，然后添加信用卡或者借记卡，并向虚拟的谷歌钱包账户充值，当用户网购或者在实体店中购物后付款时，可以使用的是谷歌钱包账户中的资金。在线上交易中，直接从谷歌钱包账户或者是关联的银行账户转账免收手续费，如果从借记卡或信用卡转账，每笔交易收取转账金额的 2.9% 的手续费。

谷歌钱包的近场支付采用近场通信（NFC）技术。为了培养用户的使用习惯，赢得商户的支持，谷歌钱包对支付方和收款方都免费。在推广一段时间后，管理层发现美国用户使用实体卡支付的行为习惯短期内较难改变，谷歌钱包又新增了"谷歌钱包卡"的功能。它的实质是一张预付费的借记卡，使用方式和其他借记卡一样，只是消费的是存在谷歌钱包账户中的余额。

在国内，大型互联网企业也推出了移动支付工具。阿里巴巴集团推出了"支付宝钱包"，可以用于信用卡还款、转账、付款、收款、缴费、充话费等，还具有余额宝理财功能。百度公司推出了与谷歌钱包类似的"百度钱包"，提供在线和移动支付服务、财富管理功能。腾讯公司借助即时通讯和社交工具微信的优势，开始涉足移动支付业务。用户可以在微信上直接关注商家的公众号，选择商品和完成支付。微信支付也支持线下静态的和 PC 端的二维码扫描支付。使用微信支付必须先绑定一张信用卡或者借记卡，资金直接从绑定的账户中划转，而不经过第三方虚拟账户。

第二节　互联网融资

使用互联网来提高融资活动效率，降低融资活动的成本是金融活动发展的一个重要趋势。虽然金融机构也使用互联网来改造自己的融资服务，但最为引人注目的是一些互联网企业以创新型的业务模式提供的融资服务。这些新型金融服务模式能够为金融机构无法覆盖的一些群体提供融资服务。

一、P2P 网贷

贷款人（或投资人）通过网络贷款平台将资金以贷款的形式贷放给借贷平台上的资金需求者。这种融资模式称为"P2P 网络贷款"（Peer - to - Peer Lending），在国内俗称"人人贷"。在这个过程中，网络贷款平台根据借款人信用资质、贷款用途等信息确定其信用等级，为资金供求双方构建信息交换、撮合交易的平台，并且向借贷双方收取相应的手续费和管理费。在实践中，网络贷款平台还会承担一些其他的功能。使用网络借贷交易平台的也不局限于个人，一些小微企业也可通过网络贷款平台来为自己的项目投资筹集资金。

世界上第一家 P2P 网络贷款平台是英国的 Zopa，意为"可达成协议空间"，成立于 2005 年 3 月。Zopa 网络贷款平台为不同风险水平的借款人匹配适合的贷款人，贷款人以自身贷款利率参与竞标，利率低者胜出。借款人可借入金额为 1000～15000 英镑，按月偿还借款资金，但可提前还款，而且不收取违约金或罚息。为了保证安全，Zopa 对客户实行实名认证、考察信用评级、强制借款人每月还款，并且把每个贷款人的资金平均发放给 50 个借款人。

P2P 网络贷款一经产生就获得了广泛关注，其发展形势也逐步向好。普遍认为，P2P 网络贷款在促进小额贷款事业发展方面将发挥重要作用，具有重要的社会价值。Zopa 开创了 P2P 网络贷款的先河，随后这一模式在全球范围内广泛传播。2006 年和 2007 年，在美国相继成立的 Prosper 和 Lending Club 两家 P2P 网络贷款公司，是 P2P 网络贷款领域较为有代表性的平台。德国的 Auxmoney 和 Smava 均从 2007 年开始运营。

根据英国 P2P 金融协会的统计，2010—2013 年，英国 P2P 网络贷款累计交易量从 2010—2012 年的 38 亿英镑增长到 84 亿英镑，增长率超过 120%。P2P 网络贷款交易平台吸引了超过 3700 家企业借款人和 70000 位个人借款人，以及 86000 位活跃的投资者。P2P 网络贷款占另类金融市场的比重接近 80%。

在美国，Lending Club 和 Prosper 合计占据 P2P 网络贷款市场约 98% 的市场份额。2013 年，两家平台贷款交易量达到 24 亿美元，比 2012 年净增加将近 9 亿元。

我国第一家 P2P 网络贷款平台是成立于 2007 年 6 月的"拍拍贷"。近年来，P2P 网络贷款出现爆发式增长。根据零壹财经发布的《中国 P2P 借贷服务行业白皮书 2014》，2013 年我国 P2P 网络贷款平台的机构数量、从业人员、业务规模等各项指标均突破历年增幅，2013 年交易额约为 1100 亿元，较之 2012 年的 100 亿元增长了 10 倍。截至 2014 年 9 月底，零壹财经数据纳入统计的网络贷款平台共 1227 家，其中广东 244 家平台，浙江和北京分别以 178 家和 126 家位列第二、第三位，山东省平台数量于本月突破 100 家大关，总平台数 110 家，这四个省（直辖市）网络贷款平台总数占全国平台的 53.6%。

P2P 网络贷款之所以能够获得快速发展，与其四个方面的基本特征密切相关。其一，贷款主体广泛，门槛较低。P2P 平台上的贷款人以中低收入者和创业者居多，资金需求量一般较小。其二，P2P 网络贷款中介的收入来自收取手续费和管理费，有动力做大规模。银行的收入来源中很大的一部分是利息收入，也就是常说的存贷款利差。而 P2P 平台只按照借款金额的固定比例向借贷双方收取手续费，还另收取一些贷款和账户的管理费等。其三，贷款一般无须抵押担保，基本为信用贷款，交易效率高。第三方平台会在借款人提出申请时，根据借款人的信用情况、收入证明等信息对其进行评级，贷款人可以参考评级来选择放款对象和报出相应的贷款利率，在贷款审核通过后很快就可以放款，申请流程能够由借款人自助完成，简单高效。其四，信息透明度高。在传统的信贷模式中，除了特殊的委托贷款外，存款人将资金存入银行后，就完全失去了对资金的掌控权。这笔钱以怎样的利率贷给了谁，用作什么用途等信息均被完全隐去了，存款人只能看到这家银行整体的经营情况，并判断自己的资金是否安全。而在 P2P 平台上，贷款人的主观意愿能够得到充分的体现，贷款人不仅能够在贷前充分了解借款方的资信状况、款项用途等信息，还能够在放款后及时追踪借款人的还款情况，监控贷款的质量。

从国际上看，P2P 网络贷款平台运作模式已经较为成熟。按照网络贷款平台在借贷交易过程中承担的职责不同，可以将现有的 P2P 网络贷款平台分成单纯中介型、复合中介型以及非营利型。

（一）单纯中介型

单纯中介型的网络贷款公司只为资金供求的双方提供一个交换信息的平台。它们提供的服务包括对借款人的资信进行评级、帮助贷款人筛选符合标准的借款人等，但是作为单纯的中介，平台并不对借款人的违约承担责任，贷款利率也由资金供求双方通过竞价的方式决定。这一类型的代表是美国的 Prosper。

Prosper 成立于 2006 年，凡是拥有社会保障号、银行账号且信用评分在640 分以上的美国合法公民都可以在 Prosper 上注册成为借款人。通过 Prosper 能够申请的贷款额度在 2000 美元至 3.5 万美元之间，为了满足贷款人分散风险的需求，Prosper 支持每位贷款人最低可以为单笔贷款仅出资 25 美元。

通过 Prosper 融资的借款人首先需要填写相关个人信息。Prosper 在进行身份认证后，综合 Experian[①] 提供的信用评分及 Prosper 的内部评分模型计算出的评分确定借款人的评级，借款人获得的贷款利率与其评级紧密相关。Prosper 对借款人的评级从高到低，分为 AA、A、B、C、D、E、HR（High Risk）七个级别，对应不同的平均预期损失率。

---

① Experian 即益百利，是一家信息服务公司，向客户提供数据及分析工具，包括个人的信用评分和信用报告。

表 2 – 1　　　　　　　　　　　　　　**Prosper 信用评级与预期损失率**

Prosper 信用评级	平均预期损失率
AA	0 ~ 1.99%
A	2% ~ 3.99%
B	4% ~ 5.99%
C	6% ~ 8.99%
D	9% ~ 11.99%
E	12% ~ 14.99%
HR	≥15%

数据来源：Prosper 网站。

　　然后，借款人需要创建借款单（loan listing），写明借款金额、期限、用途以及愿意支付的最高利率等信息。借款单填写完成后，进入 14 天的竞价筹资期，其间有意愿的贷款人提出愿意借出的金额以及能够接受的最低利率。如果在竞价期内已经筹措了全部金额，出现满标，愿意接受更低利率的贷款人仍然可以继续竞价。在期限截止后，如果筹措资金超过借款额，则判定竞价利率最低的贷款人中标。贷款利率按照中标的贷款人中竞价利率最高的为准。如果竞价期结束时筹措金额低于借款额的 70%，那么借款人筹资失败。如果筹措金额低于借款额但是超过借款额的 70%，借款人可以选择按照筹措金额部分获得贷款。

　　Prosper 的"快捷投资"功能为希望能够分散投资，但又不愿意花费大量的时间和精力去筛选贷款项目的贷款人提供了捷径。有投资意愿的贷款人只需要输入希望投资的总金额、单笔贷款最高投资额度以及对贷款项目的筛选要求，"快捷投资"工具就能自动筛选出符合贷款人标准的项目组合。贷款人对组合内的项目满意，就可以直接下单。

　　Prosper 的收入来自向借贷双方收取的手续费。对于贷款人按照其年总贷出额的 1% 收取服务费。对借款人，在网站上贴出借款单时不收费，只有在贷款筹资成功后才根据借款人的评级和贷款期限收取相应的手续费，这部分手续费直接从借款人筹得的资金中扣除（费率见表 2 – 2）。

表 2 - 2 　　　　　　　　　Prosper 的借款手续费

Prosper 信用评级	3 年期	5 年期
AA	2%	3%
A	4%	5%
B	5%	5%
C - HR	5%	5%

数据来源：Prosper 网站。

Prosper 鼓励贷款人通过分散投资降低风险。为了让贷款人直观地感受分散投资的优势，Prosper 比较了集中投资和分散化投资两种策略。如表 2 - 3 所示，分散化投资的收益波动较小，出现极端损失的可能性很低，收益水平较为稳定。

表 2 - 3 　　　　　　　Prosper 分散化投资的预期收益及风险

	5 笔贷款	150 笔贷款
预期收益	12%	12%
预期收益的波动范围	- 21% ~ 23%	8% ~ 17%
收益为负的概率	8. 24%	约为 0
收益率大于 7% 的概率	58. 9%	97. 43%

数据来源：Prosper 网站。

（二）复合中介型

复合中介型的 P2P 网络平台不仅为借贷双方提供交易信息，而且还扮演了利率制定者、担保人或者逾期贷款催收人等多重角色。这种模式下的 P2P 网络贷款平台不仅向借贷双方收取基本手续费，还可能对附加的服务收费。美国的 Lending Club 是这类平台的典型代表。

Lending Club 成立于 2006 年 10 月，其网站于 2007 年 10 月正式上线。最初选择与社交平台 Facebook 合作，将线下的"熟人圈"借贷行为迁移到线上。这体现了一种大胆的尝试和创新。这种模式在运营过程中获得了很高的点击率，但贷款量增长却较为缓慢。主要原因在于 Facebook 的用户群体以学生为主，用户的信用记录大多不能达到 Lending Club 的最低信用额度要求，而且学生群体闲置可供投资的资金量也比较有限。随后，Lending Club 与 WebBank 签订合作协议，并经美国证券交易委员会（SEC）批准后转变为证券模式，将业务拓展到美国大部分州，迅速超越了 Prosper 成为美国最大的网络贷款平台。

美国当地时间 2014 年 8 月 27 日，Lending Club 向美国证券交易委员会（SEC）提交了 IPO 申请，拟募集 5 亿美元。

截至目前，Lending Club 业务模式发展经历了三个阶段。前两个阶段分别是"本票模式"和"银行模式"。2007 年 6 月至 12 月，Lending Club 以"本票模式"开展业务。当贷款申请在网站上认购成功后，借款人向 Lending Club 签发贷款本票，Lending Club 向借款人发放贷款，并将贷款本票转让给贷款人。在此过程中，Lending Club 短暂承担了贷款人的角色，因此需要在各州都获得借款执照，而且要遵循各个州设定的利率上限，这限制了 Lending Club 的业务拓展。2008 年 1 月至 3 月，Lending Club 与 WebBank 合作，转为"银行模式"。当贷款申请被认购后，借款人向 WebBank 签发贷款本票，WebBank 向借款人发放贷款，同时将贷款本票以无追索权的方式平价转让给 Lending Club。Lending Club 将贷款本票转让给认购的贷款人。WebBank 是由美国联邦存款保险公司（FDIC）承保、注册在犹他州的银行，而犹他州对贷款利率没有设定上限。根据美国相关法律法规，Lending Club 不需要分别向各州申请贷款资格，就可以将业务拓展至全美国，并可以规避部分州设定的利率上限。[1]

目前，Lending Club 采取"证券模式"。2008 年 4 月，Lending Club 向 SEC 提交注册登记，并于同年 10 月成功完成注册，正式开启"证券模式"。"证券模式"与"本票模式"、"银行模式"的区别在于：在证券模式下，贷款人购买 Lending Club 发行的"会员支付支持票据"（Member Payment Dependent Notes），并成为 Lending Club 的无担保债权人，收益由支持所购买票据的基础贷款的表现决定，贷款人与借款人之间不存在直接的债权债务关系。在"本票模式"和"银行模式"下，贷款人购买的是贷款本票，从而与借款人之间发生了债权债务关系。

Lending Club 主要服务信用评分高于 660 分的借款人，贷款金额在 1000 美元到 35000 美元之间，期限 3～5 年。为小微企业提供 10 万美元以内的贷款，贷款利率从 6% 到 24% 不等。借款人在注册并通过 Lending Club 审核后，可以提交贷款需求，包括贷款金额、期限、用途以及其他基本信息等。Lending Club 在得到授权后从美国三大征信机构 Experian、Trans Union 和 Equifax 获取

---

[1] 美国《1980 年存款机构解除管制与货币控制法案》规定：由美国联邦存款保险公司（FDIC）提供存款保险的银行可以将贷款最高利率选定为（1）贷款发生州的最高利率；或（2）该银行所在州的最高利率，即可以向其他州输出利率。

借款人的信用评分，并根据借款人的信用评分、借款金额、借款用途等信息进行内部信用评级，将借款人分为从 A、B、C、D、E、F、G 7 个大的等级，每个等级又细分为 5 档子等级，并将信用等级持续呈现在平台上供贷款人参考。Lending Club 采取由平台制定利率的方式，根据借款人的 Lending Club 内部评级确定贷款利率，目前 A1 级也就是获最高评级的借款人的利率为 6.03%，评级为 G5 的借款人的利率为 26.06%。

交易一旦达成，WebBank 就会向借款人发放贷款，同时将债权出售给 Lending Club。Lending Club 以会员支付支持票据的形式将从 WebBank 购买的债权出让给借款人。交易最终完成时，贷款人成为 Lending Club 的无担保债权人，而偿还情况则取决于借款人的行为。当借款人发生违约时，Lending Club 不向贷款人提供补偿，贷款人承担投资损失。从对这一过程的完整描述来看，Lending Club 在其中发挥的是媒介作用，不提供资金安全保障。但 Lending Club 通过与 Foliofn 合作开发了一个线上债权交易平台，贷款人可以通过债权交易平台打折出售坏账。[①] 一些专业的投资人还可以通过收购这些坏账实现盈利。

在盈利模式方面，Lending Club 按照借款人的信用评级和借款期限来收取相应比例的服务费，服务费率为 1.11%~5%。这笔服务费在贷款募集成功后收取，并直接从募集金额中扣除。举例而言，当一个 A1 评级的借款人筹得了期限为 3 年的 5000 美元贷款，那么 Lending Club 将收取 55.5 美元的服务费，借款人实际筹得的资金为 4944.5 美元。

表 2-4　　　　　　　　　Lending Club 服务费率

信用等级 期限	A			B	C-G
	1	2~3	4~5	1~5	1~5
36 个月	1.11%	2.00%	3.00%	4.00%	5.00%
60 个月	3.00%	3.00%	3.00%	5.00%	

数据来源：Lending Club 网站。

①　Foliofn 由 Steven M. H. Wallman 创建于 1999 年。它是在美国证券委员会（SEC）注册的自我清算的经纪交易商，是美国存托与结算机构（DTCC）的成员，同时也是美国金融业监管局（FINRA）成员，受美国证券委员会和美国金融业监管局共同监管。Foliofn 分别与 Lending Club 和 Prosper 合作建立了二级交易平台，这两个平台分开运营且账户不共用，但平台上流通的债券票据属性一致，交易方式类似。

（三）非营利型

非营利型的 P2P 网络贷款平台为弱势群体提供较低利息的贷款，平台本身不以营利为目的，带有慈善的性质。这一类 P2P 网络贷款平台中最突出的是美国的 Kiva。

Kiva 成立于 2005 年，至今共有超过 100 万人通过 Kiva 的平台在 70 多个国家发放约 5 亿美元贷款。Kiva 的运作建立在与"地域合伙人"（field partner）合作的基础上。地域合伙人包括小微贷款公司、学校、非营利组织等。它们对当地的情况十分了解，收集信息也较为方便。通常，地域合伙人可以在贷款申请公布的前 30 天或后 90 天内发放贷款，它们负责收集借款人的背景资料、照片及贷款信息，并提交给 Kiva 管理人员。志愿者对贷款申请进行编辑和翻译后公布在 Kiva 的网站上。贷款人可以在网站上浏览贷款申请，并选择贷款项目。贷款人最低可以仅借出 25 美元，也可以借出一笔贷款的全部金额。一般而言，地域合伙人都在贷款申请公布前就已经为借款人提供资金，募集到的资金由 Kiva 统一转账给地域合伙人。贷款利率由地域合伙人制定，一般都很低，只用于覆盖地域合伙人的管理成本，对于贷款的质量和偿还情况也由地域合伙人监控，然后定期向 Kiva 反馈。在这个过程中，Kiva 不向地域合伙人收取任何费用，也不向贷款人提供利息，其运营管理所需的费用基本来自社会捐助。所以，Kiva 实质上是一个慈善平台，旨在为不发达国家和地区的小微企业以及个人提供获得较低利率贷款的途径，帮助改善低收入群体的境况。

当前，国内 P2P 网络贷款行业仍然处于发展初期，经营模式也各有差异。有些 P2P 网络贷款平台仅提供交易撮合服务，有些则引入保险公司为贷款人资金提供保险，有些则是通过平台向投资者出售线下购买的债权，有些平台还引入了小额贷款公司。以上三类 P2P 网络贷款类型都存在，比如单纯中介型的拍拍贷，复合中介型的宜信贷，以及曾经受到广泛关注的公益性平台齐放网。

国内网络贷款高速增长所隐藏的一些风险也逐步暴露，P2P 网络贷款平台中不乏经营管理不善甚至是恶意诈骗的机构。目前国内绝大部分的 P2P 平台都提供显性或隐性的担保，这背后隐藏的风险是巨大的。由于国内监管缺失，有关民间借贷的法律法规存在空白，国内一些复合型的网络贷款平台已经变异，出现了线上融资、线下放贷或者完全线下模式，这些模式因为脱离纯粹的平台功能，很容易成为"非法集资"的重灾区。零壹财经的数据显示，截至 2014 年 9 月底，零壹财经数据统计的问题平台共 207 家（不含港、澳、台地区），其中广东、浙江、江苏三省的问题平台数量共计 93 家，占全部的 44.93%。

2014 年 10 月在杭州召开的"互联网金融安全论坛"披露的数据显示，2013 年浙江省共排查出登记注册的 P2P 网络贷款平台有 87 家，截至 2014 年 10 月底，因涉嫌非法集资活动已被公安机关立案侦查的有 16 家，其中在杭州地区的 41 家中，只有 1 家是完全没有问题的。发生的问题包括歇业整顿、提现困难、挤兑、倒闭甚至恶意跑路等情况。

P2P 网络贷款行业的发展需要适当的监管。在 2013 年 10 月 25 日举行的由中国银监会牵头的九部委处置非法集资部际联席会议上，人民银行对以开展 P2P 网络借贷业务为名实施非法集资的行为进行了清晰的界定，列举了几类涉嫌非法集资的网络贷款模式。2014 年初，国务院决定由中国银监会牵头来承担对 P2P 的监管研究。2014 年 7 月 8 日，中国银监会创新监管部主任王岩岫在 2014 年银行业发展论坛上表示，P2P 网络贷款机构应明确定位于民间借贷的信息中介而不是信用中介，同时要设置准入门槛、严禁 P2P 网络贷款机构汇集资金、明确收费机制，还要对投资者风险进行评估。按照信息中介的定位，P2P 网络贷款交易的在途资金及贷款人的资金都需要由银行、第三方进行托管，P2P 网络贷款机构不得自身为贷款人提供担保，不得承诺贷款本金的收益，不承担信用风险和流动性风险，不得从事贷款受托投资。

二、网络众筹

这里所讲的网络众筹包括回馈捐赠类众筹和股权类众筹两种类型。有些公开看法将 P2P 网络贷款视为众筹的一种模式，但网络众筹与 P2P 网络贷款至少存在以下两个方面的区别：一是参与交易的主体之间的资金关系并不相同，由此决定了投资者将获得不同的收益。二是众筹平台筹措的资金可以超过项目发起人设定的筹资目标。在贷款人自主选择贷款项目并竞价的网络贷款平台上，当竞价期内筹得的总金额超过借款人申请额度时，从利率最低的资金开始匹配，贷款额度不得超过借款人申请额度。而在众筹平台上，遵循"All or Nothing"的原则，如果募集到的资金未达到设定的目标金额，则募资失败，如果大于或等于设定目标，那么所有募集到的资金都归募资人所有。

尽管众筹的概念是近年随着互联网金融热潮才为人们熟知，但是作为一种筹融资的方式，众筹存在的历史已经十分悠久。1713 年，英国诗人亚历山大·蒲柏（Alexander Pope）计划将荷马的史诗《伊利亚特》翻译成英语，蒲柏在翻译前承诺每一位支持者都将获得一本六卷四开的翻译本，他最终赢得了 575 人的支持，并筹到了足够的资金完成翻译工作，这些支持者的名字也被列在早期的翻译本上，这一开创性的运作方式可以被看成是众筹最早的雏形。网络众筹是在互联网的推动下产生的新型融资方式，是指企业或项目发起人通过互联网以聚少成多的方式进行融资的活动。网络使得筹资人和投资人的范围都扩大了，同时也使得更多的项目能够获得关注和资金支持。

ArtistShare 自 2003 年 10 月开始发布众筹项目，是世界上最早的众筹网站，被誉为"众筹金融的先锋"。它的目标群体主要是音乐界的艺术家和发烧友们。ArtistShare 成立的初衷是在数字化下载超过唱片生产的时代，通过发售仅在网上销售的专辑，来帮助收入陷入窘境的艺术家。艺术家可以在网站上发布项目，投资者的回报是可以观看唱片录制的过程，或者是自己的名字被列在唱片成品中。ArtistShare 自运营以来聚拢了一大批的艺术家和忠实粉丝，在 ArtistShare 上成功筹资的项目获得了包括 9 项格莱美奖以及 18 项格莱美提名奖在内的众多荣誉。ArtistShare 的第一个筹资项目是美国作曲家 Maria Schneider 的"Concert in the Garden"，这也是格莱美历史上首张不通过零售店销售的获奖专辑。2005 年以后，众筹平台广泛出现。

在美国，2008 年 1 月，Indiegogo 正式成立，并面向全球提供服务。Indiegogo 最初专注于影视类项目，目前接受各类创新项目。Indiegogo 不对项目进行审查，投资者承诺资金将会直接分配给项目创始人，如果项目没有达到预定筹资目标，则由项目发起人决定是否退还已筹资金。2009 年 4 月，Kickstarter 成立，Kickstarter 虽然起步晚于 Indiegogo，但已经成为目前全球最大也最具影响力的网络众筹平台。2012 年 4 月，美国总统奥巴马签署《创业企业扶助法案》（JOBS 法案），允许小企业通过众筹平台进行股权融资，为美国的股权类网络众筹走向规范化奠定了基础。

在英国，2010 年，Crowdcube 正式成立，这是世界上第一个股权网络众筹平台。2013 年 5 月，Seedrs 在英国正式上线，成为英国第一家获得英国金融行为监管局（FCA）批准的股权类网络众筹平台，标志着英国将股权类网络众筹正式纳入监管体系。

在国内，2011 年 7 月，首个网络众筹平台"点名时间"正式上线。2011 年 11 月，首家股权类网络众筹平台"天使汇"正式上线。

（一）回馈捐赠类众筹

回馈及捐赠类的众筹平台数量最多且发展速度最快。目前我国的众筹平台基本属于这一类。一般来讲，平台上的投资人不以获得资金回报为目的，项目发起人也不得向投资人允诺任何货币资金收益，只能以项目本身的产品、服务或者是相应折扣等作为回馈，而项目发起人也会明确出资金额所对应的回馈内容。还有一种众筹就是没有任何回报的纯捐赠行为，如 2008 年美国大选时，美国总统奥巴马通过众筹获得了 1.37 亿美元的竞选款项。

全球最为成熟、运营最成功的回馈及捐赠类众筹平台是美国的 Kickstarter。国内同类型的平台中有综合型的众筹平台，如"点名时间"，也有专注于某个细分领域的众筹网站，如支持原创微电影的众筹平台"淘梦网"。它们的运作模式都与 Kickstarter 类似。

自成立以来，Kickstarter 已经成功为 5 万多个项目融资共近 9 亿美元，项目融资成功率 43.8%。目前，Kickstarter 的项目发起资格在美国、英国、加拿大、澳大利亚和新西兰五个国家开放，项目发起人须年满 18 周岁，具有所在国的永久居民身份、固定地址、银行账户、身份证件以及一张信用卡或者借记卡。项目发起人在网站上创建项目并写明目标筹资金额和筹资期限，投资人可以在网站上浏览并选择自己喜欢的项目给予资金支持，筹资是否成功取决于在约定期内筹得的金额是否超过了预设的目标金额。当筹措金额超过预设目标，则从投资人的信用卡中扣除投资金额，如果筹措的金额没有达到预设金额，则筹资失败，投资人的资金不会减少。对于筹资成功的项目，如果在筹资时就已经约定回报，则 Kickstarter 会负责监督项目发起人兑现承诺。

回馈及捐赠类众筹平台虽然为一些创业型小企业和个人提供了融资的平台，但它不属于纯粹意义上的金融行为。在回馈和捐赠类的众筹平台上，资金的流通并没有产生高于资金本身价值的货币回报，回馈投资人的产品或服务也没有体现出资金增值，货币的时间价值在其中没有起到作用。这种情形下的众筹实质是一种预售加上团购的销售行为，或者更加彻底的是一种不求任何回报的捐助行为。

表 2 - 5　　　　　　回馈及捐赠类众筹与股权类众筹的区别

	回馈及捐赠类众筹	股权类众筹
模式	根据协议，项目发起方可以承诺实物回报以获得支持者的投资	公司可以直接向合格投资者出售股权换取投资，并可能涉及股转债的选项
回报	通常以"预售"形式提供实物回报	提供公司原始股份，投资者享有股东权利
筹资金额	大部分筹资金额较低，常在 5 万美元以下	筹资金额普遍在 5 万 ~ 100 万美元，具体上限视当地法律法规而定

续表

	回馈及捐赠类众筹	股权类众筹
参与投资方	所有注册用户，一般没有经济背景限制	只对合格投资者开放，大部分地区对投资者有一定的财富要求
投资者权利	投资者可以与发起人在线交流，对产品的设计提出意见，但意见最终是否被采纳取决于项目发起人，投资者只有建议权	遵循现代公司治理制度，投资者可享有普通股股东权利，拥有较大股份比例的股东可以加入公司董事会，对创业者的决策施加影响
项目设置	与公司、股权无关，理论上项目发起人不需要为此专门设立公司	项目发起人必须成立公司，建立可对外发售股权的公司
投资者目的	往往兼有支持、捐助和预购的性质，带有非常强的情感因素	获得经济回报，基于理性分析和预期，看重公司的商业模式和未来发展
回报周期	一般较短，从筹资满额到投资者最终获得实物回报或者参与活动，常在数月至一年之间。如果发起人不能按时提供商品，某些平台要求发起人必须退还部分资金	必须待公司盈利后才能获得回报，回报的时间较长。如果公司亏损或者失败，投资者将无法获得收益，发起人也不承诺退还资金

资源来源：《众筹服务行业白皮书（2014）》。

（二）股权类众筹平台

与回馈及捐赠类众筹平台不同，股权类众筹平台的投资人以获得资金回报为目的。它也不同于 P2P 网络贷款平台，投资人获得的回报不是事先确定的利息，而是根据投资金额获得相应的股份。相比 P2P 网络贷款，股权类众筹的风险要大得多，可能获得的回报也要高得多。

全球第一家股权网络众筹平台是英国的 Crowdcube。Crowdcube 于 2013 年2 月获得了英国金融行为监管局（FCA）的认证，成为能够使投资者直接成为公司股东的众筹平台。Crowdcube 的运作方式是，由筹资人在网站上对公司的情况作出说明，同时列明出让的股份、目标筹资金额等内容。当投资金额达到目标金额时，由 Crowdcube 的法律合作伙伴 Ashfords LLP 会同筹资人完善相关法律文件，并签署股权证明。投资者在 7 个工作日内可以对相关文件提出疑问，并选择撤销投资。时效期过后，文件将定稿。双方签字后，投资者将根据出资金额获得相应的股份，并享有股东的权益。Crowdcube 设定的每个项目的最低筹资目标为 1 万英镑，没有最高限制，投资人的最低投资金额是 10 英镑。

Crowdcube 的收费标准是筹资金额 5% 的代理费、1250 英镑的法律费用以及 500 英镑的管理费，还有筹资金额 0.05% 的支付费用。

根据 Crowdcube 公布的数据显示，在平台上成功融资的公司 50% 是初创期企业，24% 处于起步期，26% 处于增长期。目前，一半以上的投资人的年龄处于 29～48 岁（见图 2 - 2）。这些投资人既希望获得货币收益，也希望能在企业中获得一定的话语权。从项目类型来看，在平台获得融资的以零售业和互联网企业最多，其次是食品饮料、专业服务以及科技类的企业。

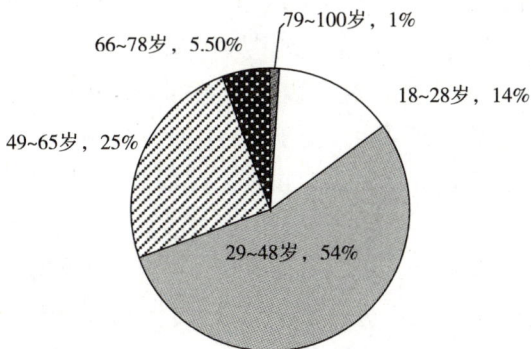

数据来源：Crowdcube 网站。

图 2 - 2　Crowdcube 投资人年龄段分布

在美国，根据《1933 年证券法》，除了在法案中明文规定可以豁免于注册登记要求的类型，所有证券的发行都必须在美国证券交易委员会（SEC）登记注册，而登记注册制度流程复杂，要耗费一定的时间和资金，小型企业很难承受。法案还规定企业不得公开发布融资信息，因此小企业的融资是否成功就很大程度上依赖于企业主的社交网络。这样的局面在《创业企业扶助法案》（JOBS 法案）颁布后逐渐发生变化，该法案旨在帮助处于创业阶段的小企业获得资金，并创造更多的就业岗位。该法案第三部分对众筹作出了明确的法律界定，尤其是解除了对企业公开募集资金和公众股权投资的限制。尽管该法案的最终条例还需要由 SEC 来确定，但是股权类众筹平台已经开始走上有法可依、规范发展的道路。

截至 2013 年底，我国的首家股权类众筹平台"天使汇"已经为 100 多个创业项目完成融资，融资总额超过 3 亿元人民币，审核通过的投资人接近 900 人，注册项目达 8000 个，通过审核挂牌的企业超过 1000 家，创业者会员超过

2.2 万人。天使汇面向的是优秀的 TMT① 行业和高新技术科技行业的初创企业，并为创业者提供优化商业计划书、估值模型、财务预测和投资协议等服务。同时，由于股权类众筹的风险相对较高，并且面临十分敏感的政策法规问题，天使汇的投资人基本都是有较丰富投资经验且财力较为雄厚的天使投资人。

2013 年 1 月，天使汇第一次在天使投资领域推出"快速合投"的概念，让多位天使投资人共同投资一个创业项目。2013 年 2 月，第一个快速合投项目 LavaRadio 上线。上线第一天就收到了 100 万元人民币的天使投资，原计划 30 天融资 250 万元，最后仅用 14 天就超额融资 335 万元。天使汇向投资人收取服务费用，对通过天使汇平台投资于平台创业融资项目，在取得创业融资项目股权、股份、份额后，天使汇收取投资人在创业融资项目中所享有的股权、股份或者份额收益（包括但不限于分红、股权转让溢价等）的 5%。

相比回馈及捐赠类平台，股权类众筹平台项目上线的数量以及成功筹资的数量都低得多。这一方面是因为回馈及捐赠类平台的起步较早，公众的认知度和接受度更高，另外更重要的原因是股权类众筹对于投资人、筹资人双方的资质要求较高，流程也更为复杂。

2013 年初，一个股权类众筹相关的新闻事件引起了广泛的关注和热烈的讨论。美微传媒在淘宝"美微会员卡在线直营店"出售会员卡，购买会员卡实际上是购买了美微传媒的原始股票，单位凭证 1.2 元，最低认购单位是 100 股，也就是说以 120 元下单就能够持有美微传媒 100 股，成为公司的原始股东。2013 年 3 月，中国证监会叫停了美微传媒的筹资行为，并要求美微传媒进行退款。尽管这一网上售卖原始股权的行为被喊停了，但是却引起了业界和监管层对于股权类众筹合法性的更多的思考。2014 年 3 月 28 日，中国证监会新闻发言人张晓军表示，股权类众筹模式对于完善多层次资本市场体系、支持创新创业活动具有积极意义，这是监管机构对股权类众筹的官方表态。目前，证监会正在对股权类众筹进行广泛调研，起草"股权类众筹管理办法"。随着相关规范逐步落地，股权类众筹将逐渐告别野蛮生长的状态，走向规范化运作。

尽管股权类众筹平台由于政策、监管及风险等方面的因素刚刚起步，发展速度也较为缓慢，但是发展股权类众筹具有重要的意义。随着相关法律法规日益完善以及监管水平的不断提高，股权类众筹平台有望超越回馈及捐赠类众筹

---

① TMT (Technology, Media, Telecom)，科技、媒体和通信。

平台，成为主流的众筹平台发展方向。

三、电商信贷

（一）商户贷款

小微企业融资难是世界性的难题，仅仅依靠风险投资和天使投资人远远不能满足众多小企业的资金需求。小微企业也很难从商业银行等融资渠道获得充足的融资。随着电子商务平台的繁荣以及互联网技术的发展，基于电子商务平台的网络贷款为满足小微企业的融资需求提供了一条解决之道。

在国外，基于电商平台发展的网络贷款仍处于起步阶段。eBay 仅在英国针对部分经销商试验性地提供了贷款，并在 2013 年在美国开展试点。在国内，阿里巴巴、苏宁等知名电商企业都成立了自己的小额贷款公司，为商户提供信用贷款。京东与中国银行联合推出"供应链金融服务"，供应商凭借其在京东的订单、入库单等向京东提出融资申请，核准后递交银行，再由银行给予放款。其中担任"领头羊"角色的是阿里巴巴集团旗下的"阿里小贷"，即现如今的"蚂蚁小贷"。

阿里巴巴早在 2002 年 3 月就推出了"诚信通"服务，聘请第三方对注册会员进行评估，并将评估结果连同会员在阿里巴巴电子商务平台的交易诚信记录公布在网上，帮助会员获得采购方的信任。2004 年 3 月，阿里巴巴进一步推出"诚信通"指数，用于衡量会员信用状况，这成为阿里巴巴信用评估的基础。同时，随着电子商务的繁荣，阿里巴巴累积了大量的数据，并建立了一整套信用评价体系和数据库，并且数据库中的商户信用记录越来越长。2007年 5 月，阿里巴巴与建设银行合作推出"e 贷通"，为诚信通会员或中国供应商会员提供"网络联保"贷款，10 月与工商银行合作推出"易融通"，为阿里巴巴的商户提供小额信用贷款。阿里巴巴提供销售渠道和信用数据，但绝大部分商户都达不到银行的准入门槛。与银行业的合作结束之后，阿里巴巴增加贷款业务发展力度，新成立了几家小额贷款公司，并利用资产证券化技术来为小额贷款公司融资。2014 年筹建浙江网商银行获得银监会批准。2014 年 10月，蚂蚁小微金融服务集团正式成立之后，"阿里小贷"更名为"蚂蚁小贷"，目前提供阿里信用贷款，淘宝（天猫）订单贷款和淘宝（天猫）信用贷款等。阿里信用贷款目前只对注册地在上海、北京、天津、浙江、山东、江苏及广东等地区的阿里巴巴中国站会员或中国供应商会员开放。淘宝（天猫）订单贷款及信用贷款在全国范围开放。其中，订单贷款是以"卖家已发货，买家未确认收货"状态为依据发放的贷款。信用贷款则是无须任何抵押或担保的纯信用贷款。订单贷款的利率低于信用贷款，两者均采取按日计息的方式。

电子商务公司在发展商户贷款方面拥有客户、数据、技术等方面的优势。比如，蚂蚁小贷凭借其网络平台和大数据的挖掘能力，以几款简单的标准化产品，造出"信贷工厂"，通过大数据模型及调查团队的在线视频调查对企业的财务和非财务状况作出评价，实现了贷款申请、贷款审查、贷款发放到贷款回收的全流程在线完成。放款速度快，运营成本低。在风险控制和管理方面，蚂蚁小贷除了能在贷前利用平台数据及分析模型评估出企业的还款能力和意愿外，还能在贷后通过监控企业的资金流动状况和经营情况预判企业的持续还款能力。对于违约的企业，阿里信贷基于电商平台，可以采取包括关停网络商铺、网站公布违约名单等一系列措施，提高企业的违约成本，有效控制贷款风险。

（二）消费贷款

eBay 旗下的第三方支付公司 PayPal 推出了虚拟信用卡产品"Bill Me Later"（意为"我以后买单"）。申请开通此项业务的流程十分便捷，客户在 eBay 上选好商品，在选择付款方式的页面上点击"Bill Me Later"，输入出生日期和社会保险号码（SSN）的后四位，接受协议条款，在几秒钟之内就能通过信用付款的资格审查。一旦客户开通了"Bill Me Later"账户，就自动获得一个信用额度，信用额度是首次使用信用支付购买物品的金额与 500 美元之间的较高者。如果客户的支付金额超过了其原有购买力，则系统会根据客户的资信状况和消费记录判断客户是否有资格提高购买力。这个审批过程在客户支付金额超过其购买力时由系统自动完成，客户无须进行提高额度的申请。如果审批通过，则客户的额度自动提高为调整后的金额。

与实体信用卡一样，Bill Me Later 也设定了免息期和每月最低还款额度。如果在免息期内还清货款金额，则不收取任何利息。客户也可以选择分期还款，但需要支付利息，年化利率为 19.99%。如果客户的月度还款额低于最低还款额，将有首次最高 25 美元，再次最高 35 美元的滞纳金处罚。Bill Me Later 也拥有转账汇款功能，对每笔交易收取转账金额 2.9% 加 0.3 美元的手续费，与通过 PayPal 使用借记卡或信用卡转账收取的费用一致。

目前，已经有上千家电子商务平台支持 Bill Me Later 支付方式，这一创新的支付方式也刺激了 eBay 的商品销量。Bill Me Later 实际上已经涉足了信贷领域，但是作为第三方支付机构，它并没有放贷的权利。根据 eBay 公布的资料，

Bill Me Later 与 Comenity Capital 和 WebBank 两家银行合作，由这两家银行提供贷款，然后再由 eBay 将贷款购入。尽管 Bill Me Later 通过在银行绕一圈的方式来规避监管，但是从这个流程来看，实际的风险都由它来承担，所以 Bill Me Later 才是真正的贷款人。

一些电子商务平台推出的对平台客户的消费贷款具有信用卡的一些基本特征，实际上是虚拟信用卡。此类虚拟信用卡与实体信用卡的区别有三点。首先，对申请者的资信和信用额度的审核不是依据客户的财产、收入证明，而是根据客户在第三方支付的消费以及信用记录。其次，与实体信用卡漫长的审批期相比，虚拟信用卡审批时间很短，而且可以由系统自动完成。最后，目前虚拟信用卡的使用场景主要是在电子商务平台上，线下使用并不便利。

2014 年 2 月 13 日，京东商城推出的"京东白条"延期付款产品开始公测，用户在填写姓名、身份证号、银行卡信息等申请材料后，京东会根据用户在京东上的消费记录、配送信息、退货信息以及购物评价等数据进行风险评级，并据此作出是否授信，以及给予用户多少信用额度的决定。据京东消费金融业务负责人介绍，"京东白条"能够在一分钟内在线实时完成申请和授信过程，用户最高可获得 1.5 万元的信用额度，用户获得的额度仅能在京东商城使用。使用京东白条后，用户可以选择两种形式还款：一种是 30 天内还款免息，另一种是分为 3 ~ 12 个月的分期付款，分期付款手续费为每期 0.5%，这一标准普遍低于商业银行信用卡的分期付款手续费。

实际上，"京东白条"是限制使用范围的虚拟信用卡，因为它具备了信用卡的基本特征，也就是发卡方事前集中授信，用户在信用额度内透支消费并延期还款。如此来看，"京东白条"其实是在打监管的"擦边球"，因为按照我国的《信用卡业务管理办法》，信用卡的发行方只能是商业银行，京东商城作为非银行企业，不具有信用卡发行资格。

同样瞄准消费信贷领域的阿里巴巴和腾讯公司，都曾选择与商业银行进行合作的模式。2014 年 3 月 11 日，支付宝和腾讯公司分别与中信银行合作推出"中信淘宝异度支付卡"和"中信银行微信信用卡"。这两款产品都由众安在线提供个人信用卡消费信用保险，腾讯和支付宝均是该公司的股东。这两款产品由银行提供授信额度，采用即时申请、即时获准的方式。其中，支付宝钱包内的中信信用卡授信额度从 200 元起，上限由个人信用度确定，中信微信信用卡的额度分为 50 元、200 元和 1000 ~ 5000 元几个档。这两款明确提出虚拟信用卡概念的产品在推出后的两天，就被人民银行下发的紧急文件要求暂停，原因是网络信用卡存在较多的风险点。从操作细则上看，虚拟信用卡的发放不符合信用卡申请的"三亲"原则，即亲见本人、亲见原件、亲见本人签字。

互联网企业抢滩消费信贷的决心可见一斑，这种尝试还会继续，而且不仅仅局限于虚拟信用卡这个消费信贷的分支。一种可能的情况是互联网企业自己成立消费金融公司，或者与现有的消费金融公司合作，创立类似于基于电商平台的网络贷款的模式，用消费金融公司的资金为第三方支付平台客户提供信用贷款。此外，随着民营银行的试点和推广，拿到银行牌照的互联网企业开展消费信贷，将不再是跨界合作，而是同业竞争。

第三节 互联网理财

目前，国内理财业呈现多头竞争的格局。银行业仍然是理财业的主力，大部分商业银行的网上银行都具有代销基金产品、出售理财产品的功能。非银行金融机构也加速发展自己的互联网平台，开设网上的基金销售渠道。电子商务平台是近年来基金销售队伍的生力军。2013 年 3 月，证监会发布了《证券投资基金销售机构通过第三方电子商务平台开展业务管理暂行规定》，为电子商务平台销售基金产品打开了大门。2013 年 10 月 31 日，淘宝网获证监会许可，成为首家为基金销售机构提供服务、开展业务的第三方电子商务平台。服务上线第一天，就有 17 家基金公司参与其中，销售的基金产品类型囊括了货币型基金、债券型基金和股票型基金等。

2013 年 6 月，支付宝推出了一款名为"余额宝"的余额理财服务。相比银行存款和银行理财产品，这些产品具有起购金额低、收益率和流动性高的优势。这些特点和优势使这种新型的网络理财产品一推出便得到了大众投资者的青睐。截至 2013 年底，余额宝上线半年，客户数量达到 4303 万户，规模达到1853 亿元。截至 2014 年 9 月底，余额宝客户总数超过 1 亿人，资产规模达到5349 亿元。天弘基金管理有限公司借助余额宝成为国内最大的基金公司。

余额宝的成功引起了巨大的示范效应。此后，各式各样的类余额宝产品不断涌现，它们大多数以"某某宝"来命名，因此被统称为"宝宝"类理财产品。比如，东方财富旗下的天天基金网推出的对接南方基金、华安基金等基金公司产品的理财工具"活期宝"，也具有类似余额宝的功能。数米基金推出的"现金宝"服务也对接了海富通、万家、华安和工银瑞信四家基金公司的货币基金。与余额宝不同的是，"活期宝"和"现金宝"可以让用户在不同的基金产品中进行选择，并允许用户在持有期间在基金产品中间进行更换。另外两大互联网巨头百度和腾讯也先后推出了"百度理财"和"微信理财通"。宝类理财产品的出现为大众提供了更具吸引力的投资通道，分流了商业银行的部分存款，因此商业银行在这一领域也不甘示弱。工商银行推出的"薪金宝"、平安银行的"平安盈"以及兴业银行的"兴业宝"都是典型的类余额宝产品。2014 年 6 月，包商银行推出了"小马 bank"互联网理财平台，正式运行之初该平台提供了类余额宝的投资产品"马宝宝"以及债券产品"千里马"。宝宝类理财给银行业带来了一定的影响。由于收益率高于银行存款，而起点低于银行理财产品，众多小额的零散资金纷纷从银行体系中抽离，造成了银行存款分流的结果。

互联网特别适合销售那些简单标准化的产品，目前的互联网理财仍然是产品导向型的，主要集中在销售基金产品、理财产品等。比如，购买余额宝实质上是购买了一款基金产品，这种通过互联网平台销售理财产品的模式在 20 世纪 90 年代初已在国外出现。美国的嘉信理财（Charles Schwab）是互联网基金销售的先驱，1993 年嘉信理财推出了"基金超市"的概念。1999 年时，美国的第三方支付机构 PayPal 公司进行了一次互联网基金销售的新尝试。PayPal 公司将自己的资产管理公司与货币市场基金连接，并由巴克莱和贝莱德的母账户进行管理。用户购买 PayPal 基金的起购金额是 1 美分，最高账户余额为 10 万美元。用户只需进行简单的操作即可实现支付账户内的资金转向货币基金。方便快捷的 PayPal 基金吸引了大量的投资者，2007 年时基金规模一度达到了 10 亿美元的历史峰值。

一、嘉信理财

1993 年，嘉信理财根据"基金超市"理念，向客户提供了一本经过分析的由 75 家基金构成的汇编文集，称其为"共同基金选择目录"。此后，嘉信理财又通过"One Source"免费账户的模式开始了真正的"基金超市"的运作。"One Source"是一个统一的账户，投资者可以在账户内对比和分析不同基金产品的风险、收益状况，选择适合的基金类别并进行购买或者转换。同时，投资者所有的基金购买和转换都不需要缴纳交易费用，嘉信理财通过向基金公司收取一定比例的费用实现盈利。通过这种安排，方便了投资者对基金产品的考察和研究，减少了他们的研究成本，也为他们节省了基金交易费用，受到了许多投资者的青睐。对于基金公司来说，虽然需要向嘉信理财缴纳一定的费用，但是互联网销售拓展了它们的销售渠道，在规模经济效应的带动下其成本反而下降了。这种三赢的模式得到了市场的广泛认可。到 1999 年时，嘉信理财的在线基金超市中的基金数量已达 1900 个，形成了全球领先的基金销售新模式。

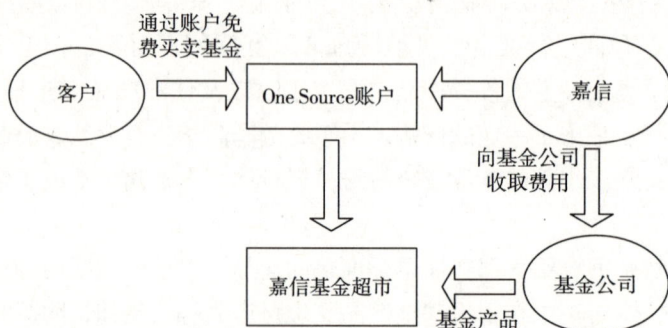

图 2-3 嘉信的"基金超市"模式图

二、余额理财

余额宝是国内首款宝宝类理财产品，得益于支付宝平台积累的海量用户基础，余额宝一直都是宝宝类理财产品中的佼佼者。余额宝与天弘基金的"增利宝"货币基金对接，用户转入余额宝内的资金实际上被用于购买了货币基金，从而使用户能够获得货币基金的投资收益。同时，余额宝内的资金还能随时用于网络购物和支付宝转账，使其兼具了收益性和流动性两大优势。余额宝的准入门槛很低，起购金额仅为 1 元。余额宝兼具了收益性、流动性和低门槛等传统基金不具有的特点，大大提升了用户体验，因而受到了广大投资者的青睐。

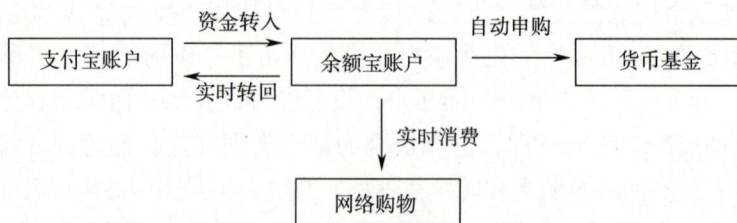

图 2-4 余额宝资金流动示意图

随着余额宝的发展壮大，阿里巴巴与基金行业的结合也日益加深。2013年10月9日，内蒙古君正发布公告称，公司及天弘基金其他股东与浙江阿里巴巴电子商务有限公司就天弘基金增资扩股和全面业务合作达成框架协议。根据协议，阿里巴巴将以约人民币11.8亿元出资持有增资后的天弘基金51%的股份。这一举动引起了互联网企业和金融业的震动，对公募基金业产生了巨大的影响。

余额宝等理财产品包含着互联网的普惠、平等精神，将更多的普通投资者引入了理财产品市场，是一次很好的投资者教育的实践。在理财模式上，宝宝类理财开创了"碎片化"理财的新模式，理财产品的门槛被大幅降低，无论金额大小、期限长短，都可以加入到理财投资者的行列中来。

2014年初，出现了一些关于宝宝类理财产品的非议，主要是针对这类产品推高了银行的融资成本并进而推高全社会的融资成本的问题。当不存在宝宝类产品时，这些资金大多以储蓄存款、活期存款的形式进入银行体系，商业银行支付了相应利息成本后将资金用于贷款、投资等活动。宝宝类理财使资金被转换成货币基金，货币基金再将这笔资金转化成银行的协议存款等，资金又回到了银行体系，但中介环节增加了。商业银行需要支付更多的利息。利息成本的提高使商业银行必须追求更高的资产回报率，这有可能导致整个社会的融资成本的提高。

这种观点在逻辑上是成立的，但也存在值得进一步探讨的地方。一方面，互联网理财产品在多大程度上推高了商业银行的融资成本尚有待进一步明确。目前各种宝宝类理财产品的规模与商业银行的存款规模相比还是比较小的，它们尚不具备对社会融资成本造成显著影响的实力。另一方面，我国的利率市场化改革还没有全部完成，存款利率上限还未完全取消。商业银行的资金成本是高还是低难有定论。此外，针对商业银行存款利率过低的评论也有出现。

宝宝类理财产品并非不存在潜在的风险隐患。互联网理财产品的鼻祖PayPal基金的关闭就是前车之鉴。2008年国际金融危机爆发之后，美国当局下调了基准利率，货币基金的收益率也随之下降。2011年6月，PayPal宣布，由于无法为客户创造金融收益，将于2011年7月29日关闭PayPal基金。至关闭时，PayPal基金的规模已较巅峰时期下降了超过50%，仅为4.71亿美元。网络理财产品高度依赖对接产品的收益率，PayPal基金关闭的直接原因正是由于其收益率的显著下滑，降低了对投资者的吸引力。我国的宝宝类理财也存在着这样的问题。以余额宝为例，最高时其7日年化收益率一度达到了7%以上，而 2014 年中以后又逐渐回落到 5% 以下。收益率出现波动是正常的，但一旦出现系统性事件影响到货币市场的整体收益，宝宝类理财收益率也将随之下滑。届时，如何应对随之而来的赎回潮及其带来的流动性困境是这些千亿级的互联网理财产品所必须重视的问题。

三、小马 bank

与前面两种模式相比，"小马 bank"不仅在产品上具有创新性，大数据技术的引入也体现出了更多互联网基因。"小马 bank"的用户在完成注册认证等基本操作后，可在个人账户内进行风险测评，系统将根据用户提交的问卷生成测评报告。报告内会显示用户的风险偏好程度，并给出相应的投资建议。整个测评过程是完全智能化的。

图 2-5 小马 bank 主界面

初期，"小马 bank"的产品主要有两类。一类是对接南方基金货币基金产品的"宝"类理财"马宝宝"，另一类则是债权类的投资产品"千里马"。"千里马"以包商银行的小微贷款为基础，将小微贷款转换成债权资产。"小马 bank"会详细披露每一个小微贷款的具体信息，作为用户投资决策的参考。用户的起投金额为 100 元，预期年化收益率则在 7% ~ 8%。在资金托管方面，用户的出借资金和风险保险资金全部由包商银行托管部进行托管，并定期进行信息披露，保证投资人的资金安全。

"小马 bank"向着综合智能化理财平台的方向发展，未来将会有更多的产品引入平台。这种新的尝试和探索是商业银行布局互联网金融的新举措，也将互联网理财模式推向了一个更高的高度。智能化、定制化和综合化将逐步成为互联网理财的核心要素。

第四节　互联网证券

互联网证券是通过互联网技术为客户提供证券开户、交易、清算以及市场行情信息等服务的业务模式，提供服务的主体既可以是证券公司等金融机构，也可以是互联网企业。互联网证券的出现使证券经纪业务的竞争更为激烈，也促进了证券公司的业务结构转型。

低佣金、方便快捷是互联网证券的优势。美国于1975年改固定佣金制度为浮动佣金制度，催生了一批以低佣金来吸引客户的折扣经纪商，嘉信理财正是在当时的背景下成立的。而网络证券经纪业务的出现，将折扣佣金与互联网便利性相结合，因而更受投资者的追捧。在美国，20世纪90年代初，一些证券公司便开始通过互联网为机构投资者提供实时的市场行情信息服务，这是较早的网络证券服务形式。1995年，嘉信理财成立了电子商务服务组织，并推出了网络证券经纪业务，首个实现了将证券经纪业务搬到互联网上来经营。客户无须去营业网点，只要通过互联网就可以实现证券买卖，这为投资者提供了极大的便利。嘉信理财还对客户群体进行了划分，分别推出了"全能服务"和"低佣金服务"两条服务通道，并于1998年取消了这种差别化服务的形式。

美国E-trade公司成立于1982年，早期从事电子化交易业务，是美国重要的网络证券经纪商之一。E-trade公司于1996年8月成功上市。目前，E-trade公司针对不同金融交易收取不同的交易佣金，或免交易佣金。前149次股票和期权交易每笔佣金为9.99美元，第150笔到第1499笔交易每笔佣金7.99美元，第1500笔以后的交易每笔佣金为6.99美元。对于新开立并存入1万美元以上的交易账户，在资金可用之后的60日内可以获得500次免佣金股票和期权交易。美国国债在线交易零佣金，在线二级债券交易每只债券1美元（下限10美元，上限250美元）。期权合约交易的"期权监管费"每笔0.75美元，期货合约交易佣金每笔2.99美元。外汇交易免交易佣金，E-trade通过买卖价差来盈利。

1999年，证券业巨头美林证券也推出了网络证券交易服务，标志着互联网证券经纪业务在全美的全面发展。美林证券的网络证券经纪仍然固守高端路线，其收费标准也要高于其他网络经纪商。

　　成立于 2006 年 2 月的美国 Zecco 公司在降低股票交易佣金方面比 E - trade 公司更进一步。但 Zecco 公司于 2011 年 3 月终止了自己的股票交易免佣金优惠政策。在此之前，只要账户资产余额超过 25000 美元，月交易次数超过 25 次，就可以获得每月 10 笔免佣金股票交易，余额不足 25000 美元或第 10 笔以后的交易每笔收取交易佣金 4.5 美元。2011 年 3 月取消免佣金优惠之后，Zecco 公司收取每笔 4.95 美元的佣金。Zecco 公司认为，对于客户而言，可交易品种、交易软件等因素比单纯的免佣金优惠更为重要。2012 年 5 月，Zecco 公司与另一家美国在线证券经纪商 TradeKing 公司的客户、网站、服务等进行合并，合并后客户总数达到 50 万，两家经纪商仍然保持独立。①

　　目前在线证券交易在美国已经达到较高的比重。根据美国证券交易委员会（SEC）的数据，目前全美有 30% ~ 50% 的证券交易通过互联网来进行，网络交易账户数达到了 2000 万个，专业网络经纪商则超过 200 家。除了嘉信理财、E - trade、Zecco、TradeKing 之外，美国主要的网络券商还包括史考特证券（Scottrade）、TD Ameritrade、富达投资（Fidelity）、Thinkorswim、Interactive Brokers（IB）、TradeStation 等。其中，Thinkorswim 成立于 1999 年，后被 TD Ameritrade 收购，但至今仍保持独立运营。TradeStation 最早的历史可追溯到 1982 年，早期是做交易软件的，后来开始了自己的证券经纪业务，并于 1997 年在 NASDAQ 上市。TradeStation 为那些从事程式化交易的专业投资者提供软件平台和历史数据，投资者以自由设计测试自己的程式化交易系统，并根据 TradeStation 提供的市场数据测试和调整交易策略。

　　在国内，目前还没有出现主要经营在线证券经纪业务的网络券商，但证券业与互联网的融合却一直十分紧密。1998 年，我国就出现了网上证券交易，投资者可以通过证券公司的交易软件通过互联网买卖证券。2007 年的 A 股牛市带动了股市交易，越来越多的股民开始通过网络查看股市行情，交易股票。随着移动技术的发展，出现了手机炒股的应用软件。如今，我国证券交易的网络化普及率已超过了 90%。此外，在通讯技术更新进步的带动下，许多证券公司都提升了自己的证券交易软件，目前大部分的交易软件都包含了实时行情、交易委托、开放式基金委托、资讯播报等多项功能，高质量的手机软件也已开始普及。国泰君安、华创证券等证券公司还开始进军电子商务市场。国泰

---

　　①　TradeKing 公司成立于 2005 年 12 月。

君安的网上商城秉承"金融超市"理念，用户可在其网站上购买理财、基金等金融产品。华创证券的网上商城，与其他证券公司的金融超市不同，该商城并不卖基金或理财产品，而是经营奢侈品、手表、珠宝、化妆品、服装皮包等非金融商品。

非现场开户制度加深了证券业务与互联网的结合。2013 年 3 月，中国证监会发布了《证券账户非现场开户实施暂行办法》，明确了非现场开户的要求和程序等内容，为非现场开户制度松绑。此后，国泰君安、华泰证券等证券公司纷纷开始办理网上开户业务。2014 年 2 月，腾讯公司与国金证券联合推出"佣金宝"，为客户提供 24 小时在线开户服务。通过佣金宝，投资者可以远程开立证券投资账户，只需在电脑前准备身份证和银行卡，即可进行开户操作。2014 年 3 月，佣金宝的手机客户端"全能行"正式上线，进一步拓宽了佣金宝的应用广度，也使佣金宝的使用更为方便。

零佣金加上增值理财，是佣金宝抢占市场的重要利器。佣金宝的最大优点在于其超低的佣金费率。投资者在佣金宝账户内进行的证券投资交易，国金证券只收取万分之二的佣金。在佣金宝上线以前，国内主要券商的佣金费率在万分之八左右，二、三线城市甚至达到了千分之三。① 此外，佣金宝还对账户内的闲置资金推出了类似余额宝的余额理财服务。通过将闲置资金与"金腾通"货币基金对接，用户可获取货币基金的投资收益，收益率不亚于其他的宝类理财产品。据某券商研究部门的测算，在上线的最初两周里，佣金宝的开户数就已达到了 25.47 万户，日均 1.76 万户，这一数字超过了整个 A 股市场开户数的一半。

借助互联网，网络券商可以更好地维护客户。2014 年 4 月，佣金宝官方微博发布一条信息，征求客户对于佣金宝业务办理需求以及客户端功能等方面的建议。这一简单的举动背后，折射出了不一样的战略思维。以往，投资者在证券公司营业部开立账户后，就很少会再与证券公司发生联系，证券公司主动与客户联系的情况也并不多见。佣金宝改变了这一现象，通过主动出击来获取

---

① 根据监管部门的规定，我国目前实行的是最高上限向下浮动的佣金制度。证券公司向客户收取的佣金不得高于证券交易金额的千分之三，但也不得低于代收的证券交易监管费和证券交易所手续费。目前的规费组成包括经手费万分之零点六九六、征管费万分之零点二，这两项费用与沪深证券交易所的收取标准相同；还有一项过户费，深交所征收万分之零点二五五，上交所每千股收 0.6 元。考虑到证监会交易所收取的规费及营业部缴纳的税费是刚性的，万分之二基本已经达到券商的成本线，因此佣金宝实质上已经相当于零佣金。

用户需求信息并以此寻求服务质量与服务内容的改善、提高，这成为佣金宝与其他券商产品之间又一个较为明显的差异。

互联网与证券业的融合将进一步压低佣金。在美国，1996 年平均每笔网上交易佣金为 66 美元，2000 年这一数字已降至 16 美元。在此背景下，证券公司应当从两个方面来加以应对。一方面，需要加快业务转型，调整业务结构，减少对交易佣金收入的依赖，加快发展投行、资管、自营等业务。另一方面，要拥抱互联网，继续深化与互联网的融合，改善客户体验。未来的证券业竞争，用户体验将成为一个重要因素，谁能提供更好的用户体验，谁就能真正赢得客户资源，并可以借此来发掘客户需求中蕴含的巨大价值。

证券咨询业务与经纪业务具有较强的互补性。尤其是大型机构客户，往往十分看重证券公司的研究能力。网络券商在增强自身证券咨询服务方面也进行了有益的尝试。比如，2000 年 3 月，E - trade 公司作为当时美国第二大在线证券经纪商，与当时美国第三大会计师事务所安永（Ernst & Young）联合出资 5000 万美元，成立一家新公司，为投资者提供金融咨询服务。同时，E - trade 公司还进行了线下网点布局，截至 2013 年底在美国设立了 30 家分支机构，从纯网络证券经纪商转变为实体网点与互联网相结合的经营模式。

互联网和大数据的发展使得网络券商有可能不借助物理网点和大量的分析员来建立发展自己的研发能力和咨询服务业务。2013 年 5 月成立的位于美国马塞诸塞州剑桥市的 Kensho 公司正在进行大胆的探索，该公司正在研发一种大规模数据处理分析平台。[1] 该平台可以快速处理和分析大规模数据，并且能够实时回答投资者提出的复杂金融问题，投资者可以像使用 Google 一样通过"搜索"获得自己想要的答案。该平台一旦研发成功将对金融分析行业产生巨大的影响，对于金融机构的分析师和研究人员来说将会是一场灾难。那些长期掌握在金融数据商、机构投资者和分析师手中的量化分析工具将被大众化，这些机构的盈利将受到巨大的负面冲击，整个证券咨询服务业的价值将不可避免地显著减小，但对于网络券商而言可能是一个巨大的机遇。

---

[1]　根据一些公开的材料，Kensho 已经从加速合伙公司（Accel Partners）、布雷耶资本公司（Breyer Capital）、通用催化剂风投公司（General Catalyst）、谷歌风投（Google Ventures）和恩颐投资（NEA）等筹集了 1000 万美元。高盛也于 2014 年 11 月向 Kensho 公司投资 1500 万美元以支持其研发计划。

第五节 互联网保险

保险业与其他金融子行业一样，也在互联网繁荣发展之初就开始借助互联网来经营保险业务。1995 年成立的 INSWEB 公司是全球较早在互联网上开展保险业务的公司，该公司的口号是"让保险产品选择更简单"（Simplifying Your Insurance Decisions）。INSWEB 并不直接提供保险产品，而是提供一个投保人和保险公司匹配信息的平台，其主要盈利模式包括两个方面。一方面，为投保人提供多家合作保险公司的产品报价，帮助客户进行比对，向消费者收取费用。INSWEB 的网站功能很强大，客户在网上输入对保险产品的要求，网站就能够在各家会员保险公司的产品间进行比较分析，然后将分析结果反馈给客户，同时向客户提供选择建议。通过 INSWEB 购买保险的客户还有机会获得各种优惠。另一方面，INSWEB 也为保险代理人提供客户的个人信息和投保意向，向代理人收取费用。INSWEB 这类代理网络保险公司有效地减少了客户和保险公司之间的信息不对称。从客户的角度，INSWEB 提供了一个公开、公正、公平的市场，让客户能够快速了解保险产品全面的、实时的报价。从保险公司的角度，INSWEB 带来了庞大的客户流量，从客户的选择和偏好中，保险公司能够从中筛选出自己的目标客户群，也能够根据客户的需求快速地优化产品。这种纯网络保险的缺点经过最初的高速增长期后也逐渐显现出来。保险产品大多都比较复杂，投保人单纯从网络上很难迅速了解各项条款及产品性质，一般需要代理人进行面对面地详细讲解，因此绝大多数保险产品无法依靠互联网销售。2011 年，INSWEB 被 Bankrate 保险公司收购，成为其线上保险业务的一部分。INSWEB 的业务模式虽未涉及保险产品的直接销售，但开创了网络保险业务的先河。

一些规模较大、声誉较好的保险公司根据业务需要建立了自有的网络销售渠道，这种形式的互联网保险多采取官方网站的形式。1996 年，欧洲最大的保险公司之一安盛集团开始试行通过网络销售保险产品。1999 年，日本的索尼损害保险公司开通了汽车保险网络销售业务。在我国，保险公司也是网络保险业的首批推动者。2000 年 8 月，国内两家知名保险公司太平洋保险和平安保险几乎同时开通了自己的全国性网站。太平洋保险的网站也是我国保险业界第一个贯通全国、连接全球的保险网络系统。而平安保险的网站则更为全面，提供了保险、证券、银行、个人理财等各类金融服务，被誉为"品种齐全的金融超市"。2000年9月，泰康人寿保险公司也在北京宣布了泰康在线开通，在该网站可以实现从保单设计、投保、核保、交费到后续服务全过程的网络化。2002年，中国人民保险集团推出了电子商务平台 e – PICC，用户可以在其平台上投保车险、家财险和货运险等保险产品，并能享受咨询、评估等一系列服务。发展至今，中国人寿、中国太平等大型保险公司也纷纷建立了自有的电子商务平台，实现了保险的互联网销售。

随着电子商务平台的发展，保险公司纷纷开始在第三方电子商务平台上设立保险网上商城，借助电子商务迅猛发展的东风开辟新的销售渠道。保险网上商城是一个集中了保险买家和卖家（保险公司）的网络集市，由卖家发布产品信息供买方来挑选和购买。由于可以借助电子商务平台积累大量的客户，该模式具有一定的优势。"淘宝保险"就是这样的一类保险网上商城。据统计，3年来淘宝保险平台累计完成的保险交易超过10亿笔，车险、意外险、旅游险、健康险等保险产品也陆续出现。这种以第三方平台销售的模式不仅为保险公司尤其是规模不大的保险公司提供了网上销售的渠道，也方便了保险购买者的产品选购。

除此之外，互联网的发展也催生了纯网络化的保险公司，产品宣传、销售直至理赔等所有环节均通过互联网完成。美国第一家纯网络保险公司是 eCov-erag 公司，该公司完全通过网络向客户提供汽车、轮船以及房屋的全套个人保险业务，并提供从报价到赔偿的一系列服务。1999年，美国 AFLAC 公司和日本电信在日本共同设立了 Alacdirect.com 网络保险公司，完全通过互联网推销保险产品，网民可通过互联网直接进行投保。在我国，众安在线是这种纯网络保险的典型代表。众安在线不仅通过互联网销售既有的保险产品，而且为互联网的经营者和参与者提供整体解决方案。众安在线的目标客户包括所有互联网经济的参与方，如互联网企业、电子商务平台商家、网络购物消费者、社交网络参与者等公司和个人客户。

大数据技术也对互联网保险的发展起到了推动作用。比如，前文提到的众安在线的第一款产品"众乐宝"，就是保险与大数据结合的典型案例。"众乐宝"是一款针对淘宝卖家定制的信用保证保险，于2013年12月5日正式开卖。淘宝要求所有卖家根据不同类目，缴纳下限自1000元至1万元不等的"消费保证金"，作为买家维权起诉时进行理赔的押金。这笔保证金是冻结在支付宝账户中无法使用的。而购买了"众乐宝"的卖家只需要缴纳保证金的3%，就可以释放这笔保证金。此外，"众乐宝"在理赔流程上提出"先行垫付、事后追偿"，即当买卖双方发生维权纠纷，卖家应当承担赔偿责任但因故未能及时赔付时，"众乐宝"会先垫付理赔款，然后再向卖家追偿。这种形式既提高了卖家的资金使用效率，也缩短了买家维权的时间，提升了客户体验。再比如，基于使用量的保险（UBI）的车险产品。美国的 Allstate 保险公司推出的一款名为 Drivewise 的 APP 已经在美国多个州推广，该 APP 可与 iOS 和 Android 系统兼容使用，主要通过智能手机或其传感器，收集汽车的速度、里程、加速等信息，然后综合分析这些数据，为司机的驾驶行为打分，并将结果用于判断司机是否有资格享受保险折扣。使用者可以获得关于自己的驾驶行为的实时反馈，并据此调整自己的驾驶行为以获得更大的保险折扣。基于使用量的保险（UBI）已经显示出了巨大的发展潜力。

互联网保险在近年来获得了较大的发展。在国内，据中国保险行业协会发布的《互联网保险行业发展报告》，2011—2013 年，经营互联网保险业务的公司从 28 家增加到 60 家，年均增长 46%，保费规模从 32 亿元增长到 291 亿元，三年间增幅总体超过 8 倍，投保客户从 816 万人增长到 5437 万人，增幅将近5.7 倍。

目前，保险业互联网化仍然面临着一些困境。依托于网络进行销售的保险产品多是一些较为简单的或者标准化的产品，如车险、意外险、健康险等。如何将那些更为复杂的保险产品进行互联网化，将是保险业互联网化需要解决的一个重要课题。

第六节　互联网银行

互联网银行既包括银行业开设的网上银行，也包括仅在网络上提供金融服务的直销银行，以及以移动互联网为基础的移动银行。银行业通过互联网提供银行服务，为客户提供了便利，省去了他们在营业网点排队的烦恼，对整个银行业发展起到了重要作用。

银行业于 20 世纪 80 年代中后期开始探索开发网上银行，但早期的经营环境和技术条件并不成熟。直到 1995 年富国银行推出了第一款现代意义的网上银行。在我国，最早的网上银行是招商银行于 1997 年建立的"一网通"。1998年"一网通"服务正式推出后，网上银行业务在我国逐渐起步。从 1999 年 8月到 2002 年 4 月，四大国有商业银行全部建立了网上银行。到 2002 年底，主要的股份制银行也几乎都推出了网上银行服务，开展交易型网上银行业务的商业银行达到了 21 家。网上银行的业务内容也逐步增加，转账汇款、缴费支付、投资理财、资金管理、信息咨询等相继被搬到互联网上。网上银行发展的深度和广度都在不断加强，成为银行业渠道体系的重要构成部分。

在电子商务平台上开设旗舰店也是网上银行的一种实现形式。前面提到的交通银行于 2012 年和广东华兴银行于 2014 年分别在天猫商城上设立了旗舰店。但这种形式并未引起银行业的广泛关注。

全球第一家直销银行是美国的安全第一网络银行（Security First Network Bank，SFNB），于 1994 年获准成立。1995 年 10 月，SFNB 开业。此后短短几个月，就有近千万人次上网浏览，产生了巨大的反响。用户可以采用电子方式开出支票和支付账单，可以上网了解当前货币汇率和升值信息，而且由于该银行提供的是一种联机服务，因此用户的账户始终是平衡的。SFNB 不断拓宽自己的服务内容，逐步涵盖了储蓄业务、支票业务、信用卡业务、信息查询等银行基本业务。同时，SFNB 也十分注重安全性，与 HP、Five Paces 等技术公司均有合作，并获得了联邦存款保险公司（FDIC）的存款保险。

直销银行的低成本以及快捷高效的优势使其获得了较好的发展。继 SFNB 之后，又有爱尔兰的 First – e、英国的 Egg Bank 以及荷兰国际集团（ING）的 ING Direct 等类似的机构相继成立。直销银行实践直到 2013 年才引入中国银行业。2013 年 9 月，北京银行与荷兰国际集团（ING）合作，推出了国内首个直销银行。此后，民生银行、兴业银行、华润银行、上海银行、江苏银行、恒丰银行等商业银行的直销银行在 2014 年初先后正式上线。

移动端将成为未来的互联网金融的主战场。互联网企业和金融企业都希望自己能够在客户的移动端占据一定的位置。特别是在一些金融业欠发达的国家和地区，基于移动端的金融服务已经取得了丰硕的发展成果。

比如，肯尼亚的通讯运营商 Safaricom 于 2007 年推出的 M – Pesa 是最为成功的一家移动银行。[①] 用户不需要开立银行账户，只需要更换新的 Safaricom 的 Sim 卡，在 Safaricom 的代理点注册后就能通过手机办理基本的存取款、汇款等业务。M – Pesa 最初提供的是存取款以及国内汇款等简单的金融服务，目前 M – Pesa 的应用场景和功能已经得到了较大的丰富，提供金融服务包括 ATM

---

① Safaricom 提供固话通讯、移动通讯以及一系列的信息增值服务，在肯尼亚的 4300 余万人口中，有 1940 万是 Safaricom 的客户，几乎与肯尼亚成年人的数量相当。M – Pesa 在斯瓦西里语中的含义是移动货币。

取现、预付卡、积分兑换、移动支付、小额贷款、储蓄账户、公司账户等。截至 2013 年末，M - Pesa 已经拥有 1710 万客户，在全国有超过 6.5 万个代理点，实现了年收益 218.4 亿先令，约合 2.5 亿美元，占 Safaricom 公司全年收入的 17.6%[①]。并且，在公司大股东 Vodafone 的强力推动下，M - Pesa 的业务已经进入了阿富汗、卡塔尔、南非、刚果（金）以及印度等发展中国家。

由于 Safaricom 不是金融机构，为了防范风险，M - Pesa 在机制设计上做了较为周密的考虑。首先是资金的安全问题。按照肯尼亚中央银行的要求，客户存入 M - Pesa 的资金并不归 Safaricom 所有，而是分别存在几家商业银行中，并且由独立的信托公司管理。Safaricom 不能持有或使用这笔资金，Safaricom 公司本身的运营情况不会对资金安全产生影响。其次是委托代理商的信用风险防范。M - Pesa 在全国有数千个代理商，每一家都经过严格筛选和培训，Safaricom 也会定期对这些代理点的经营情况进行检查。在设计上，代理商需要预先购买 M - Pesa 的虚拟货币，当客户要存入现金时，实质上是代理商将已购的虚拟货币出售给客户。当客户要取款时，代理商用现金购回客户持有的虚拟货币。因此代理商管理的仅仅是自己的账户，而且代理商不直接从客户交易中获得收益，而是由 Safaricom 统一支付佣金。在这种机制下代理商的信用风险大大减小了。再次是对客户的身份认证。每一个客户在开立 M - Pesa 账户时都必须出具身份证原件，由代理商负责身份认证。最后还有对洗钱等犯罪行为的防范措施。每一笔通过 M - Pesa 平台办理的业务都有电子记录，和其他的支付机构一样，M - Pesa 也接受了肯尼亚中央银行的监管，并且定期报送 M - Pesa 的交易信息。Safaricom 还构建了自己的反洗钱体系。另一个有力的控制措施是交易的额度限制，无论是存入、取出还是转账，M - Pesa 单笔交易的金额都不得超过 3.5 万先令，约合 400 多美元。这种额度限制提高了洗钱等犯罪行为的难度。

当今，整个人类生活的经济形态、社交方式、生活方式、消费习惯都在互联网和智能终端的应用和普及下发生了重要的变化，而且新的重要变化仍然在不断发生发展。银行业需要顺应互联网时代经营环境、客户行为、市场需求、技术条件的发展趋势和新变化，在监管允许的范围之内，充分利用互联网应用和大数据分析为银行业创新转型发展所带来的机遇，更好地为客户提供质优价廉的产品服务和客户体验，更好地发挥自身的功能，只有这样才能在扩大化的金融业竞争中保持优势。

---

① Safaricom 2013 年年报。

第三章　银行业在变革中坚守

　　银行业要不断地根据技术进步、市场条件、监管政策和经济发展水平对自身进行调整和改革，以更好地提供金融服务。从长期来看，那些不能持续优化、以更低的成本为客户提供优质服务的银行，将会失去竞争力。

　　近年来，信息和通信技术飞速发展，银行业的信息收集、存储和处理能力得到很大提高。银行业借助新的技术成果建立了庞大的数据库，特别是借助互联网和移动互联网，拓展业务渠道和加快业务创新。这些活动可以为那些积极尝试新技术的银行带来竞争优势。竞争优势伴随技术开发和普及的消长迫使银行业紧跟技术进步的脚步，使用新技术成果来改善自己的功能和服务。

第一节　银行角色

　　我们需要银行帮我们完成交易和投资。一般情况下，我们既是银行的存款人，也是银行的贷款人。我们将小额资金存放在银行，当我们需要暂时超过我们的支付能力的大额资金时，我们需要银行为我们提供资金。银行作为最重要的金融中介在现代经济活动中是必不可少的。

一、直融失灵

　　经济发展和财富积累使一部分人富裕了，手头积累一些闲钱。与此同时，现代经济发展使得住房、车辆等耐用消费品价格以及最低投资规模变得越来越大，希望购置耐用消费品的人和希望进行投资的企业家需要从拥有闲置资金的人那里获得帮助。资金盈余者或资金供给者愿意将自己的资金借给别人，以实现财富的保值增值。消费者、投资者和企业家需要资金来改善自己的生活、设立或壮大自己的企业。

　　如果市场是完美的，不存在不确定性、不存在交易摩擦和交易成本、市场参与者之间相互完全了解对方，那么金融机构就没有存在的必要。资金供给者和资金需求者可以直接匹配起来，有闲置资金的一方将自己的闲置资金直接提供给那些需要资金的消费者、投资者或企业家，并获得对资金使用者的债权。资金使用者运用资金获得收益，并用这些收益偿还自己所借款项。这种融资模式不需要银行作为信用中介，被称为直接融资。在这些理想的条件下，直接融资可以有效解决资源配置问题。

资金余缺双方之间直接借贷并不罕见。在历史上，直接借贷在银行以及股票和债券发行产生之前，曾是重要的融资活动。即使是在今天，除了资本市场之外，民间借贷、P2P借贷等也是重要的直接融资形式。但这种融资模式存在很大缺陷，受到很多约束。

案例：

梅显友是温州泰顺县人，做建材生意小有所成。在亲戚的劝导下，他于2011年8月28日和9月22日分两次将做生意多年积累的160万元借给了立人集团。收益是月息4分，看起来非常可观。立人集团的高管之一夏蔚兰正是梅显友这名亲戚的邻居。没成想，刚过一个月，立人集团宣布从11月1日起停止支付向社会所融资金的本金和利息。对于梅显友而言，这无异于晴天霹雳。

梅显友第一时间将债务人提起诉讼。由于借款条落款章为立人集团关联公司淮安国康房地产开发有限公司（以下简称淮安国康），他将起诉地点定在了该公司工商注册所在地——江苏淮安市淮安区（原楚州区）人民法院。案件于2012年1月10日开庭审理。债务人律师在法庭上表示，梅显友两张借款单的落款章并非淮安国康的法定财务章，而是被人伪造的，并出示了在工商局备案的法定财务专用章样示。

梅显友借据上有经办人夏蔚兰的签名。如果要追究，只能追究夏蔚兰个人的责任。但梅显友认为，这两笔款项是纳入了立人集团的名下。随后，梅显友与立人集团董事长董顺生以及经办人夏蔚兰进行了多次沟通和谈话，二人对借据表示认可。

其实，梅显友并不是唯一的受害人，他的老家泰顺当地许多债权人持有的借据与他的基本相同。董顺生曾在与梅显友的电话沟通中透露，该伪造的财务章事项下融资达到6亿元。根据一些公开信息，立人集团对外融资用章至少有14个，也包括这枚伪造的财务章。立人集团非法吸收公众存款一案由浙江省温州市中级人民法院立案受理。公诉机关指控，截至2011年10月31日宣布停止债务清偿，立人集团向社会不特定人员吸收存款金额52亿元，已支付利息、分红等35亿元。在法院受理之处，登记在册的债权人超过6000人。

梅显友与立人集团之间的借贷关系属于典型的直接融资，很能说明直接融资存在的问题。首要问题在于，出借人并不能充分了解资金使用者，而且没有时间和精力去监督资金使用者。资金出借者和资金使用者之间存在着信息不对称。梅显友之所以将资金借给立人集团的一个重要原因是，他的亲戚也是立人集团的高管夏蔚兰的邻居，做了中间人。

信息不对称是市场发挥资源配置作用的重大障碍之一，会导致市场失灵。可以确定的是，在借贷交易之前，资金盈余者可以预期到，将资金借给不同的资金需求者收回的可能性也是不同的。资金供给者可以要求潜在的资金使用者支付更高的利息率来改善自己承担风险的境况。问题是，提高资金价格会将那些低风险的潜在资金使用者堵在市场之外，他们发现在以这种高价格获得资金的情况下自己将会是无利可图。低风险潜在资金使用者退出市场会从整体上增加市场上高风险潜在资金使用者的比例。如果资金供给者一直采取提高资金价格的方式来应对这种状况，市场上最终将充斥高风险的潜在资金使用者，降低资金配置效率，严重的话会导致市场消失。

有三个重要的原因导致对债务人的监督不能达到最优的水平。首先，对于单个资金供给者而言，比如梅显友，监督资金使用者的费用过高，需要花费大量时间和精力，进入破产程序同样是费时费力。其次，非常重要的一点是，这里存在严重的外部性。也就是说，单个资金供给者无法获得对资金使用者进行监督的全部收益，其他债务人可以分享监督收益，但不需要为此支付费用。单个债权人都希望别人去监督，自己来"搭便车"分享收益。当每个债权人都这样做时，就不会有监督的存在。最后，大部分的债权人没有充分的知识和技能来对债务人进行监督。

这意味着，在直接融资交易中，资金供给者对于资金的运用以及资金使用者还与不还、还多还少基本上是无能为力的。交易达成之后，资金供给者可能将资金用于更高风险的投资，或者减少在经营管理方面的投入。这会恶化资金供给者的境况，因为他们收回资金的难度会在交易确定之后增加。

单笔交易资金需求量与资金供给量的不一致是直接融资过程中经常遇到的另外一个重要问题。拥有大量闲置资金的投资者可能发现他们不得不与多个资金需求者（包括个人）进行交易，而需要大量资金的企业，比如立人集团，需要与多个投资者进行交易。

证券交易所的产生是直接融资模式发展的一个重大进步。历史上，债券的出现早于股票。最早的债券是由政府发行的。据记载，希腊和罗马在公元前4世纪就曾向商人、高利贷者和寺院借债。此后，每每遇到财政困难，特别是发生战争时，政府便会发行公债。1602 年，荷兰阿姆斯特丹证券交易所成立，成为世界上第一所正式的证券交易所。当时，世界上第一只公司股票，即荷兰东印度公司的股票就在那里交易。东印度公司是最古老的股份公司，除了发行股票之外，它还发行短期债券。在此之前，债券的交易都是分散的。进入 17 世纪，法国、英国和美国等资本主义国家先后建立了证券交易所。在交易所上市成为公司筹集资本的重要渠道，投资者在证券交易所里买卖股票和债券。股票和债券发行在资本主义工业化和经济发展过程中发挥了重要作用。

早期的证券发行和交易并不像今天这样有序和透明。在证券交易所的早期历史上，它们见证了无数的丑闻、欺诈、市场操纵和崩盘。主要原因是，缺少监管和规则，而且每个人都可以参与交易。信息匮乏、对证券发行人缺少监督等因素严重地制约着证券交易所和直接融资市场的发展。

今天，证券发行和交易已经是一种受到严格监管的金融活动。公司要想发行股票和债券需要满足一定的标准，并且公开相关的财务信息以及其他重要的信息，这些信息必须受到外部独立审计，并得到审计师的签字。机构投资者在证券交易市场上的地位越来越高，它们大量持有公司股票和债券，它们有能力、有动力对公司施加监督，尽管与其他投资者共享监督收益的问题没有得到彻底解决。经济发展对于证券交易所的需求越来越高，多层次的证券交易市场随之逐渐发展起来。

资本市场的发生发展在一定程度上缓解了直接融资市场失灵问题，但问题并没有因为有组织的证券交易所的出现而消失。有组织的证券交易活动只是直接融资的一部分，尽管是非常重要的一部分。参与证券交易所需要满足较高的门槛，这足以将超过 90% 的中小微型企业挡在交易所外边。一般来讲，只有那些实力雄厚、经营稳定、财务透明的大型公司可以通过发行股票和债券进行直接融资。即使是在以市场为主导的英国和美国，大量中小微型企业也不能公开发行股票和债券。在我国，近年来企业债券和非金融企业股票发行量在社会融资规模中的比重一直低于 15%。此外，个人发行证券也是被禁止的。

随着互联网应用的普及和大数据时代的来临，直接融资交易中的信息问题有望得到进一步缓解。如前所述，互联网的普及应用极大地弱化并且仍在弱化地理距离对于信息不对称的重要性，而大数据和云计算技术的应用，在缓解资金盈余者和资金需求者之间的信息不对称问题方面，也显示出重大的潜力。这预示着，P2P 网络借贷、众筹等直接融资活动将会拥有美好的发展前景，银行业在信用中介过程中的地位有可能遭遇更多挑战，并遭到进一步削弱。

　　但是，网络借贷并不是不需要信息，而是仍然需要建立在一套稳健的信用评估体系基础之上。在网络借贷活动中，并不是不存在信息不对称问题。正是由于拥有了更加完善的信息以及信用评估技术和体系，网络借贷活动才得以繁荣。实际上，网络借贷交易的繁荣正好从正面说明了信息不对称对于借贷交易和资源配置的重要性和限制。

二、多元功能

　　在银行参与的资源配置过程中，资金供给者将资金存放在银行，成为存款人和债权人，银行发挥自己在贷款审查和贷后监督等方面的技术优势和规模优势，寻找拥有偿还能力的资金需求者，并将资金贷放给他们，成为他们的债权人。在这种交易过程中，银行作为沟通资金余缺双方的信用中介，与资金供给者和资金需求者分别建立债权债务关系，这种融资模式被称为间接融资模式。除了美国和英国之外，包括中国、德国和日本在内的大部分国家都是以间接融资为主要融资渠道的。

　　银行最基本的功能就是资源配置，正是由于银行的产生和发展，金融业服务经济社会发展的能力、效率以及覆盖面都得到了极大的改善。围绕资源配置，银行在我们的经济生活中发挥着不同方面的功能。

　　一是支付结算。银行为我们提供了存款账户服务，它们提供的本票、汇票和支票服务在支付领域发挥着重要作用。银行是支付结算体系的重要参与者，银行业的稳健运行是支付体系便利、安全、高效的基础。我们可以使用存款账户进行便利的支付、转账和签发支票。银行发行的借记卡、信用卡也是我们常用的支付工具。即使是在第三方支付、移动支付等支付渠道不断发展的今天，银行提供的支付结算服务仍然是绝大部分交易活动，特别是大额交易活动的基础。在早期发展中，第三方支付机构提供的是将支付导向银行账户的服务。随着快捷支付的产生，银行在第三方支付过程中的角色被弱化，银行的支付功能受到了冲击。在互联网金融和移动金融日益活跃的今天，银行不断改善支付服务，为客户提供网上支付、电话支付、移动支付、非接触式支付等多样化的支付方式。支付结算功能对于促进商品、服务以及金融资产的交易具有重要价值，没有银行的支付结算服务，很多大额交易都将变得成本高昂。

　　二是资金汇集。银行可以将大量的小额资金汇集起来，用于满足大额投资的需求。如果没有银行作为信用中介，那么大量闲置小额资金就得不到有效利用。从整个经济资源配置来看，银行的资金汇集功能提高了资源配置效率。对于小额闲置资金持有人而言，进入金融领域的门槛降低了，否则他们无法让自己的这部分资金产生价值。对于融资者来讲，他们只需要与银行进行业务协商即可，不需要与众多的小额闲置资金持有者分别签订合同，交易费用因此极大地降低了。此外，小额闲置资金持有人虽然无法进入债券市场进行投资，但将资金存放在银行就能间接获得国债和一些高信用等级债券的投资收益，从而达到间接参与资本市场的效果。

三是提供流动性。银行通过负债业务为个人、家庭、企业和机构提供流动性。银行为我们提供存款服务，只要我们需要，我们随时都可以从银行的柜台或 ATMs 把我们的存款取出来。存款是货币的主要构成部分，我们可以使用存款进行支付和转账。当我们面临短暂的流动性不足时，我们也可以向银行寻求帮助，而银行则根据对我们的信用评估给我们提供资金。信用卡额度就是银行对客户的授信，我们可以首先使用银行的钱进行支付，然后再把它们还上。如果我们按照一些约定时间进行还款，我们就不需要支付利息。

在提供流动性服务的过程中，银行面临着巨大的流动性管理压力。银行可以使用流动性负债，为非流动性的长期投资和项目进行融资，从而提高了整个经济的效率。存款人随时都可以要求银行偿还自己的存款，并且银行不能拒绝客户的提款请求。但银行不能随时将自己发放的贷款收回来，它们非常清楚，自己发放的贷款大部分都被用于投资在那些不具有流动性的具有较长期限的项目或资产上。特别是，把存款从银行中取出来是一种先到先得的服务，这使得银行时刻面临着遭遇"挤兑"的潜在危机。历史上，"挤兑"曾是导致恐慌和银行业危机的重要原因。在建立了存款保险制度之后，"挤兑"的压力有所缓解，但危机并没有彻底消失。

四是信用创造。信用创造是银行作为信用中介的一种重要功能。企业需要资金建立新的工厂、购置先进设备和日常营运管理。个人或家庭需要资金来平滑消费，比如住房按揭、贷款买车等。政府也需要银行为它们提供资金来改善道路、交通、居民保障住房以及公共服务。银行可以为我们提供信用来满足我们的需要。那些与银行保持业务往来的企业可以更容易地从资本市场上筹集资金，它们与银行的业务往来类似一张信用证明。世界绝大部分国家和地区的融资体系都是由银行主导的，即使在以市场为主导的美国和英国，大量中小企业也要通过银行体系获得自己需要的资金。

五是资源转移。银行通过资金运用可以将资金进行跨行业、跨时间和跨地区的配置。这种功能是提高资源配置效率的必然要求。高效率的资源配置要求资金向收益高的行业和地区流动、集中和配置，银行的信用中介作用提高了资金的流动性，促进了这一过程。跨时间的资金配置可以帮助消费者进行平滑跨期消费，帮助企业更好地抓住时机进行项目投资。

六是风险管理。当我们将资金存放在银行，我们实际上可以实现资产配置的多样化，因为银行的资产组合往往是多样化的。银行还需要确保我们的资金安全，尽管它们并不能始终做到这一点。当我们来到银行的服务窗口或自动取款机（ATMs）前时，银行需要根据我们的要求或指令兑付我们的资金。当我们通过银行为我们提供的支付渠道进行支付时，银行还要确保处于支付过程中的资金安全，直到支付活动完成。银行还要代表存款人对贷款人进行监督，确保资金按照事先约定的用途使用以及按时足额偿还。此外，银行出售或代销保险产品，还可以帮助企业、家庭和政府对人身、健康、财产以及收入等提供保障。企业、政府和个人都可以通过银行进行一些衍生品交易，从而将风险转移出去，减少自己承担的风险。当然，存款人等需要为银行提供的风险管理服务支付一些费用。

七是缓解信息不对称。在金融体系中银行发挥着特殊的功能，因为它们能够缓解或解决信息不对称问题。作为存款人和贷款人之间的信用中介，银行可以代替存款人筛选和监督借款人。银行通过长期实践积累了大量的经验和技能。它们收集信息，对信息进行分析，以此来对借款人的还款能力和还款意愿进行评估，并作出贷款决策。之后，银行对借款人进行监督，确保资金使用在约定的用途上以及借款人按期足额还款。这种功能是资本市场无法取代的，资本市场提供了一种信息披露的机制，但对于信息的利用和评估仍然需要投资者自己完成。此外，并不是所有的企业都愿意公开自己的信息，如非公司制企业、中小企业和个人都无法通过资本市场筹集资金。银行可以为存款人和借款人保密，同时可以利用相关的信息作出决策。银行利用技术和固定投入降低了交易成本、实现了规模经济。

第二节　深度融合

银行的功能是通过产品和服务实现的，信息和通信技术的进步改进了银行运作效率，改变了银行与客户之间的交流方式。当前，大量的金融服务通过自助设备、电话和网络来完成。充分吸收信息和通信技术成果，特别是互联网技术成果，是银行更好地发挥功能的必然选择。

一、产品服务

银行的产品和服务范围是不断变化的。这主要是由金融创新和监管部门的业务管制所决定的。金融创新与银行业监管是密切相关的，金融创新的一个重要方向就是规避金融监管。金融创新还是满足个人、家庭、企业和机构新的金融需求的方式。汇兑、票据贴现、吸收存款、提供货币账户（支票账户）、为政府和企业提供贷款、帮助政府和企业发行债券、咨询、信托服务、贵重物品保管等，都是银行的传统业务。当前，消费者和家庭贷款、现金管理、金融租赁、并购贷款在银行业务范围中也占据重要地位。在那些允许混业经营的国家或地区，或者在一个国家或地区允许银行业混业经营的时期，银行还能够提供保险、证券承销和经纪、使用自有资金进行证券交易、互助基金、退休基金和企业年金等服务。银行业经营保险业务成功的案例并不多见，但大部分的综合银行集团都会通过代理保险来为客户提供保险服务。

信息技术和互联网应用为银行业拓展业务范围带来了新的机遇。正是建立在信息技术和互联网应用的基础上，一些先进的、富有创造性的产品和服务才成为可能。20世纪90年代中期，出现了不设置物理营业网点、只通过互联网提供一些标准化银行服务的直销银行（也称电子银行、纯网络银行、直接银行）。这些银行将互联网当做自己的业务来做。当前，国内银行已经推出了P2P贷款交易服务，推出了微信银行、微博银行、手机银行、直销银行等服务模式。银行的支付结算服务、理财服务、融资服务都在现代信息技术的基础上得到了改造，客户使用起来更加便利，可以从中获得更多的收益。

二、组织管理

银行提供产品和服务的方式是日益改进的。信息和通信技术、互联网应用使得银行运行发生了根本性的变化。在信息和通信技术大发展之前，银行已经存在并经营了数百年，而且一直是手工作业。第二次世界大战之后，全世界进入新的发展阶段，全球化和国际贸易日渐活跃，全球金融市场的一体化程度不断提高，经济总量和交易总量不断增加，货币和资金的流动越来越频繁、规模越来越大。以手工作业为基础的银行业，越来越不堪重负。大量的凭证、票据、现金挤压在银行柜台，银行支付结算系统的运转效率亟待改善。

借助现代信息和通信技术，银行首先实现了"后台电子化"，或者说是"电算化"。计算机的诞生和普及为银行业提高效率带来了新的希望。于是，信息技术与金融业的首次"亲密接触"就在银行业和计算机之间实现了。早期的信息技术仍然是比较粗糙的，主要是实现一些基本的计算和通信功能。银行业迅速引入了计算机，来改善自己的财务系统和作业效率。在计算机、通信网络以及一些简单的存储媒介的帮助下，银行的后台系统实现了电子化，账目的计算与核对以及票据作业的效率极大提高，操作失误由此得到极大降低。银行开始将自己从繁重的手工作业中解放出来。这一过程在美国始于 20 世纪 60 年代，在中国始于 20 世纪 90 年代。

银行改进内部运作过程的脚步并未就此停止。20 世纪 70 年代，银行推出了联机柜员系统，这是最早的电子资金转账系统（EFT）。电子资金转账系统是一种以计算机为基础的系统，它将各类业务受理终端（ATMs、POS、电话、计算机、手机）连接在一起，通过任何一台终端输入的业务指令都可以通过联机网络发送到中央主机上，由主机统一计算、存储、处理和传输，从而实现银行内部或银行与其他机构之间的资金转移。在这一过程中，客户的业务办理通过电子指令的方式来处理，银行职员的作用进一步下降，银行的前台也实现了电子化。借此，银行实现了实时交易、实时结算，银行业务处理系统得到了脱胎换骨的改善，业务处理的全过程都可以电子化的形式来实现和完成，业务处理的效率和准确性进一步提高。银行以及非银行金融机构成为计算机中央处理系统和计算机终端的最大的用户之一。在我国，第一个地区性电子资金转账系统正式诞生于 1997 年底，在广州正式运行。

信息和通信技术发展在 20 世纪 80 年代初进入了新阶段，银行改进内部运作的空间再一次扩大。IBM 的个人计算机于 1981 年进入办公室和家庭，同时计算机的运算能力和网络传输速度也得到大大提升。银行增加了对信息和通信技术的开发和应用。在电子资金转账系统的基础上，银行开发了大量的自助业务处理系统，包括 ATMs 网络系统、POS 网络系统以及后来的网上银行系统等。在自助服务的情况下，客户发起交易，通过计算机和网络完成业务处理。客户掌握着主动权，无须银行柜员参与，业务处理过程完全依赖于账户、终端、计算机和网络，银行业的"电子化"程度空前提高。

银行对信息和通信技术的依赖程度不断提高，银行的信息系统如果不能够促进业务发展，就会成为业务发展的障碍和约束。当前，银行的管理、财务和会计、报告、业务受理等都需要借助信息系统来完成。20 世纪 90 年代，在"企业再造"潮流的推动下，银行也在先进信息技术的基础上改善了业务流程。通过与客户的计算机和网络之间的连接，还创新了一系列产品和服务，实现了在线业务申请和处理。银行的管理层级得到了压缩，管理效率和客户响应有了很大的提升，银行传统、保守不善于创新的形象有了很大的改观。知识管理系统和无纸化办公减少了信息传递失真和银行运作成本。

大量信息的存储和分析变得可行，银行的营销过程也发生了重大的改进。银行借助存储设备和信息技术改进了客户关系管理（CRM），对通过各种渠道产生的各类交易数据进行挖掘，分析客户需求、进行精准营销和交叉销售，更好地为客户提供增值服务。

三、分销渠道

随着网络连通性不断提高和移动网络终端的普及，人们花费在网络和智能手机上的时间越来越多，银行电子渠道的重要性日益提高。新技术给人们的生活和交易带来了极大的便利。尽管一些客户还是希望亲自去银行的营业网点办理业务，但使用自助设备、网络银行和手机银行的客户在不断增加。银行对此作出了积极的反应。

银行提供产品和服务的渠道是日趋多样化的，这是技术进步对于银行影响最为直观的体现之一。电子渠道在银行渠道体系中的地位越来越高，并且日趋多样化，产生了包括自助设备、电话银行、呼叫中心、网上银行、微信银行、微博银行、手机银行、直销银行、电子商务、远程银行等在内的服务渠道体系。营业网点的多样性也在增加，产生了规模不同、功能各异的营业网点，营业网点的电子化、智能化程度也不断提升。一些银行将网点开设在咖啡馆中，创造了"咖啡银行"服务形式。

今天，我们可以通过营业网点向银行职员咨询我们的财务问题，可以选择自助设备、固定电话、智能手机、平板电脑或互联网来进行查询、转账、支付、缴费、申请、交易和购买。我们可以根据自己的偏好以及对安全性和便利性的考虑，选择通过不同的渠道，来满足自己的需要和完成我们的交易。正是因为渠道的多样化，银行的便利性发生了深刻的变化。

以前，我们并没有这么多的选择，没有这样的便利。世界上第一台自动取款机（ATMs）出现在1967年，是英国的巴克莱银行安装的。最早的自动取款机并没有使用磁条卡，客户需要使用纸质凭证来取款。Don Wetzel 因为第一台现代意义上的自动取款机的开发而备受赞誉。1968年的一天，Don Wetzel 在达拉斯银行排队办理业务时萌生了现代自动取款机的想法。随后，他将自己的创意告诉了自己的公司 Docutel。关键突破是，将磁条添加到塑料卡上，同时开发一些对磁条信息进行编码和加密的标准。Docutel 公司的第一台自动取款机卖给了纽约化学银行，1969 年被安装在洛克菲勒中心（Rockville Center）办公室。尽管这台自动取款机已经使用了现代磁条卡，但与今天相比，技术仍然是比较粗糙的：它只能用于取款，而且无法实现联机。要想办理业务，它需要打印一份交易记录。在国内，第一台自动取款机出现于 1988 年，由中国银行深圳分行推出。

直到 20 世纪 70 年代早期，自动取款机技术才得到发展。早期的自动取款机主要是与信用卡配合使用的。1972 年，美国克利夫兰城市国民银行成功引入了不具有信用功能，但可以在自动取款机上操作的卡片。具有查询、存款、取款、信用卡提现、转账以及支付等功能的自动取款机逐步发展起来，自动取款机可以支持越来越多的服务。这些新型自动取款机与计算机保持连接。通过与中央主机相连接，银行建立起了自动取款机网络。那些没有自动取款机网络的银行发现自己无法跟上客户需求变化的步伐了。杂货店、便利店以及各类超市很快发现，在自己的店内安装自动取款机可以增加销售。1975 年，美国爱荷华州 Dahl's Foods 第一个在自己的杂货店安装了自动取款机。

自动取款机网络存在显著的规模效应，共享网络逐步出现了。1977 年，MPS 开发了第一个共享自动取款机网络，该自动取款机网络能够与客户的账户信息进行在线连接。20 世纪 80 年代早期，安装自动取款机曾风靡一时，进一步促进了共享网络的发展。今天，几乎全部自动取款机都是共享的，而且一些自动取款机是由独立的供应商建设的。这些自动取款机不仅安装在银行营业网点内部，还被安装在营业网点之外，自动取款机网络极大地提高了银行服务的覆盖面和便利性。银行不能再凭借布局完善的自动取款机网络获得和维持竞争优势了。

POS 借记系统的安装是由杂货店发起的，起始于 1976 年美国马塞诸塞州 Angelo's and Starmarket 杂货连锁店。零售商与银行之间关于交易费用和 POS 终端成本问题一直未能得到有效解决，再加上存在技术标准不统一的问题，直到 20 世纪 90 年代初，POS 借记交易量一直没能发生大幅提升。

20 世纪 80 年代，电子资金转账系统发展取得了一系列重大进展。自动取款机网络越来越繁荣。1982 年，维萨（VISA）开始建立一个全国性的电子资金转账网络。更重要的是，1985 年，美国最高法院裁定，自动取款机不属于银行分支机构。在此之前，关于自动取款机的法律地位存在很大的不确定性。美国最高法院的裁定消除了不确定性，自动取款机不需要适用美国跨州设立分支机构的法律限制。

20 世纪 90 年代中期，美国电子资金转账系统的重要发展主要发生在借记领域。零售商和银行之间的冲突最终得到解决，前者希望借助在线借记交易增加销售，后者需要为客户提供更加高效的支付服务。线上线下借记交易量大幅增加，POS 网络也出现了整合和合并的趋势。

20 世纪 90 年代银行业另外一个标志性的事件是网上银行发展起来了。20 世纪 80 年代早期，银行业已经开始提供网络银行服务。最早的计算机家庭银行系统是直接拨号的，借助银行专为自己的系统设计的软件，客户的计算机可以通过电话线直接接入银行的计算机。这种方式并未得到广泛接受，大部分都未能取得预期的效果。20 世纪 90 年代，互联网应用开始呈现出爆炸性的增长，电子商务日益繁荣成为引领全球经济的新趋势，一时间"新经济"成了大热门。便利的、电子化的支付结算对于电子商务的发展至关重要。随着电子商务的繁荣，网上支付也发展起来，便利的支付结算反过来又促进了电子商务的发展。1995 年 5 月，富国银行（Wells Fargo）成为世界上第一家将账户服务添加到网站上的银行，这种服务允许客户通过互联网查阅自己的账户。银行业很快发现，这一渠道的优势是非常明确和显著的。一些银行还尝试建立独立的网上银行品牌，但早期的尝试并未取得成功。比如，芝加哥第一银行（Bank One）于 1999 年建立了一家名为"翼展银行"（Wingspan bank.com）的网络银行，与其自身进行直接的竞争。翼展银行没能吸收充足的客户。2000 年 9 月，第一银行宣布终止了翼展银行品牌，并接替翼展银行继续为这些客户提供线上服务。1998 年 2 月，招商银行推出"一网通"服务，成为国内首家推出网上银行业务的银行。

银行业网上银行越来越先进，越来越多的产品和服务被搬到银行的网站上。与此同时，手机银行、视频银行（比如虚拟柜员机 VTM）等服务渠道也蓬勃发展起来，电子商务网站、社交网络和社交平台也成为银行业服务客户的渠道。客户获取银行服务的渠道选择日益增多，银行业逐步走向全渠道银行时代，特别是大型零售银行都建立了全渠道管理体系。在自助设备和网上银行之后，以智能手机为代表的移动设备逐步成为了财务管理器。客户可以使用手机银行查询账户、转账、无卡取现、浏览证券行情和下达交易指令等。未来，电子钱包的流行有可能会进一步替代我们对于现金和银行卡的需要，现金在小额支付方面的地位也会下降。

表 3 - 1　　　　　　　　　　　　中国电子银行发展历史

时间	事件
1988 年	中国银行深圳分行推出国内第一台自动取款机（ATMs）
1997 年	中国银行上海分行开设国内第一家自助银行
1997 年 4 月	招商银行建立自己的网站
1998 年 2 月	招商银行推出"一网通"服务，成为国内首家推出网上银行业务的银行
1999 年 6 月	中国银行推出网上银行系列产品
1999 年 8 月	中国建设银行推出网上银行服务
1999 年	第一批客服中心建立，电话银行加速发展
2000 年 5 月	中国银行在有线电视宽带网的基础上，以电视机和机顶盒为客户终端，率先实现联网、办理银行业务。 中国农业银行广东省分行首创用银行账户直接上网，实现了上网费实时扣交
2004 年	交通银行推出国内第一家手机银行
2012 年 4 月	华夏银行新一代网上银行上线，率先实现了跨行账户统一管理

资料来源：根据互联网资料整理。

多样化的电子渠道服务体系有效分流了银行营业网点的业务压力。比如，2013 年，工商银行电子银行客户总数达到 3.9 亿户，其中移动银行客户在国内率先突破 1 亿户，电子银行年交易额超过 380 万亿元，比 2012 年增长 14.8%，电子银行业务笔数占全部业务的比重增加至 80.2%。2013 年，招商银行零售电子渠道综合柜面替代率达到 92.50%，公司电子渠道综合柜面替代率达到 54.65%，网上企业银行交易结算替代率达到 92.42%，较上年分别提高 1.84 个百分点、2.25 个百分点和 3.95 个百分点。2013 年，北京银行个人网银客户存量突破 265 万户，增幅 31%，累计结算类交易量 1718 万笔、交易额 1.2 万亿元，交易量和交易额的近三年年均增幅分别达到 100% 和 110%，个人网银重点产品柜面替代率达到 87%。公司网银客户存量达到 2.9 万户，增幅为 28%，公司网银累计结算交易量 1379 万笔、交易额 9.6 万亿元，交易量和交易额近三年年均增幅分别达到 44% 和 95%，公司网银重点产品柜面交易替代率超过 55%。

中国银行业协会 2014 年 3 月 15 日发布的《2013 年度中国银行业服务改进情况报告》显示，2013 年中国银行业平均离柜业务率达 63.23%，较上年同比提高 8.86 个百分点。具体来看，截至 2013 年末，手机银行交易总量达 49.8 亿笔。手机银行个人客户达到 4.58 亿户，同比增长 55.5%。企业客户达到

11.43 万户，同比增长 23.04%。此外，2013 年新兴微信银行成长迅速，交易总量达 850.76 万笔，交易总额 6.65 亿元，个人客户达 290.94 万户，企业客户达到 4.46 万户。

技术进步仍然在不断地改变人们的生活和消费习惯以及生产和交易方式。当前，那些年轻、时尚的客户已经不满足于通过互联网和移动互联网获得标准化的、简单的产品和服务，一些复杂的金融交易也通过互联网来进行。企业客户也越来越重视电子商务，通过线上、线下或线上线下一体化的模式来销售自己的产品。银行业需要不断创新，深刻认识和理解客户行为的变化，改善与客户的交流方式，满足客户日益挑剔、快速变化的需求。电子银行渠道的作用仍在不断上升，银行营业网点的功能和作用需要与时俱进地进行调整和重新定位。

第三节　网络冲击

银行业吸收互联网发展成果，通过互联网提供越来越多、越来越便利和丰富的金融服务并不是互联网金融的全部。互联网企业跨界进入金融业、非银行金融机构利用互联网应用，创新和提供一些与银行业具有类似功能的产品，加速了金融脱媒的进程，对于银行业构成一定的冲击。金融服务供给不断丰富，金融服务消费者越来越挑剔，使消费者在金融服务市场上的力量越来越大，银行业不得不面临越来越激烈的竞争。

一、银行思维

更多地借助互联网来开展业务是银行业创新转型发展的一个重要趋势。然而，银行业的知识结构尚不足以充分挖掘互联网应用在促进银行业发展方面的潜力。实际上，银行业惯常的商业决策和策略，特别是以盈利和收入为导向与考核基准的管理实践，并不适合于发展互联网金融。互联网金融，与其他互联网经济形态一样，有着自己的规律。尽管并不是全部互联网应用都具有网络效应、赢者通吃以及先发得势的特性，但那些能够具有这些特性的商业模式或平台显然可以获得更大的成功。

（一）客户至上

银行业是以客户为中心的，并且在客户关系管理方面投入了大量的人力、时间和资金。银行在布设大量的自助服务设施并为客户提供服务的过程中，客户认为是在与"机器"进行互动，客户对于银行越来越陌生。

导致这一现象的一个重要原因是，即使不能真正做到以客户为中心，银行业仍然可以获得较高的盈利，至少在互联网金融繁荣发展之前都是如此。在物理渠道占主导地位的时代，掌握了渠道便掌握了主动性，掌握了消费者和需求。但对于互联网企业而言，渠道基本上是一样的，都具有同样的便利性，都可以随时随地为客户提供服务。随着越来越多的客户通过互联网获取产品信息和金融服务，物理渠道的地位会不断下降，这种趋势在那些简单标准化的产品上已经有很显著的体现了。

互联网企业的成功靠的是客户。当然，这并不是否认技术，包括安全技术，以及高技术雇员，对于互联网企业成功的作用。但即使是再先进的技术，如果不能吸引客户，也将无法转化为商业上的成功。技术的目的在于为客户创造价值，在于改善客户体验，在于提高客户满意度。

互联网企业，包括经营金融业务的互联网企业的成功，最终还是通过客户的获取和保有量来衡量。积累客户、提高客户黏性是首要的，即使是在没有科学的盈利模式的情况下也是如此。盈利模式可以在积累客户基础之后再开发。互联网企业强调用户体验，通过在网络空间中进行大量宣传引起用户关注，积累客户和换取市场份额是互联网企业的策略。

阿里巴巴和腾讯公司在国内互联网金融发展方面取得的成绩较为显著。阿里巴巴以电子商务平台和第三方支付为基础，积累大量的商户、用户和沉淀资金。腾讯公司则凭借社交平台 QQ 和微信，获得了大量的客户，但是在发展互联网金融之初在存量资金沉淀方面不如阿里巴巴。腾讯公司急切需要将更多的客户转化为财付通客户。[①]

2014 年春节，阿里巴巴和腾讯公司在移动支付用户竞争方面的争夺继续深化。1 月 23 日，支付宝钱包"新年讨喜"功能上线，用户可以通过"发红包"按钮向通讯录的亲朋好友发红包，也可用"讨彩头"按钮主动讨红包。1 月 25 日，微信也推出了名为"新年红包"的公众账号，用户关注该账号后，可在其主页面自主选择设定发几个红包、发放金额，同时可以附上新年祝福语，再通过微信绑定的银行支付，即可完成发红包的过程。红包可以发到微信

① 2005 年 9 月，腾讯公司正式推出专业支付平台——财付通。2011 年 5 月，财付通获得支付业务许可证，业务类型包括互联网支付、移动电话支付、固定电话支付。财付通与拍拍网、QQ、微信有着很好的融合。

群，也可以单独发送给指定好友。好友打开红包后，只需要绑定关联微信的银行卡，领到的红包会在1个工作日之后自动转账。"发红包"后，发放金额将从发起人绑定的银行卡内扣除。

"抢红包"事件可以说是"客户为王"最典型的体现。活动本身并不给阿里巴巴和腾讯公司带来直接的收益，应该说从"抢红包"活动本身来看，两家公司基本上是入不敷出的，但它为两家公司带来了数量庞大的客户群。当这些用户通过两家公司的支付渠道进行网络购物、打的、购买理财产品、获取增值服务时，它们就可以获得收益。网上支付、移动支付（包括NFC）的应用场景会继续增加和丰富，更多的用户通过互联网和移动终端获得各种服务，两家公司可以在大量客户基础上开发新的盈利模式，获得更多收益。

客户才是目标，技术、产品、服务、价格都是手段。正如管理学大师彼得·德鲁克所言，企业的目的只有一个正确而有效的定义，即创造客户，因此任何企业都有两个基本功能，而且也只有这两个基本功能：营销和创新。

客户知道自己想要什么，也许有时需要一些引导，但不能将客户引导到他们并不想去的地方，让他们长期购买自己不需要的产品。银行业需要做的是，引导客户到他们想去的地方，至少也要跟随客户去他们想要去的地方，使客户的工作和生活更加便利和美好。

银行业的各项经营管理活动都需要围绕客户需要及改善客户体验来开展，特别是在互联网时代，如何做到这一点是大有文章可做的。银行业仍然需要在客户关系管理上进行投入，让自己的客户关系管理不再停留于系统建设上，而是能够适应互联网时代的快速变化，以及消费者偏好和消费者行为的多样性和易变性。以客户为中心并不仅仅是营销部门的事情，银行业需要在组织、管理、创新、考核等方面全面深入落实这一理念。

（二）网络效应

网络效应（Network Effect），亦称网络外部性，其存在和作用对信息和通信技术产业的发展历程、市场结构、企业行为与绩效都具有重要的影响。由于存在网络效应，一件商品或一家企业的价值取决于参与者的数量以及参与者之间的连通性，而且每增加一个参与者，该商品或企业对于消费者的价值都会增加。

网络效应存在不同的表现形式。当一个用户从使用或消费一种商品中获得的效用或价值随着其他用户数量的增加而增加时，网络效应就出现了。这种"单边网络效应"在电报、传真、电话、电子邮件、办公软件、手机、社交网络、QQ 和微信等产品上有着直接的体现。对于一些电子账户，比如支付宝钱包，当可以在它们之间进行资金转移时，这类电子账户也会表现出单边网络效应。我们之所以选择使用这些产品，是因为其他人也使用了这种产品。

银行的存款账户便是一直具有"单边网络效应"的产品。如果一位客户不能将自己存款账户中的钱转移给其他账户，那么银行账户的吸引力便会极大地下降。我们看到，每家银行都争取客户在自己的银行开户，开户数量越多，特别是活跃账户数量越多，账户的价值或吸引力便越大。银行可以从客户的资金在存款账户之间的转移获得收入，表现为不同的转账手续费。如果说，银行向那些进行跨行转账的客户收费还是可以理解的话，那么从获得网络效应的角度讲，单一银行内部不同账户之间的转账显然应该免除费用。收费会降低账户之间的兼容性，以及账户对于客户价值。转账手续费的存在实际上降低了整个银行业的存款账户的价值和吸引力。我们可以看到，当另外一些具有支付功能同时还能提供高于银行存款收益率的账户出现时，银行就会面临很大的压力。

还存在一种"双边网络效应"。比如，当用户在 P2P 网络贷款交易平台注册成为 P2P 网络借款人之后，他们的效用便主要由注册贷款人的数量决定，P2P 网络贷款人的效用则主要由 P2P 网络借款人的数量决定。再比如，用户在当当网、京东商城、淘宝商城等电子商务平台上注册账户，他们的效用会随着进驻这些电子商品平台的商户数量的增加而增加。同样，商户的效用也将随着用户数量的增加而增加。大量的用户意味着大量的需求和销售，这会吸引更多的商户通过电子商务平台销售自己的商品，电子商务平台上的商品会越来越丰富和多样化。

阿里巴巴和腾讯公司都在极力扩大自己的业务范围，包括通过进入金融业，来丰富应用场景和增加用户的选择。阿里巴巴的电子商务平台本身就是一个具有"双边网络效应"的双边市场，腾讯公司的社交工具最初仅具有单边网络效应。腾讯公司已经借助社交工具积累了大量用户，它所要做的是为这些用户提供更加丰富的应用和选择，这会增加用户的效用，同时为自己带来盈利。

比如，在互联网理财方面，阿里巴巴和腾讯公司均已经开始了向用户提供理财产品销售的服务。它们最先提供的是一些简单、标准化的货币基金产品。要做大做强自己的平台，它们必然将会进入更多的金融业务领域，吸引更多的金融服务商，与金融业展开合作，为用户提供更多的选择，增加用户的效用。

规模就是价值。网络效应的存在意味着，要想在开展互联网金融业务方面取得成功，必须同时争取大量的客户和供应商，这需要开放性和包容性。那些忽略或轻视平台打造和网络效应的金融机构和互联网企业，将不可能在互联网金融方面有大的作为。对于银行业而言，除了将自己的客户和自己的产品服务放到互联网上之外，还要吸纳其他的消费者和供应商进入自己的网上银行。这对银行业而言似乎还很难做到。

一家企业可以与另外一家企业竞争，但不能与一个网络或平台竞争。银行业也不例外。银行业需要建立网络，利用网络效应来发展业务，成为"网络"经营商，或者加入一个网络，成为一个参与者或"内容"提供商。银行存款账户具有单边网络效应，而信用卡业务则是一个具有双边网络效应的典型。持卡人的效用取决于接受卡片的商户数量的多少，商户的效应则取决于持卡人数量的多少，还有其他一些银行业务中也存在网络效应。银行业可以从这些业务的发展中汲取经验。

（三）赢者通吃

对于互联网应用，规模经济和网络效应都是有利于大规模企业的。互联网应用具有极低的用户边际成本，平均成本随着规模的不断扩大会趋向于零。其结果是，任何一家互联网企业都有潜在的能力去满足全部市场需求。从需求的角度看，特别是对于那些存在网络效应的场合，那些能够赢得用户的互联网应用将会吸引更多的用户。换言之，用户也会趋向于集中。

大规模的网络具有更大的网络效应和吸引力，但赢者能否通吃还要取决于网络的兼容性（Compatibility）。由于存在冲突，一些具有类似功能的产品不能在一起使用，这会导致一个行业或市场中可以存在多个网络。比如，由于操作系统差异形成 Android（安卓）、Symbian（塞班）、iOS、Windows Phone 等不同智能手机网络。当用户选择使用一个系统时，就不能使用其他系统了。在有些情况下，网络经营商会主动开放自己的网络。网络经营商往往会尽快争取市场份额，做大自己的网络，然后会转向兼容策略，允许其他经营者使用自己的技术和接入自己的网络，并收取一些费用。

在大部分场合，冲突并不是不可逾越的，但转换过程需要花费成本，从而使得在一个市场或行业存在多个网络成为可能。比如，尽管用户可以在多家银行开户，可以在不同的电子商务平台上注册账户，但用户不会同时在多家银行或电子商务平台上选择同样的服务或购买同样的商品。用户舍弃一家银行和电子商务平台也会存在一定的成本，这种成本被称为"转换成本"。用户学习使用新的银行账户和电子商务平台需要花费一定的时间，尽管转换银行和电子商务平台的程序已经比较简便，但转换过程仍然是令人感到厌烦的。银行贷款人和入驻电子商务平台的商户同样面临着较大的转换成本。贷款人转换银行将会损失与原银行长期建立起来的关系，与新银行之间也需要一段时间来熟悉和建立信任关系。商户在电子商务平台上的经营行为能够为它们积累"商誉"，但转换电子商务平台时这种商誉是它们无法携带的，而且它们同样需要花费一定的时间和人力来适应新的平台。这样一来，用户就被"锁定"在一个网络中。尽管网络效应的存在会让那些经营得当的银行或平台发展得越来越好，但其他银行或平台也会拥有自己的一席之地。

此外，转换过程还存在一个机会成本，因为放弃原来使用的网络就意味着放弃了从使用原来网络所能得到的效用或收益。这种机会成本的存在使得在其他条件都相同的场合，用户被锁定在大规模网络的可能性更高。

但并不是所有的网络之间都存在不可逾越的冲突问题和转换成本。如果用户认为或者预期某家银行或电子商务平台将会成为主导者，那么他们就会逐步转向该银行和电子商务平台。在这种情况下，用户和业务就会向几家规模较大、声誉较高的银行或电子商务平台集中，甚至出现"赢者通吃"的结果。特别是对于那些非兼容性的网络，一旦某一个网络被用户和市场认可，很可能会导致"一统天下"的局面。

规模优势和"赢者通吃"的可能性并不意味着小规模网络的末日。比如，小规模网络可以积极推行兼容性策略，使自己的服务与大规模网络保持兼容。兼容性策略可以降低规模，给大规模网络带来的优势，能够给用户带来更大的效用和收益。兼容性策略在消除或降低规模优势的同时，将会促使网络竞争转向服务质量、网络便利性、使用舒适性以及服务费用等方面。

银行业不得不融入互联网金融，但它们仍然在固守自己的"疆土"。当前，银行业存款账户已经与第三方支付账户之间兼容了。这种兼容性为银行业带来了很大的资金流失压力，一些银行不得不对从自己的账户向第三方支付账户的转账设置一些限制。然而，银行业账户之间的兼容还比较低。用户去银行访问自己的他行账户时，不得不支付一定的费用，而且只能获得存取款、转账等简单的服务。2010年10月15日，人民银行开发的"网上支付跨行清算系统"（俗称"超级网银"）经过测试之后正式上线，接入超级网银的商业银行可以提供跨行资金归集服务。该服务涉及一个中心账户与一个或多个关联账户，用户可以通过中心账户的网银界面查询关联账户余额和交易明细，还可将资金从关联账户转移至中心账户，而且不需要登录关联账户的网银。中心账户和关联账户可属于同一人，也可分属不同的人。跨行资金归集于 2013 年初一出现，便引起轩然大波。银行业很快便采取了各种各样的措施，限制超级网银转账。账户之间缺乏兼容性使得每一家银行都可以建立和维持一个小型网络或平台，随着一家银行账户数量的增加，它会围绕账户提供越来越丰富的产品和服务。

显然，对"赢者通吃"的担心影响了银行业的决策，特别是网络开放性决策和产品兼容性决策。银行业没有动力和激励去提供兼容性的账户以及相应的产品和服务，每一家银行都在固守自己的小网络。特别是那些大型银行，它们已经建立了声誉和比较大的网络，它们更倾向于抵制提供兼容性的账户。实际上，如果银行业提供兼容性的账户，比如允许账户资金无成本归集，那么银行业账户的吸引力将会得到极大提升。现状是，对于那些仅需要简单服务的用户而言，各家银行的账户几乎就是无差异的。这些用户并不需要那些依附于银行账户的增值服务，或者这些服务仍然存在过高的准入门槛，而将他们拒之门外。与此同时，银行账户的应用和功能要远逊于互联网企业提供的具有类似功能的账户。对这部分客户而言，转向互联网企业提供的账户服务和产品是他们理性的选择。

对于用户而言，兼容性的收益是显而易见的。继续以账户资金归集为例来分析，通过一个账户来使用自己的全部银行账户资金进行交易、投资和理财，查询交易记录和账户余额，能够给客户带来很大的便利，各账户的零散小额资金也可以归集起来进行投资，获得更大的收益。兼容性策略可以增大银行业整体的市场份额，至少可以缓解来自互联网企业的冲击。正面的例子是，银行业 ATMs 网络共享为银行卡持卡人带来了收益，这显著增加了银行卡的吸引力。同时 ATMs 网络共享导致银行业竞争转向 ATMs 使用费用和便利性方面。[①]

另外，允许无成本资金归集将促使银行陷入激烈的客户争夺战中。客户争夺正是互联网企业所做的，也是它们所擅长的，但其结果常常无法预料。这对于银行业而言显然是无法接受的。银行狭隘地认为，这样就可以留住客户。这是一厢情愿，异想天开。银行的客户和业务正在源源不断地流向互联网企业。它们宁愿如此，因为这是整个行业的问题。但如果眼睁睁地看着自己的客户和业务流向同为银行的竞争对手，那将损失自己狭隘的市场份额。

---

① 国内一些中小银行推出银行卡 ATMs 业务取款、转账免费策略。这对于提高它们的银行卡的吸引力具有重要意义，但能否将其他银行的客户吸引到自己的银行，还取决于其他因素。

当然，对于业务、客户和资金向互联网企业的流失，银行业并没有坐视不理，它们也不能坐视不理。随着用户越来越多地关注互联网理财，银行业逐渐感到了压力，纷纷对从银行账户向余额宝账户以及财付通账户等互联网账户转移资金设定了限制。银行业又一次采取非兼容性策略来应对自己面临的问题。

（四）先发得势

网络效应有强弱之分，并不是全部的互联网应用都具有网络效应。一个互联网应用的网络效应的大小也会受到很多因素的影响。一般来讲，网络规模越大，或者说网络的用户或参与者越多，一个网络的效应就越大，网络便越有用，就会吸引更多的用户加入网络。然而，用户积累需要大量的投入和时间。每一个建立在网络效应基础上的商业或应用，都需要深入思考如何引发网络效应。

不断积累用户显然是一个必要的和重要的举措。需要进行大力的营销和宣传，为潜在的用户创造一个良好的发展前景，让他们看到一个不断成长的网络或平台。由于存在网络效应，网络对于用户的价值与用户数量之间是非线性的关系。在初期，愿意尝试新产品的用户较少，它们还无法看到该产品的前景，用户积累会比较缓慢。比如，当前，P2P网络贷款业务日渐繁荣，但交易平台仍然存在很多缺陷和不规范的地方，没有一家P2P网络贷款交易平台向用户展示出能够成为行业翘楚的潜力和信号。除了不断完善自己的管理模式和风险控制技术之外，大规模的营销也将具有很大的用武之地。

网络往往起步于一个小规模的利基市场。当用户积累达到一定数量之后，就会引发网络的自发扩张和成长。此外，用户的口口相传对于扩大网络规模也非常重要。也就是说，使用便利、界面友好也非常重要。

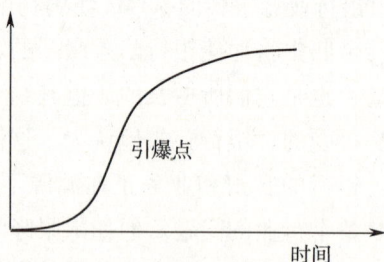

图3-1　网络成长过程与引爆点

在网络的"S"形成长路径中，从启动到成长到能够自行运转需要或长或短的时间。一些网络在没有达到自己的"引爆点"（Tipping Point）之前便退出了市场。然而，一旦网络发展突破引爆点，就会启动用户数量与网络价值之间的良性循环，促进网络从利基市场走向大众化，网络规模就会不断增加，网络对于用户的价值也会越来越大，用户被锁定在该网络中的可能也越大。这意味着，那些最先启动的网络企业将占据优势，或者说它们具有先行者优势。

先发优势与牺牲短期收益争取用户的策略是一致的。用户量就是网络规模，对用户争夺是先发优势的基础。大规模的网络对于用户而言就意味着大量的价值，用户会选择使用，甚至自愿锁定在他们认为规模最大的网络中。比如，百度于2013年的理财产品"百发"，最初对外宣传收益率高达8%。但这种投资于货币基金的理财产品实际上很难达到如此之高的收益，其中存在着掏自己的腰包补贴投资者的嫌疑。再比如前文所述腾讯公司通过"抢红包"来将微信用户转化为财付通和微信支付的有效用户。这些策略并不能为它们带来短期货币收益，但长期收益将不可估量，至少它们是这样认为的。

尽管并不是我们看到的每一家互联网企业的商业模式都具有强大的网络效应，但通过互联网可以更容易地打造网络效应。具有强大网络效应的商业模式需要具有"多对多"的网络结构，它们允许用户之间的互动，而不是"一对多"的网络结构，用户只能一个中心进行沟通，但相互之间无法互动。

二、行业结构

产业结构是决定竞争的主要因素，而技术进步和金融创新对银行结构产生了重大的影响，进而不断促进银行业竞争。大部分的竞争都是有利于银行业提高效率的，但还有部分竞争对于银行业而言构成了或大或小的冲击。今天的银行业竞争远远超越了现有竞争者的范围，竞争已经不仅仅局限于银行业内部，来自银行业外部的竞争也在持续地加剧。

（一）行业内竞争

现有竞争者之间的竞争不断加剧。金融业无法对自己设计的产品申请专利和知识产权保护，一旦一款产品开发出来并得到市场认可，很快便会被广泛传播、模仿。银行业的产品创新，包括其他类型的创新，很难为创新者带来持久的竞争优势。同质化是银行业的一个重要特征，银行产品大部分都一样，至少大部分消费者是这么认为。消费者面对的是越来越多无法识别差异的银行产品。

特别是，互联网应用越来越普及，网络销售渠道地位越来越高，银行业将越来越多的产品和产品信息放到自己的网站上，产品比对的成本也得到了极大的下降，消费者越来越习惯于通过比对来选择产品和作出购买决策。这种变化对于那些标准化的、简单的产品的影响更大。网络销售渠道与其他渠道相比拥有较低的成本结构，但这部分成本削减的收益大部分都被消费者收入囊中。在标准化产品方面，竞争无疑将会越来越激烈。

竞争的领域也在转变和扩张。银行业在商业模式、业务模式、服务、平台等领域进行全方位的竞争。银行业的定价和销售策略需要作出调整。比如，可以实行多样化产品打包定价，为客户提供财务问题解决方案，并对解决方案采取综合定价。再比如，可以对电子渠道和营业网点柜台进行功能定位，推动客户更多地使用电子银行渠道。改善同业竞争的策略还有很多，无论采取哪种策略，银行业都需要仔细研究，最重要的是要持续地为客户创造更多更大的价值，不损害客户的利益。

（二）非银行竞争

新技术与金融业的结合使得银行业进入壁垒在不断降低，潜在进入威胁越来越大。在当代经济条件下，很少有哪个行业能像银行业一样受到如此多的管制，其中之一便是进入银行业需要监管部门颁发牌照。只有那些持有牌照的银行才能经营银行法规定的业务。银行业在不断变化，非银行金融机构以及一些互联网企业也在变化。银行业不断拓展自己的业务范围进入非银行金融业，非银行金融机构以及一些互联网企业也不断拓展自己的业务范围进入银行业，双方之间的交叉和重叠越来越多。在银行业历史上，这些曾令银行业监管部门头痛不已。如果提供了银行服务，但不需要接受银行业所接受的监管，那么银行业监管有效性就会下降。

当前，银行业牌照的价值在下降，那些没有获得牌照的非银行金融机构以及一些互联网企业纷纷借助技术进步和金融创新提供具有与银行产品类似功能的产品。我国商业银行法规定，商业银行是指依照我国商业银行法和公司法设立的吸收公众存款、发放贷款、办理结算等业务的企业法人。按照这个定义，那些分别仅提供支付服务、存款账户或贷款服务，或者提供具有类似功能的产品的机构便不属于商业银行，它们也不需要接受银行业所应该接受的监管。

互联网企业正是利用这一点大举进入银行业，银行业与非银行业的边界变得越来越模糊。比如，出现了大批的第三方支付机构，它们提供网上支付服务。以支付宝为代表的第三方支付机构提供的"余额宝"类账户具有存款账户类似的"支付＋增值"功能，而且增值功能更强。在贷款方面，依托电子商务积累大量客户和数据的互联网企业已经在小微贷款领域显示出了巨大的潜在价值。P2P 网络贷款以及众筹等依托互联网交易平台建立的金融模式对于银行业在整个金融结构中的地位也产生了不利的影响。

技术进步以及技术应用固定成本的持续下降使得银行业的规模经济可以在越来越小的规模上实现。那些通过互联网提供的产品具有更低的成本，这对消费者而言意味着更高的收益。银行业在数据库建设和信用评估方面的技能和经验很可能会被大数据和数据挖掘轻易地超越。在渠道竞争方面，网络销售渠道的普及和成熟将会不断地降低银行业营业网点的重要性。

三、消费者主权

"消费者主权"描述的是消费者和生产者之间的关系。对于金融业而言，金融服务消费者通过购买来向市场和金融业传递自己的偏好，金融业只有提供符合消费者偏好和需求的服务才能生存和发展。在稀缺经济时代，金融服务的供给者控制着市场力量。

近年来，互联网应用极大地丰富了金融服务，并将继续不断地增加金融服务的多样化和供给量，金融服务市场的天平正在慢慢地倾斜于客户的一边。从金融服务供给来看，供给主体日益多样化，银行业无法满足贫困地区和弱势群体的金融需求，互联网企业已经成为重要的金融服务供给者。从客户来看，他们对金融服务的需求越来越多，选择越来越多。同时，随着与金融机构业务往来的日益增多，客户变得越来越挑剔。

互联网应用降低了金融服务进入门槛，提高了金融服务效率，降低了金融服务的成本，能够以多样化的金融业态满足越来越多的金融服务需求。借助互联网技术成果，一些自助式服务渠道越来越流行。客户通过自助式服务对银行的依赖程度越来越低。技术标准的统一使得自助服务同质化问题日益严重。

金融消费者"用脚投票"的空间越来越大。互联网的普及、互联网与金融业的一体化深刻改变了消费者的金融意识、金融消费行为和决策模式。越来越多的消费者通过互联网自主获取信息，自主选择接受服务的时间、地点和渠道，只有那些低成本或高收益的产品才能吸引他们。消费者对金融服务提供商及其所提供的金融服务提出了越来越高的要求，他们会选择那些以更低的价格为他们提供更加优质的产品和服务的金融服务提供商，而那些不能做到这一点的金融服务供给者将会失去自己的客户。随着"消费者主权"的不断增加，客户的偏好对于银行业生存发展将越来越重要，银行业将会面临越来越大的压力，从而不断改善客户关系，为客户提供更多的价值，利用先进技术成果，改善服务渠道和服务方式，在提升客户体验方面加大投入。

网络传播的力量越来越大，这对银行业客户关系管理和声誉风险管理构成了很大的挑战。消费者随时随地都可以通过网络渠道来表达自己的观点和不满，宣泄自己的情绪。与众多消费者相比，在微博、微信、社交网络等新型交流方式上，银行的力量是有限的。很多问题都可能会通过互联网得到传播和放大，随时会给银行带来舆论压力和不利影响。因此，银行业在如何应对消费者的不满情绪，妥善地处理消费者投诉，实现对客户的服务承诺等方面需要付出更多的努力。

四、替代产品

尽管银行业一直在利用先进技术来改善自己的服务，但仍然有一些业务在流向互联网企业。同时，互联网企业借助先进的技术服务于那些无法获得充足银行服务的客户，这得益于先进技术与金融工程的结合。先进的技术使得信用中介过程和交易过程各个环节的分工得以深化，互联网企业则得以进入金融业。互联网企业运用金融工程技术，为客户提供更好的产品和服务。这些产品和服务与银行业的产品和服务具有类似的金融功能，成为银行业产品和服务的重要替代品。

（一）新型支付

网上支付与电子商务之间存在着"唇亡齿寒"的关系。支付过程的电子化使得消费者得以完成网上购物。从"网关支付"到"快捷支付"的转变极大地降低了银行在支付过程中的作用，银行从台前走到幕后。消费者在完成交易时不再需要转到自己的开户行的网上银行界面，而是可以轻松、便捷地直接完成支付。

支付技术发展的影响远超过了电子商务的范畴。第三方支付、移动支付、非接触式支付、二维码支付、微信支付等支付方式的应用场景远比银行账户的丰富和便捷。超市购物、电话充值、有线电视交费、宽带缴费、信用卡还款、水电煤气缴费、机票火车票订购、游戏充值等，都可以通过新型支付方式来完成。

支付方式越来越多样化。客户除了可以通过银行存款账户进行支付和转账之外，还可以通过在线支付、移动支付、近距离非接触式支付、二维码支付、快捷支付、微信支付等方式完成支付。这些新型支付方式已经成为银行支付服务的重要补充和替代。实际上，基于电子钱包和移动端的支付方式在小额支付方面更加灵活，应用场景更加丰富。总体来看，客户选择支付方式的主动性越来越大，他们会根据完成支付的场景选择最合适、最便利、最便宜的支付方式。

近几年来，我国电子支付业务一直保持较快发展速度，中国人民银行2013年支付体系报告显示，电子支付业务增长较快，移动支付业务保持高位增长。2013 年，全国共发生电子支付业务 257.83 亿笔，金额 1075.16 万亿元，同比分别增长 27.40% 和 29.46%。其中，网上支付业务 236.74 亿笔，金额 1060.78 万亿元，同比分别增长 23.06% 和 28.89%。电话支付业务 4.35 亿笔，金额 4.74 万亿元，同比分别下降 6.59% 和 8.92%。移动支付业务 16.74 亿笔，金额 9.64 万亿元，同比分别增长 212.86% 和 317.56%。2013 年，支付机构累计发生互联网支付业务 153.38 亿笔，金额 9.22 万亿元，同比分别增长 56.06% 和 48.57%。

货币形态变化也是影响支付方式变化的一个重要因素。当前，现金和银行卡在小额零星支付领域仍然占据重要的地位，大额支付则主要通过银行票据和存款账户来实现。未来，这种状况也将会发生变化。随着电子货币、虚拟货币逐步被人们接受，小额支付领域将会非现金化、去银行卡化，未来还会出现无卡、无现金的情况，银行业需要为此做好准备。

2014 年春节临近期间，正在大家都在收拾心情欢度春节之时，腾讯公司和阿里巴巴却没有闲着。打车支付就是一个标准化的高频应用，腾讯公司和阿里巴巴都在做自己的平台，来构建一个双边市场。一边是出租车司机，另一边是乘客。"嘀嘀打车"是国内第一家提供出租车叫车服务的手机叫车软件。2014 年 1 月 20 日，嘀嘀打车宣布追加 2 亿元预算，补贴方式是乘客减 10 元，每天 3 单，司机奖 10 元，每天 5 单。此前，嘀嘀打车曾获得腾讯公司的投资。通过微信乘客在叫车过程中已经获得司机的姓名和嘀嘀打车个人账户，结账时，乘客通过微信付钱，钱进入司机嘀嘀打车的账户。

2014 年 1 月 21 日，"快的打车"随后宣布再投 5 亿元，补贴方式是乘客减 10 元，每天 2 单，司机奖 15 元，每天 5 单。快的打车的投资方之一是阿里巴巴。在使用阿里巴巴支付宝钱包的打车支付过程中，乘客和出租车司机通过司机的个人二维码进行联系和支付，支付宝帮助司机打印个人二维码，做成"工牌"，下车时，乘客对着支付宝钱包扫一下，手机自动跳转到付款的页面，钱到账后，司机会收到短信提示，司机再点一下，就立即转账到他的支付宝账户里。

腾讯公司和阿里巴巴在移动支付领域的竞争已经展开，在这场竞争中，我们几乎看不到银行业的影子。当然，银行业也在抢抓机遇，发展包括移动支付在内的新型支付方式。然而，银行业需要做的不仅是在预算、人员等方面增加投入，而且更需要充分理解基于互联网的经济形态，比如平台经济或网络经济效应。只有充分理解互联网经济的规律，银行业在未来的发展道路上才能走得更远、走得更顺。这对于银行业而言可能意味着一场更大、更严峻的挑战。

（二）存款分流

居民财富管理需求在持续增加，理财意识逐步觉醒、日益成熟，对购买过程的要求也越来越高。这对于银行和互联网企业而言都既是机遇，又是挑战。只有那些能够跟上市场变化节奏的银行和企业才能获得优势。

可供居民选择的理财产品和投资产品越来越丰富，低收益的银行存款在客户财产结构中的比重越来越低。招商银行 2013 年的一份关于中国城市居民财富管理与资产配置的调查报告显示，88% 的中国城市居民已有理财意识，正在或即将进行财富管理，仅仅有 12% 的居民认为无须理财或投资理财可有可无。居民的投资也不再拘泥于定期储蓄，而是涉及理财产品、基金和股票等多种投资品类。2013 年以来，以"余额宝"、"零钱宝"、"现金宝"、"理财通"等为代表的互联网理财从无到有，成为居民理财的一个重要选择。借助互联网，我国居民对于货币基金的认识更进一步加深，货币基金也在多方探索，尝试和开通互联网销售渠道。受存款利率管制等因素的影响，这些理财产品的收益率远高于存款。

从数据看，我国境内人民币存款于 2013 年 6 月突破 100 万亿元，但每月新增人民币存款及新增人民币居民存款的波动性都在不断增加。2013 年 3 月新增人民币存款 4.22 万亿元，而 4 月则流失 1001 亿元。2013 年 2 月新增居民人民币存款高达 1.77 万亿元，4 月流失达到 9341 亿元。10 月居民人民币存款流失 8967 亿元，而 12 月则新增 1.3 万亿元。2014 年 9 月 12 日，中国银监会、财政部、人民银行联合下发《关于加强商业银行存款偏离度管理有关事项的通知》，要求对商业银行设置月度存款偏离度指标，约束存款"冲时点"行为。人民银行的数据显示，银行业季末存款余额在 2014 年第三季度出现至少自 1999 年以来的首次下降。

银行业不得不通过发行理财产品来吸引客户，应对存款流失问题。2013年共 182 家境内外银行在国内发行理财产品 4.5 万款，比 2012 年增长 37%。

截至 2013 年底，理财产品余额超过 10 万亿元，比 2012 年底净增加约 3 万亿元。但是，理财业务越发达，居民的理财意识便会越成熟，银行存款的吸引力则会越来越低。这对于银行业并不是一个有利的局面。

此外，近几年，信托、基金、券商、保险等非银行金融机构纷纷加大力度发展理财业务，并通过与互联网金融之间的联盟扩大理财产品覆盖面和销售渠道，"大资管"格局日渐成形。互联网企业也搭上了这班"列车"，互联网与非银行金融机构结合，在互联网理财方面表现出了巨大的潜力。2013 年 10 月 21 日，百度公开宣布于 10 月 28 日上线自己的理财平台，并与华夏基金联合推出首款理财计划"百发"，年化目标收益率 8%，因远高于货币基金的收益率而迅速引起了市场的广泛关注。但证监会认为，8% 的收益率不符合相关法律法规要求。2013 年 12 月 17 日最终推出的"百发"理财产品并未提及预期收益率，该产品主要投资于银行协议存款，是百度金融旗下第三款理财产品。

阿里巴巴金融集团的"余额宝"是第一个由第三方支付机构提供的账户余额增值服务。"余额宝"于 2013 年中上线，到年底客户数量达到 4303 万户，规模达到 1853 亿元。半个月之后，即 2014 年 1 月 15 日，余额宝规模超过 2500 亿元，在 15 天内增长了 35%。2014 年 9 月底，余额宝规模达到 5349 亿元，客户数量超过 1 亿户。同在 2014 年 1 月 15 日，苏宁云商称旗下的易付宝联手广发基金与汇添富基金，推出余额理财服务"零钱宝"，与余额宝不同的是，该产品同时向个人用户和企业用户开放。

互联网理财竞争很快从个人电脑走向了移动终端。腾讯一直在筹划基于自身的社交平台——微信的理财服务。2014 年 1 月 15 日，腾讯旗下的财付通支付公司联合华夏基金推出微信理财产品"理财通"。随后，财付通与易方达基金、汇添富基金、广发基金三家基金公司的合作也相继推出。目前，微信拥有超过 8 亿的活跃用户，将成为互联网理财领域的有力竞争者。

互联网理财繁荣发展的直接效应就是银行存款的地位不断下降。居民存款除了向各类金融机构理财产品"搬家"之外，还会向互联网理财产品"搬家"。支付机构、社交网络与货币基金的合作是互联网理财的突破口，这种合作模式正在迅速地铺开和推广，需要银行业密切关注。未来，很可能会出现新的基于互联网的理财模式，互联网理财在居民理财选择中的地位也会不断上升。

从近期来看，互联网理财还存在一定局限。当前，互联网理财的规模还比较小，但对于流动性管理的压力已经逐步显现。互联网理财的安全问题还没有得到有效的解决，信用和信誉还有待积累和建立，客户认识还有待提高。相对于其他投资产品，货币基金也是属于低收益产品。对接货币基金的互联网理财产品收益率也不会太高。存款利率市场化进一步推进将会降低互联网理财产品的吸引力。随着规模不断增加，对于研究、投资管理等的要求也会越来越高，专业投资团队的建设也会成为一个重要的限制。

同时，银行业并没有坐以待毙。当前，银行业正在加大力度进行存款账户和理财产品创新，实现存款账户与货币基金的对接。平安银行已经将银行存款购买基金的业务从线下搬到了线上。2013年12月初，平安银行联手南方基金推出"平安盈"理财服务，实现"一分钱起购"，低于"余额宝"的"一元起购"。通过"平安盈"，客户可以将其闲置资金归集起来，而且赎回资金实时到账。"平安盈"内资金的转入与转出，均无须任何费用，而且"平安盈"内资金可T+0实时转出使用，还可直接购买基金或理财产品，操作方便。平安银行还将借助"平安盈"理财品牌与其他银行、保险公司、基金公司、证券公司等金融机构合作，通过财富e电子账户为投资者提供金融服务。民生银行也在计划联合民生加银等基金公司，推出新型电子银行卡，将活期存款与货币基金对接。

包商银行、兴业银行等推出了可以实现"T+0"交易的理财产品，当天提现、当天到账。2013年11月18日，包商银行佳赢系列之"日溢宝"全开放型理财产品正式上线对外发行，发售3个交易日，理财产品余额便超过亿元。产品定位于货币基金与传统金融产品之间的跨界理财，填补零散资金的短暂投资空白期，最大的亮点是"T+0"实时资金划转服务。兴业银行近期推出创新型开放式理财产品"现金宝3号"和"现金宝4号"，每个工作日开放申购赎回，当天购买当天起息，可以通过柜台、网上银行、手机银行三个渠道办理。

交通银行、工商银行等与机构合作推出了货币基金实时提现业务。交通银行推出的"实时提现"业务可以对接交银施罗德、光大保德信和易方达等基金公司旗下的多只货币基金，可以通过手机银行、网上银行和柜台进行快速申购和赎回，实现7×24小时资金T+0到账。工商银行浙江省分行和工银瑞信联合在浙江工行范围内推出"天天益"挂钩工行代销的工银瑞信货币基金，此次"天天益"挂钩工行代销的工银瑞信货币基金，可以在浙江工行网银"特色服务菜单"或手机银行开通，客户可以通过手机客户端进行申购赎回操作。

此外，银行业可以对特定资金转出设置限额，以防止、缓解存款"搬家"。当前，招商银行、工商银行、农业银行等已经相继实施了类似的限额控制。余额宝用户将资金从银行账号转入余额宝需要受到限额控制。同样，在微信理财启动之后，财付通用户从绑定的银行账户转入资金也要受到限制。

并不是全部的互联网理财产品都有稳定、庞大的客户基础。与银行业推出的理财账户相比，那些需要从零开始开发客户基础的互联网理财产品并不占优势。特别是在安全、信用、客户认知度等方面，银行业仍然占据优势。无论如何，客户的投资理财选择增加了，最终会选择谁，还要受客户偏好的影响。

（三）贷款竞争

客户的融资选择也在增加。除了银行贷款和资本市场之外，诞生了很多基于互联网的新融资模式。尽管大中型客户仍然需要通过银行或资本市场融资，但小微客户、"三农"、低收入和无收入人群等金融弱势群体除了申请银行贷款之外，还可以通过P2P网络贷款、网络众筹等渠道获得贷款。小额贷款公司与电子商务平台的结合已成为电子商务平台商户贷款的主要渠道。

以广受关注的小微贷款为例。小微型企业往往缺乏抵押物，财务不规范，信息不透明，管理能力较低，存续期较短。对于银行业而言，小微贷款是一项高风险的业务。银行业开展小微贷款往往需要采取特殊的贷款技术。尽管银行业在发展小微贷款方面投入了大量的资源，也取得了很多成绩，但小微企业贷款难问题仍然是一个普遍性的难题，在国内尤其严重。

互联网金融的发展让一些观察者看到了小微贷款事业繁荣的希望。第一，互联网讲求的是透明、简单和扁平。这一点特别适合小微企业，它们不需要花费大量的时间学习金融知识和银行业务知识。第二，互联网金融有更广泛的用户和地区覆盖面。互联网金融不存在地域限制，或者说地理上的距离对于互联网金融的影响非常小。第三，互联网金融更强调以客户为中心，强调客户自助选择和客户体验。客户的选择在不断增加，越来越愿意进行自助服务，以自己的体验来选择自己的金融服务供应商。只有那些效率更高、体验更好的供应商才会更受欢迎。互联网金融企业会更加用心地为客户服务。第四，互联网金融通过对网上交易行为进行挖掘，来评估贷款风险。这种标准化、规模化的"信贷工厂"技术不依赖于抵押和担保，更加适合小微企业客户。

互联网金融已经成为小额贷款领域的重要竞争者。当前，基于电子商务平台的小额贷款业务模式发展得比较稳定和规范。经营电子商务平台的互联网企业，比如阿里巴巴，设立小额贷款公司，为电子商务用户提供信用贷款服务。

　　阿里巴巴是最早以该业务模式介入互联网小额贷款的互联网企业,当前旗下已有3家小额贷款公司。2012年底,苏宁发起设立重庆苏宁小额贷款有限公司。2013年3月,腾讯公司表示,正在考虑小额信贷牌照。10月中旬,京东商城、百度均表示,正在设立实体小额贷款公司,京东商城小额贷款公司的服务对象主要是京东的供应商及卖家,百度也表示优先考虑百度推广的现有老客户,重点扶持小微企业。

　　受资金来源限制,小额贷款公司的贷款规模存在上限约束。2012年,阿里巴巴联合山东信托推出"山东信托·阿里星集合信托计划",6月和9月分别推出两期信托产品,其中第一期共募集信托资金2.4亿元,第二期共募集资金1.2亿元。2013年,阿里巴巴除了与券商合作推出资产管理计划外,还与民生通惠资产管理公司合作推出"阿里小贷项目资产支持计划",与东方证券资产管理公司合作推出"阿里巴巴1～10号专项资产管理计划",已于2013年9月在深交所综合协议交易平台挂牌转让,首批额度50亿元,这款产品成为国内首只小额贷款资产证券化产品。这种业务模式发展成果也比较显著。2013年第三季度,阿里小微信贷累计投放贷款达208亿元,完成贷款150万笔,获得服务的小微企业超过30万家,近八成属于年轻的创业者。

　　此外,一些网络贷款交易模式,比如P2P网络贷款,仍然存在很大问题,包括缺乏法律依据、违法违规、欺诈、非法吸收存款、资金托管、盈利模式、单笔交易金额小等,需要规范和解决。未来,随着行业不断规范,P2P网络贷款的力量会越来越大。彼时,互联网金融很可能会向上调整客户结构,进入大额贷款领域,在更大的业务范围内与银行业展开竞争。

　　银行业也在积极利用互联网技术,向下调整客户结构,创新贷款技术,提高贷款业务效率,发展网络贷款。首先,银行业利用先进的信息技术改造了信贷业务流程,提高了贷款审批效率。成本的下降使得一些小规模贷款业务变得有利可图。其次,银行业也在借鉴互联网金融模式来创新金融服务。互联网与金融业的深度融合已是大势所趋,银行业已经在积极利用互联网进行业务创新。比如,P2P网络贷款模式就是银行业借鉴的对象之一。平安集团建立了"陆金所"网络投融资平台,国开金融公司参股的"开鑫贷",招商银行推出了针对小微客户的"e+稳健融资项目",成为第一家直接尝试搭建P2P网络贷款平台的银行。2014年11月28日,齐商银行的"齐乐融融E"平台正式上线运行。未来,将有更多的银行凭借自身在信用风险评估和风险管理方面的优势介入P2P网络借贷交易平台,或者像招商银行一样直接开展P2P网络贷款业务。最后，银行业也在构建自己的电子商务平台，尝试在未来的大数据时代占据数据掌控的主动权。在国内，工商银行、农业银行、中国银行、建设银行、交通银行、民生银行等已经建立了自己的电子商务平台，招商银行、浦发银行、兴业银行和平安银行也在电商平台方面有所尝试。此外，除了自身的网上银行之外，银行业还尝试建立直销银行。

（四）投资理财

如前所述，互联网理财已经成为网民理财的重要选择之一。互联网理财的优势在于提供一些简单的、标准化的理财服务，它的门槛更低、覆盖面更广泛。这些标准化的产品具有规模经济效应，一旦产品、系统和平台建成，新增加一个客户带来的成本几乎为零。这意味着，它们可以在做大规模的基础上降低成本，将这部分收益转移给客户。这是互联网理财相对于银行业的一个重要价格优势。由于存在分布广泛的营业网点，银行业的渠道成本以及相应的人员成本将使得银行业很难在标准化理财产品的价格竞争方面占据优势。银行业不可避免地会流失一部分熟悉互联网、喜欢使用互联网的客户。

互联网销售渠道在提供简单产品和服务方面占据着优势，而营业网点的雇员在提供知识密集型服务方面占据优势。每一条渠道的功能都不完全相同，银行业的网络销售渠道与营业网点之间需要密切配合。银行业在推出不同产品或服务时都需要考虑不同渠道的优势、成本、覆盖面和效率等因素。全渠道管理对于银行业合理利用各类渠道、保持竞争优势越来越重要。

也许，随着客户金融知识水平越来越高，技术进步将使得那些复杂的金融产品也可以简单的形式呈现在用户面前，那些复杂的金融服务也会越来越多地通过互联网来提供。但从当前来看，互联网金融还很难在复杂的金融服务方面与银行业进行竞争，比如理财咨询、财富管理、私人银行、并购顾问等。这些业务属于知识密集型的。在复杂的财务问题上，客户需要与他们的银行保持私人联系，在需要的时候随时进行面对面的沟通。

五、成本结构

信息技术对于银行业的结构、战略、管理、业务处理、员工等各个方面和环节都有重要的影响。与信息和通信技术以及互联网应用的继续深入发展相伴随的是，银行业成本结构也将会不断发生变化。渠道多样化、信息技术设备更新和软件系统更新、信息技术人员以及对银行雇员知识结构的优化都将需要银行越来越多的投入。从总体上看，与技术相关的成本在银行业成本结构中的比重会不断上升，同时，银行业竞争的日益加剧，导致效率提高带来的收益大部分将会被转移给消费者。

首先，银行业需要紧跟技术进步，不断拓展新型渠道，满足客户的需要，同时对渠道进行整合。特别是大型零售银行，需要建立完善的渠道体系，发展成为"全渠道银行"。电子银行渠道的重要性不断提升，但仍然无法完全取代营业网点的地位，特别是在需要提供复杂金融服务以及需要面对面交流的服务方面。银行业在营业网点更新改造、扩张方面的投资一直是一项重要支出。近年来，与银行业在营业网点方面的投资占比不断下降相对应的是，银行业在ATMs网络、呼叫中心、互联网、手机银行等电子银行渠道的投资不断增长。

其次，银行业在信息技术硬件、软件和服务等方面的投资也不断上升。信息技术进步飞速，银行业需要不断地对系统进行更新。每一次更新和采用新技术都需要对雇员进行培训，还需要进行大量的宣传，让客户尽快熟悉和接受。有些培训需要请外部机构来完成，还有一些信息技术服务会外包给那些专业化的信息技术供应商。

最后，与信息系统相关的人员成本也在不断增加。雇员成本是银行业的一项重要支出。为了使用先进的信息技术成果，银行业建立了越来越庞大和完善的信息系统。与之相应的是，银行不得不雇用越来越多的信息技术人员，建立一个庞大的信息科技部门。在大部分时候，他们的职责只是维护信息系统，确保当前系统的正常运转。信息科技服务外包可能会降低一部分雇员成本。

银行业的信息技术成本并不仅仅表现在硬件和软件方面，而是涉及银行业方方面面。因此，很难对银行业在信息技术方面的投资和支出进行准确的测算。无论如何，即使是为了在长期竞争中不落下风，银行业也需要持续在信息技术上进行投资。那些跟不上脚步的银行，特别是大型零售银行，必将在信息技术进步的变革中被淘汰。

信息科技部门在银行业中的地位将不断上升，特别是在大数据时代，对于非结构化数据的存取和处理要求越来越高。银行业需要建立专业的数据处理人才库，以及强大的信息科技部门。数据科学家们和信息科技部门需要为复杂的业务问题建模，帮助业务部门识别机会。

此外，一些资金流出银行体系之后，通过互联网理财重新进入银行体系，资金链条的拉长增加了银行业的资金成本。受存款利率上限管制，银行存款收益率低于互联网理财产品，这是互联网理财之所以能够吸引投资者的一个重要原因。以"余额宝"为代表的互联网理财产品将大量散户资金投资于银行协议存款，而银行协议存款成本远高于一般性存款。银行资金来源结构的变化拉高了银行的资金成本。

第四节　变不离宗

信息和通信技术进步以及互联网应用的发展已经在银行业改进组织管理、创造新的业务模式等方面发挥了重要的推动作用。银行业需要紧跟技术进步步伐，特别是移动互联网、物联网、大数据和云计算技术，不断适应客户、技术、市场、商业的变化，只有如此才能在竞争中取胜。但与时俱进，并不是放弃根本。银行业一切改革、创新、转型和发展都要以促进更好地发挥功能，服务实体经济发展和居民生活需要来展开。

一、行业根基

银行业几十年的发展给银行的管理、风险控制带来了巨大的挑战。银行业借助强大的计算能力和互联网来缓解由于规模和经营范围扩张导致的内部摩擦，降低管理成本。信息和通信技术在交易处理和运营、无纸化办公、远程实时控制、流程优化、风险控制及客户服务等方面的应用极大地降低了银行内部的交易成本，使银行业提供更多的产品为经济和社会服务。

银行业在信息化和互联网应用方面的投入实际上是一种自我"革命"。当代银行业的信息化建设已经达到了相当高的水平，而且仍在不断提高。即使是那些设立在一个小型城镇的社区银行，它们的信息化水平也是五六十年前的银行业所无法想象的。

现在比较流行的一种观点，将互联网金融与传统银行对立起来，认为"传统银行将会成为21世纪的恐龙"。结合到实践时，持该观点的人往往将拥有牌照的银行看做他们眼中的"传统银行"。关键在于，将这些银行认定为"传统银行"的理由或标准是什么。如果将是否应用互联网作为判断依据的话，当代银行业基本上没有一家属于"传统银行"。其实，与"传统"相对的是"现代"，从来都不是"互联网"。

银行业在持续地关注着技术进步、客户需求和监管政策变化，并及时对经营管理活动进行调整。借助新技术银行业进行了大量的金融创新，它们提供产品和服务，更好地认识客户，发现和引导客户需求，有针对性地为客户服务。

银行业作为一个整体，其意义或价值存在于服务实体经济发展和改善人们的生活状况上，表现为银行业具有一系列不同的重要功能。

经济社会发展进步需要银行业参与支付结算和资金配置过程。作为一种重要的金融中介机构，它们的存在和运行极大地降低了经济社会运行的成本。银行业的功能虽然保持着相对稳定，但银行业履行其功能的方式在不断地发展和变化。那些不能在更好地发挥银行业功能方面作出努力和持续改善的银行必然会消失在银行业历史上。

银行业属于服务业，有人说银行业的关键在于服务。也有人讲，银行业经营的是风险，因此银行业的核心是风险管理。现代风险管理技术是建立在结构化数据的基础之上的，其重要特征之一是模型和量化。还有人在此基础上进行了衍生，说银行业的核心是数据处理，或信息处理。这一点与银行业作为一种重要的金融中介机构的功能是一致的。银行业需要在缓解经济交易中的信息不对称问题作出贡献，这是银行业存在必要性的一个依据。

然而，不论是服务还是风险管理或数据处理，或者其他一些重要经营管理活动，都是属于方法的范畴。银行业在这些方法上的改进都是为了更好地履行功能、服务客户，同时获得更大的收益。总之，银行业创新、技术引进，都需要围绕更好地发挥自己的功能展开，都要以更好地发挥自己的功能为目的。

二、关注技术

如果传统商业银行不能对电子化作出改变，它们将会成为 21 世纪灭绝的恐龙。这是一句著名的预言，广为流传，被用于支持发展互联网金融。在大部分的流传版本中，这句话的一部分都被省略了，变成了"传统商业银行将会成为 21 世纪的恐龙"。这句预言据传是微软的创始人比尔·盖茨所说。

在 1994 年接受《新闻周刊》（*Newsweek*）采访时，比尔·盖茨确实曾将银行比作恐龙，认为银行客户将会流失到高科技金融服务商。一些银行家将此视为人身攻击，但在 1995 年 10 月美国银行管理协会（BAI）举办的一次会议上，比尔·盖茨进行了公开的澄清，表示他的话被误解了。他说："我当时说的是许多银行系统是恐龙。喜欢恐龙的人认为这种说法并不合适，因为恐龙存活了 2 亿年，但微软不会活那么久。"在那次研讨会上，比尔·盖茨还试图打消银行家们对微软可能会抢他们的客户的疑虑，并向银行家们介绍了微软的一些产品，这些产品可以帮助银行将服务转移到互联网上。

同在美国银行管理协会 1995 年 10 月的那次会议上，总部位于美国北卡罗来州的原国民银行（NationsBank）首席执行官（CEO）休·麦考尔（Hugh L. McColl）表达了与比尔·盖茨同样的观点，他说，银行业需要共同努力以维持在提供消费金融服务方面的领先，否则它们将会流失部分业务到高科技公司。麦考尔乐观地表示："恐龙不知道自己的世界正在变化，但我们知道。"通过多次并购，1995 年原国民银行已经是美国第三大银行。当时，国民银行正在与美国银行等三家银行一起收购一家银行服务供应商 Meca Software。[①]

银行业并不是信息和通信技术的创造者和引领者，但正如麦考尔所言，银行业一直关注着技术进步。随着新技术成果的不断涌现，银行业也在积极谋变。当代银行业之所以能够发展，一个重要原因便是信息和通信技术进步。20世纪 70 年代以来的大部分金融创新都需要借助计算机和互联网来实现，银行业通过采用新技术来减少规模不断增大带来的管理无效率。20 世纪 90 年代以前的银行与当代的银行之间存在着巨大的差异，其中一个差异便是现代银行实现了以前无法想象和企及的信息化水平，并且将越来越多的业务发展建立在了数据的收集和应用上。

信息和通信技术的飞速发展，（移动）互联网、物联网、大数据、云计算、视频通信、近距离非接触式通信、移动支付等领域的先进技术成果的不断涌现，改善了人们的生产、交易和生活。毫无疑问，银行业仍然需要在这些领域持续不断地增加投入、改进自己发挥功能的方法。

三、数据驱动

当前，银行业正在面临着技术进步带来的一场重大的变革，即大数据和云计算。随着数据存储能力和计算能力的不断提升，大数据逐步成为商业创新发展的一个重要源泉。客户和环境都在因此发生变化，银行业绝不能轻视和忽视大数据的重要性，需要更多地使用大数据来为客户提供服务，逐步转向"数据驱动银行"。

（一）大数据战略

早上起来打开电视，我们可以收看到世界各地的逸闻趣事和财经信息。在上班的路上，我们可以通过移动智能设备和互联网进入自己的网络社交圈，浏

---

① 1998 年 4 月 15 日，原国民银行与原美国银行合并，涉及金额近 600 亿美元。新银行沿用了"美国银行"这一名称，资产总额达 5700 亿美元，超过大通曼哈顿银行位居全国之首。休·麦考尔任美国银行董事长。

览信息，关注我们的朋友，表达自己的观点。如果我们关心昨天的股市行情，我们可以通过手机上的客户端来方便地浏览自己所买股票的交易情况。当我们抬起头舒缓一下身体，会发现周围的人正做着与我们几乎相同的事情。来到公司，我们的办公同样需要依赖计算机和互联网，我们查收邮件、查看自己的工作安排，如果需要的话，还可以安排远程视频会议。晚上或者周末有空闲时间的话，我们可以放松一下，进行一些网络购物。我们不需要亲自去实体店，也不需要用现金进行支付，只需要敲击键盘，第三方支付机构和银行就会帮我们进行支付，物流公司也会将我们所选择的商品送到我们指定的地址。

这些活动都在向外界传递着我们的生活、阅读、消费习惯的变化，传递着关于我们的信息。硬件性能的提升以及软件系统的快速更新使得大规模结构化数据和非结构化数据的存储和分析变得可行。互联网、物联网、电子商务、社交网络、移动通信、搜索引擎以及规模无比庞大的数据存储能力，将我们引入了一个数据大爆炸的时代。

"大数据"与"物联网"、"云计算"一样，成为当下一个非常流行的词汇，但也非常混乱。① 许多混乱都根源于对于大数据的定义本身。最早提出大数据这一概念是用于描述需要处理的信息量超过了计算机处理数据时所能使用的内存空间。为了改善这一状况，工程师们开发了新的数据处理技术，比如 Hadoop，使得可处理的数据量大大增加。更重要的是，可处理的数据范围不再局限于那些体现在数据库表格里面的、排列整齐的数据。用户的网页浏览路径、在社交网络上表达的情绪、网络购物行为、走进银行营业网点的客户特征等都变成了宝贵的数据资源。当前，对大数据的理解包括海量数据、实时数据、网络行为数据、网上交易数据、社交网络数据以及音频、视频和图形数据，等等，不一而足。

大数据有几个基本特征。一是数据量大（volume）。人类量化自身状况和行为的能力在不断提升，海量的数据得以存储。二是数据多样性（variety）。大数据的形式包括图片、音频、视频、邮件、文本、数字、表格等各种各样的形式。三是动态性（velocity）。新的数据量持续快速增加，大量的数据都需要

---

① 物联网（Internet of Things, IOT）是物物相连的互联网。物联网一般是无线网，通过装在物体上的信息生成设备（包括射频识别、传感器、GPS、PDA、二维码等），与网络建立连接，从而赋予物体"智能"，实现人与物体、物与物之间的交流。物联网被称为继计算机、互联网之后世界信息产业发展的第三次浪潮，被视为互联网的应用拓展，新一代信息技术的重要组成部分。

得到实时的存储、处理和分析，并将分析结果融合到战略决策和商业决策。四是价值性（value）。大数据就像是一座矿山，其中蕴藏着巨大的价值，等待着发掘。五是真实性（veracity）。某些类型的数据的质量和可靠性是值得怀疑的。即使是最先进的数据清洗方法也无法改变大数据本身的不确定性，不断提高大数据的质量是一个重要的要求，也是一个重大的挑战。

迈尔·舍恩伯格和库克耶在《大数据时代》一书中指出，"大数据开启了一次重大的时代转型。"从前那些无法计量、存储、传播、分析和共享的很多东西都被数据化了。这将使我们在量化和认识世界方面获得更大的空间。两位作者认为，大数据的核心是预测，它代表着我们分析信息时的三个转变：一是我们用更多数据，不用依赖于随机取样。二是我们不再热衷于追求精确性。三是我们不再热衷于追求因果关系。一切让数据说话，我们只要知道"是什么"就可以了，不需要知道"为什么"。

银行业存在的一个重要功能是缓解信息不对称导致的市场失灵，它们在风险评估和风险管理方面积累了大量的技能和经验。数据是银行业风险控制的"原料"，银行业风险控制正是建立在长期积累起来的大量数据基础之上的。通过对大数据的处理和分析，用户的经济行为变得更加透明，更有规律可循。银行业借此可以更好地了解自己的客户，实现精准营销和定制化服务，更好地服务自己的客户。大数据和大数据分析能力将成为银行业竞争的重要基础和利器。

银行业数据库正在爆炸性地增长，原来那些被认为没有价值的非结构化数据也变得有价值了。那些能够抓住大数据所隐藏的价值和商业机会的银行将在竞争中获得优势。银行业的发展空间将更加广阔，它们可以借助营业网点、呼叫中心、个人电脑、移动终端、传感器网络等多样化的渠道来采取和积累结构化和非结构化的数据。在此基础上，银行业可以更好地进行客户需求分析，指导业务和产品创新，深入挖掘客户价值，向客户交叉销售多种产品服务。银行业还可以使用大数据处理技术来为商业决策提供有价值的参考，增加商业决策的准确性。让数据说话，银行业可以更加深入地了解和把握宏观经济、行业动态和客户需求，更加科学地评估业绩和风险，优化配置资源。

当前，大数据对于经济、商业以及金融业的影响正在逐步显现。一些互联网企业依靠自己积累的数据和技术，从简单的第三方支付逐步渗透到了转账汇款、小额信贷、现金管理、互联网理财、供应链金融等金融业务领域，与金融业争夺业务和客户。比如，前文多次提到的"蚂蚁小贷"、"天猫分期"、"京东白条"等。

银行业也已经认识到大数据对于业务发展的价值。以大数据为基础，新的金融业务模式不断涌现，瓜分银行业市场。一些银行已经开始着手进行数据库改造和大数据的开发利用。比如，建设银行、交通银行、工商银行等大型银行均已建立了自己的电子商务平台，改造完善数据库。银行业认为，关键是要掌握数据，而不仅仅是数据分析结果。

在大数据应用方面，银行业还有很长的路要走。银行业需要制定切合实际的大数据战略，明确大数据应用的领域和业务，制定大数据开发应用的路线图。大数据战略需要融入银行整体战略规划当中，银行整体战略也需要根据大数据应用水平和能力进行调整和优化。

(二) 数据库建设

大数据可以分为结构化数据、半结构化数据和非结构化数据。简单来说，结构化数据就是数据库，它们往往被组织为表格，其中的数据还可以不同的方式进行存取和组织，以生成我们需要的数据形式。非结构化数据包括电子邮件、文档、图片、图像、音频以及视频信息等，广泛存在于社交网络、物联网、电子商务之中。半结构化数据是介于完全结构化数据和完全无结构的数据之间的数据，它们的结构和内容融合在一起，无法明确区分。

大数据对银行业的数据驾驭能力提出了全新的挑战。大数据的多样性和复杂性已经超越了结构化数据库的处理能力。大数据要求建立新的数据库。常用的结构化数据库需要预先设定数据结构，无法应用于存储和处理非结构化数据和半结构化数据。这两类数据纷繁复杂，对它们的存储要求不能事先设定数据结构，而是要能够容纳大量多样化的数据。数据库和信息系统架构需要具备较强的横向扩展性。

数据库改造和建设要考虑到大数据采集的特征。结构化的数据库一般都会配备专门的数据录入人员。对于银行而言，数据采集人员主要就是银行的雇员，客户在电子银行渠道办理业务时，也会将一部分信息记录在银行的数据库。然而，大量的非结构化数据和半结构化数据都是网络用户或银行客户自己发起的。用户使用呼叫中心、网上银行、智能移动终端、近距离通信设备、论坛、电子商务平台、社交网络、社交平台（QQ、微信等）以及搜索引擎时，会产生非结构化数据和半结构化数据。在数据采集方面，银行业不仅要收集来自营业网点等渠道的结构化数据，还要收集各类非结构化数据。大数据的主体是非结构化数据，而非结构化数据采取和积累将颠覆银行数据库建设的理念和技术。银行业需要积极发展各类互联网应用，整合各类业务渠道，真正建设一个全样本数据库。对于数据的分析不需要再依赖抽样，而是可以使用全部数据。此外，数据来源的多样性意味着，它们将分散存储在多个设备和计算机上，同样的数据和记录也会被分开存储在两三个地方，以确保运行的稳定和安全。这对数据的同步更新提出了更高的要求。

比如，当前交通银行数据中心包括两个平台，即数据仓库系统和应用日志集中平台，前者存储和处理结构化数据，后者则存储和处理非结构化数据和半结构化数据。其中，数据仓库采用了 Teradata 海量并行平台和基于 3NF 的金融业数据模型，存量数据超过 70TB，每日约处理 600G 的结构化数据。应用日志集中分析平台则是以业务应用日志集中存放为基础，大数据处理工具为引擎，以"数据预处理、数据索引建立、数据规模化搜索分析"为技术手段，目前已集中应用日志数据 10TB，每日处理渠道类、业务类系统数据超过 200G（压缩后），实现了对重要业务数据的集中分析处理。

再比如，经过自 2001 年以来持续改造和完善，工商银行的数据仓库已经实现了客户信息、账户信息、产品信息、交易信息、管理信息及重要外部信息的集成管理，建立了集团统一信息视图和综合评价体系，形成了数据标准、数据质量、数据架构、元数据、数据生命周期、数据安全、数据应用等全流程管理机制，可以为及时反映经营成果、跟踪监测业务动态、支持市场营销、服务精细管理、引导业务创新发展、实现信息创造价值等提供支持和服务。截至2014 年初，工商银行企业级数据仓库存储的数据量已超过 350TB，居国内同业第 1 位、国际银行业第 6 位。

除了自建数据采集渠道之外，银行业还可以积极与专业支付机构、电子商务平台、社交网络、搜索引擎、论坛等大数据来源进行深入合作，获得更为广泛的数据。对于一些银行而言，建立有些数据采集渠道，比如社交平台、电子商务平台等，也许并不符合经济性。它们需要与那些大数据的掌控者之间建立战略合作关系。但合作存在一定的风险，当出现利益冲突导致合作关系终止时，很可能将银行置于不利的境地。

建设银行与阿里巴巴合作关系的终止，并没有给建设银行带来严重的后果。这是因为在那时，其他银行也没有在大数据应用方面取得重大的突破。随着大数据应用在银行业不断普及，建立牢固的合作关系将成为银行业获取低成本数据来源和竞争优势的一个重要方式。

（三）价值挖掘机

大数据是一项重要的资源，其价值不仅在于掌握数据，还在于对数据进行有意义的处理。大数据多样性要求新的数据存取和处理技术，新技术需要能够处理包括语音、视频、图形、文本等传统数据处理技术无法有效处理的多样化的复杂数据。银行业需要将这些数据整合，同时改造自己的模型或建立新的模型，将数据与模型融合在一起，使二者相互适应。

与结构化数据一样，半结构化数据和非结构化数据当中也蕴藏着巨大的商业价值。借助先进的电子表格、数据库和计算机，我们可以对结构化数据进行方便地存取和分析。半结构化数据和非结构化数据也是大数据的重要构成部分，而且随着互联网应用不断发展，这两类数据的积累将越来越快速，规模越来越庞大。但是对于这两类数据的处理技术和能力还有待提升，分析和处理技术也才刚刚起步。

获得数据是第一步，是前提。银行业已经掌握了大量的数据，它们每时每刻都在处理交易、积累信息。关键在于，如何才能获得这些数据中蕴藏的巨大价值。数据就像是一个矿藏，本身并不会创造价值，只有能将它们应用于解决商业问题的银行才能从中获得收益。

银行业需要建立一个可升级、可扩展的信息管理系统和数据库，用于存储大量多样化的数据和管理这些数据，这是基础条件。让数据说话的理念需要逐步建立起来，并在管理和决策过程中实践这一理念。数据分析技术和能力需要同步升级。完善的数据库建设和先进大数据技术的应用将为那些"先进"的银行带来竞争优势。

当前银行业的大数据实践主要是发掘内部积累数据的价值，营销和客户管理是银行业近期关注的重要应用之一。大部分银行都已经认识到大数据对持续改善客户体验的价值。来自交易、多渠道互动、银行卡、社交网络、电子商务等方面的数据越来越多。这些数据更加全面、更具实效性。对这些数据的挖掘可以帮助银行业更好地理解客户偏好，预测他们的行为，评估他们的风险水平，为他们提供更好、更准确的产品和服务，增加银行业"交叉销售"机会。比如，正像一些网上商城所做的那样，银行也可以根据客户在网上银行的浏览记录来为客户推荐产品。随着产品多样性不断增加，这种推荐功能对于交叉销售而言将越来越重要。

大数据对于银行业的影响尚未全面显现，一些新的改进机会和改进空间还需要银行业进行探索。目前，大数据在营销、客户关系管理、交易分析、风险评估和管理以及商业决策等方面的应用，将会对银行业的内部流程、部门设置和人员配备带来重要的影响，银行业的运作过程将更加富有弹性和高效。此外，大数据对于银行业产品创新、商业模式创新、定价策略、资本管理、合规管理、信息系统管理、安全、反欺诈和反洗钱等都将带来深远的影响。

大数据应用的挑战是多方面的，包括获取、存储、搜索、共享、传播、分析和可读性。更加及时地更新数据，使用更多的数据或大样本，可以增加历史数据分析预测的准确性。这不仅仅是数据库建设和模型开发的问题，还需要数据分析和应用的专家队伍建设。将数据分析结果转化为决策者和业务人员可以理解的语言也是一个重要的挑战。

在组织设计方面，银行业面临的一个重要挑战是建立适当的组织结构，使得数据处理与数据处理结果应用既相互分离，又相互兼容。大数据分析结果可以作为很好的决策参考，但要将大数据分析结果转化为经营业绩，需要技术部门和业务部门共同努力。数据库无疑是需要集中的，但对数据的处理和应用却未必。在第一种情况下，银行业需要在数据库、数据处理部门以及业务部门之间建立顺畅的协作机制。数据的可读性是一个重要问题。数据处理部门主要由未来的数据科学家构成，它们需要将数据处理结果转变为非数据专家可以理解的语言或视图。为了使数据处理结果更加富有价值，数据处理部门需要与业务部门保持定期的沟通，从业务部门获得数据需求。理想的情况是，银行的员工都成为数据专家，银行为他们配备数据处理终端，他们可以随时随地根据需要获得数据分析结果。现实中，更多的将是两种情况的折中。比如，在交通银行数据中心，各应用系统负责人会定期同对口业务部门组织"业务沟通会"，深入了解业务部门的需求，并围绕业务部门的定期数据提取需求搭建"数据提取平台"，为业务部门定制开发需求模板，最终由业务人员直接操作平台进行数据提取和分析。

第四章 银行业发展网络金融

2014年"两会"期间，李克强总理代表国务院所作的政府工作报告在涉及金融体制改革的部分首次提出"促进互联网金融健康发展"。这是对互联网金融在我国金融业中地位的高度肯定。银行业要研究互联网和大数据的规律及对金融业的影响，坚定发展互联网金融和应用大数据的目标、决心和信心，采取多样的举措，更加广泛深入地与互联网和大数据融合，发展互联网金融。

第一节 理解万岁

现代信息技术对于银行业的影响广泛而深刻。银行业的产品、服务渠道、交易处理、组织和管理都将因为互联网应用和大数据技术进步而改变。由于各家银行对这一影响的认识程度不同，决定了各家银行对互联网金融的重视程度以及应用范围也不同。当前互联网和大数据与金融业的融合仍然是粗浅的，银行业需要持续不断地加强对互联网经济和大数据应用的理解。

一、网络经济

互联网经济与非互联网经济的规律不同。银行业不能再坚守自己对于传统经济的认识和理解，玩"盲人摸象"的游戏了。在非互联网经济条件下，企业会不断扩大生产，直至边际成本开始增加，而消费者每增加消费一个商品的效用是递减的。当二者相等时，生产和消费可以达到均衡状态。这时，企业没有动力去增加额外一单位的产品，消费者不会增加额外一单位的消费。

在互联网经济条件下，对于一个消费者而言，如果一件商品具有网络效应，那么该商品的价值主要不是取决于该消费者自身的消费量，而是取决于使用该商品的消费者的总数。一件商品的用户越多，该商品对于其消费者而言的价值越大，而且商品价值的增加与用户数量的增长之间的关系是非线性的。所以，用户数量积累是首要的，用户数量本身也会成为将用户锁定在网络中的重要因素。对于互联网企业而言，前期固定投入比较大，一旦平台搭建完成，每增加一个用户都可以摊薄成本，而可变成本更多地将体现在获取和维护客户上。总体上看，平均成本随着用户数量的增长会越来越低。这里存在一种被称为"免费经济"的状态。这意味着，竞争的结果可能会导致寡头或垄断。

银行业需要认识互联网经济规律。尽管并不是所有的互联网产品都具有网络效应，但那些在竞争中胜出的互联网产品往往都具有网络效应。银行业发展互联网金融业务要充分利用"网络效应"，为用户和消费者搭建"平台"。搭建这种平台不仅仅是将资源集中，而是要建立在网络效应的基础上。

需要强调的是，具有网络效应的金融产品对于消费者的价值并不主要取决于该产品本身的质量，而是主要取决于消费者的数量，但这并不是说产品的质量不重要。消费者需要借助该产品进行互动、沟通和交流。产品本身的使用体验和消费体验是影响消费者选择的一个重要因素。重要的是，每增加一个消费者，其他消费者也可以从中获益。在这里，规模就是价值，需要真正做到以客户为中心，为消费者创造良好的消费体验，尽可能快、尽可能多地积累客户，不惜牺牲一些短期利益，为了吸纳更多消费者，要保持开放性，向消费者和金融服务供应商开放自己的平台，而不仅仅是将产品搬到互联网上。一旦建立起规模，就可以建立起强大的吸引力、优势和壁垒。

当前，在发展互联网金融方面银行业有不同的选择。这些不同的选择说明了不同的机构对于互联网经济规律的认识、理解和应用存在差异。银行业可以将互联网作为一项业务来开展，也可以将互联网看做一条销售渠道。

电子商务平台和 P2P 网络交易平台都是典型的双边网络。在国内银行业中，建设银行最早尝试建立电子商务平台，但要落后非银行系电子商务平台发展很多年。非银行系电子商务平台已经于几年前突破了"引爆点"，这给银行系电子商务平台发展前景蒙上阴影。平台的基础性优势是规模，向所有合格用户（消费者和商户）开放，吸纳更多的用户，是电子商务平台发展的基石。银行系电子商务平台发展的当务之急是要吸引更多的用户，尽快突破"引爆点"，形成平台发展与获取用户之间的良性循环。

如果不能自己搭建"平台"，或者说自建"平台"成本过高，银行还可以选择成为"平台"的参与者。比如，银行与一些大型的电子商务平台展开合作，在电子商务平台上开设网上商铺。在这里，银行只是在利用电子商务平台所积累的大量用户和大数据来销售自己的产品。当然，银行要选择那些用户数量多、规模大的电子商务平台。

银行还可以选择自建开放式平台，并同时参与到自己建立的平台中。比如，平安银行参与"陆金所"的 P2P 平台进行网络借贷。工商银行在自己的电子商务平台"融 e 购"上建立了工商银行旗舰店，销售贵金属产品和理财产品。参与者与平台提供者之间可能会存在一些利益上的冲突。与一般的资金供给者而言，银行处于信息优势，它们对于资金需求方的风险水平更加清楚。银行同时作为金融交易平台参与者与提供者的角色可能会导致这样一种境况，即自己为风险水平较低的资金需求者提供资金，而将那些风险水平较高的资金需求者留给一般的资金供给者。

还有一些对互联网的应用并不需要建立在网络效应基础之上。将互联网作为一种有别于营业网点的业务拓展渠道或销售渠道，就是如此。银行业开发网上银行，以完善自己的销售渠道，这已经非常普遍和流行。银行业通过自己的网上银行提供产品信息，销售产品，但通过网上银行浏览产品信息和购买产品的消费者数量多寡与一个消费者的收益或效用没有显著重大的关系。

二、数据应用

并不是所有利用互联网开展的业务都具有网络效应。比如，中信银行推出的"POS 商户贷款"，用户的增长并不会增加其他用户的效用和收益。但 POS 商户贷款的基础是大数据，是 POS 商户的大量实时的交易记录。再比如，阿里巴巴小额贷款公司对电子商务平台商户的信用贷款，京东商城对于个人用户的信用贷款"京东白条"。这些数据与企业的财务信息并不相同，但处理难度并不高。

并不是所有的大数据都像用户在电子商务平台上的交易记录那样易于处理。大数据应用需要银行业进行深入研究和理解，这一点已经达成共识。大数据对银行业具有非常大的潜在价值，银行业在数据应用方面积累了很多经验，未来的产品创新、客户营销、管理改革、发展方式转型等都可以从大数据应用中获得启发。拥有大数据收集和分析能力将成为银行业竞争优势的一个重要源泉。

大数据应用的核心在于预测。银行业对于数据和预测并不陌生。它们一直在运用历史数据和预测性分析模型来帮助银行家们认识客户的需求和风险水平。它们对于经济金融形势发展以及风险水平动态演化的认识也要借助数据和预测性分析技术。不管是对于多么优秀的经济学家和银行家，还是对于多么先进、复杂的预测模型，用历史数据分析来预测未来在方法上和结果上都是不尽如人意的。

　　银行业改进预测准确性的努力主要集中在两个方面。一是改进数据库。积累更多维度、更长时期的历史数据，并从中筛选出那些异常的、错误的数据，予以剔除或修正。现代风险管理技术的产生是 20 世纪中后期的事情，20 世纪 90 年代以来，银行业纷纷设立了独立的风险管理部门。与此相伴，银行业逐步建立和完善数据库，积累起越来越多的数据。二是不断开发新的统计分析技术和预测模型。银行业风险管理实践逐步向量化方面发展演化的历史就是银行业试图改善预测结果的典型过程。除了不断改善对于风险加权资产的计量之外，还对资产负债和流动性情况进行压力测试和情景分析。压力测试和情景分析依赖于一些对于未来可能发生情况的假设，而这些假设本身则往往来源于过往的一些实践。此外，银行业引入客户关系管理系统也是为了改善客户需求分析以取得更加准确的客户认知，这样可以更好地进行交叉销售。

　　大数据在改善预测结果方面将发挥重要作用。这可以为掌握大数据应用的银行赢得先机和竞争优势。银行业需要关注大数据的数据库技术、数据处理和分析技术方面的进步。

　　银行业可以获得的数据越来越多，从而将自己的预测行为建立在更加多样和海量的数据基础之上。营业网点已经不是银行与客户沟通交流和获得数据的主要渠道，它们需要寻找新的方法收集从各种电子渠道获得的数据。数据库也需要改造，以适应多样化的数据类型。借助互联网，银行还可以即时获得来自世界各地经济、商业、金融、社会、文化、消费、天气等的最新动态。银行不仅拥有与账户和资金交易相关的结构化数据，还拥有客服中心的音频、网点视频、网上银行交易记录、电子商务平台交易记录、与客户往来沟通的邮件等非结构化数据。银行业需要开发全新的数据分析方法，对大数据进行分析，否则大量采集和存储数据只会导致成本增加。

　　银行业预测对于抽样的依赖程度将不断下降，它们可以对全部个体的全部数据和行为进行分析。在有些场合，银行业可以准确地处理与单个客户或个别事件相关的全部数据。此外，在微观方面，银行业不需要再借助对平均数的分析来认识单个客户或个别事件，而是可以分析相关的全部数据，这样对于单个客户或个别事件的分析和预测也将更加准确。

　　数据精确性的重要性将会有所下降，多样性和良莠不齐是大数据的一个重要特征，银行业不再需要追求数据本身的精确性。迈尔·舍恩伯格和库克耶在《大数据时代》一书中指出，"当我们拥有海量即时数据时，绝对的精准不再是我们追求的主要目标。"这并不代表精确性不重要，银行业仍然需要在改善所收集的数据的精确性方面进行持续的投入。大数据是实时海量的，没有必要对每一个数据的精确性进行刨根问底，这样做成本高，费时费力，不具有商业可行性。在大量的数据中，单个数据，即使是错误的数据其影响也是微乎其微的。随着数据量的增大，数据的非精确性对于大量微观数据分析结果的影响也将不断下降。即使是忽略了微观层面的精确性，银行业仍然能够在宏观层面获得更好的洞察力。

大数据基础上的数据分析技术和模型不断涌现，"云计算"技术将分散在不同地域的计算机组织成一个虚拟的大型计算机，从而极大地提高了存储和计算能力。计算能力已不再构成银行业提高数据分析能力的限制。银行业需要做的是密切跟踪大数据处理和分析技术的新进展，将分散的计算能力组织起来，不断改进风险评估模型和客户关系管理等大数据应用模型。

大数据应用将与银行业的发展战略紧密结合在一起。银行业要适应大数据应用的发展趋势，掌握大数据应用技术，并将大数据应用融入战略管理中。

第二节　竞争优势

信息技术的进步促使了银行业的竞争。如今，随着互联网企业跨界进入金融业，技术变革和金融创新使得银行业竞争的范围更加泛化，银行业与非银行业之间的边界日趋模糊，消费者在选择产品方面变得越来越挑剔。信息系统和电子银行已经成为银行业开办业务的基础和要件。

一些银行积极主动建立自己的电子银行渠道，发展互联网金融。也有另一些银行采取跟随策略，它们之所以开办自己的网站是因为竞争对手已经建立或者正在着手建立自己的网站。在银行业与信息技术融合的历史上，这种现象并不少见。

20世纪90年代中后期和21世纪初，银行业纷纷建立了自己的网站。许多分析家曾预言，网上银行拥有更低的成本基础，因此可以通过提供更优惠的利率来获得存款和发起贷款，但结果差强人意。一方面，银行业发现客户并不愿意放弃营业网点，信息科技投入的产出难以衡量。另一方面，银行业竞争激烈程度日趋加剧使信息化水平提高而产生的收益大部分都被转移给了消费者，银行业本身所获甚少。

虽然银行业在信息科技和网上银行建设方面的投入的成效并不显著，但仍然要不断地投入。首先，技术进步改变了商业、交易场景、支付方法和消费习惯，银行业要不断适应，为消费者提供方便、快捷、多样化的渠道选择。其次，银行业要应对同业的竞争。竞争对手在采用新技术成果方面不断追加投资，一些新的竞争对手的起点更高，所采取的技术成果更加先进，更加符合年轻消费者的使用偏好。再次，银行业要压缩成本，提高业务处理的效率。竞争对手的成本结构在不断改善，它们将这部分收益转给了消费者。最后，银行业还需要适应经济、商业、技术和消费者需求的变化，开发新产品，以保持竞争优势。银行业越来越清晰地认识到，拥有数量庞大的营业网点已经不再具有竞争优势。随着消费者对网络的熟悉、接纳、运用程度的提高，营业网点的利用效率将会下降。一旦这种情况发生，营业网点有可能成为负担，而不是优势。

从实践来看，信息科技成果给银行业带来的竞争优势大部分都是短期的，一旦这些科技成果在银行业普及，这种优势就会消失。但无论如何，银行业还是应将应用先进的信息科技成果当做获取竞争优势的一个重要途径。充分利用先发优势，抢占先机，以此获取哪怕只是短期的竞争优势。

银行业并不是一个技术成熟的行业，正如波特在《竞争优势》一书中所说："把任何产业视做技术已成熟的产业，往往会导致战略性的灾难。"对此，银行业要时刻保持清醒的认识。

如果互联网应用在决定银行业成本结构或者差异化方面能够发挥显著作用的话，那么它们就会对银行业的竞争优势产生影响。互联网应用于银行业的方方面面，它们可以是一种更加便利的渠道，也可以是一种更加高效率的业务开展方法，还可以被作为一种业务来看待。互联网应用的推广可以使银行业以更低的成本提供金融服务，可以将自己的服务推广到更为广泛的地域范围和客户范围，还可以创造出一些基于互联网的金融服务。这些都可以成为银行业获得竞争优势的基础。

然而，能够带来竞争优势的因素未必能够带来持久竞争优势或可持续竞争优势。一条渠道、一款产品或者其他资源，只有具有稀缺性、不可复制、不可模仿、不可替代等一些重要的特性，才能成为持久竞争优势的来源。金融服务的成本、类型、覆盖面都是可以很容易地被竞争对手观察到的要素，也很容易被竞争对手模仿和复制。信息和通信技术成果可以很容易地通过市场购买到。当竞争对手达到了同样的水平时，先行者的竞争优势就会减弱或消失。

如果银行业想要通过互联网应用获得持久的竞争优势，那么它们就需要将互联网应用于那些不易于被发现、不易于被模仿和复制的环节和领域。如今，银行业已经发现仅仅将互联网作为渠道是无法获得竞争优势的，几乎所有实力较为雄厚的竞争对手都在通过互联网渠道来发布产品信息和销售自己的产品。那些将互联网作为业务或产品来看待的银行有可能建立起持久的竞争优势，正如前文所述，这要求银行业仔细研究互联网经济和大数据应用的规律，将互联网金融业务的经营建立在互联网经济规律基础之上。互联网作为一种技术在改善银行业内部运作、管理和组织方面也发挥了巨大的作用，银行业内部交易成本得到了极大的降低。由于内部流程难以被外界发现，因此改善内部交易流程可以提升银行业长期竞争优势。

总而言之，并不是每一次引入互联网应用都能带来持久的竞争优势，但持久竞争优势仍然是值得探索和追求的。也许，在互联网应用方面，持久的竞争优势只能通过一次又一次短期竞争优势来实现。如果能够建立一个拥有充分开放性和可扩展性的信息系统，在每次出现新技术成果时都能够率先启用，那么就能够在银行业每次全面引入新技术之前获得竞争优势。这一系列短期竞争优势连续起来，也可以给银行带来丰厚的盈利。

技术是相同的，但应用技术的人和能力是不同的。也许银行业可以从那些能够从互联网应用中获益的环节或要素而不是互联网本身来获得灵感或启发。但无论如何，只有在这些环节或要素不易被竞争对手观察到，不易于被模仿和复制，竞争对手不能从市场交易中获得同等条件时，它们才会成为银行业从互联网应用中发掘持久竞争优势的来源。

第三节　发展战略

互联网可以对银行业产生多方面、多层次的影响。银行业需要针对不同方面和不同层次的互联网应用制定不同的发展战略，但互联网金融发展是动态的，是紧跟技术、市场和客户需求变化的，因此战略本身不能过于具体。银行业从上而下的战略规划过程也需要适应互联网金融的这种特质进行调整，需要授予负责发展互联网金融的部门或独立子公司相应的权限，允许它们根据技术和客户需求的变化及时进行创新。

一、业务/渠道

银行业发展互联网金融面临的一个首要问题是将互联网作为一项业务来经营，还是将互联网看做一种便利的渠道。在不同的时期，不同的人可能会对此产生不同的看法。

在银行业应用互联网的早期，人们并不清楚，互联网将会是一种区别于传统银行业的全新的业务，还是一种互补性的渠道。很多银行都将互联网看做一种新型业务平台。一些银行采取多品牌战略开展互联网金融，但多品牌战略会导致品牌冲突，不同品牌之间相互竞争。比如，芝加哥第一银行创建的"翼展银行"并不成功。很快，人们发现，互联网将会是渠道，而不是一种全新的业务。它们希望作为对既存渠道的补充，而不是作为一种竞争性的业务来经营网络银行。

银行业对搭建互联网销售渠道已经比较熟悉，但对于如何建立一家互联网企业或品牌来开展互联网金融业务这一问题仍然需要深入研究。对于那些缺少零售营业网点的银行而言，互联网代表着一种令人神往的商业模式，但对于那些已拥有健全的分支行网络的银行而言，建立一个独立的互联网银行品牌并不划算。与建立独立的品牌相比，它们更倾向于将电子商务技术引入组织内部。

比如，网上银行有两种。一种是银行业自己建立网站，并将自己的产品信息放在上面供消费者浏览，消费者可以通过网站获取自己需要的信息和办理业务。这是20世纪90年代中后期以来，银行业发展互联网金融的一个主要方式。大部分银行都已经建立了自己的网站，但大部分银行都是将自己的网上银行作为一条销售渠道，它们仍然沿用了自己原有的银行名称来给自己的网上银行命名。消费者很难在银行业的网站和银行本身之间作出区分，他们在网上银行浏览信息和办理业务时，就像是走进了一家与众不同的自助业务办理网点。另一种是纯粹的网上银行，这种银行不设立营业网点和分支机构，只有一个办公地址，一般还不受理客户的业务请求。美国安全第一网络银行（SFNB）以及芝加哥第一银行设立的"翼展银行"都是纯粹的网上银行。

纯粹网上银行一经出现，便引发了广泛的关注。截至目前，在欧美金融发展比较成熟的地区，仍然活跃着一些纯粹网上银行，但它们并没有给银行业的其他部分带来太大的冲击。其原因是多方面的。安全性是一个首要的问题，大部分消费者对于这种银行还不熟悉，不容易接受。还涉及一些立法方面的问题，比如非现场开户，等等。这限制了互联网金融获取客户的能力。此外，纯粹网上银行无法向大众消费者提供复杂的金融服务，一些消费者仍然习惯到营业网点向客户经理咨询复杂的财务问题。

更为重要的一个原因是，即使建立了一家独立的纯粹网上银行，也并不等于说已经将互联网看做一项业务了。银行业发展其他互联网金融业务，比如网络贷款、网上商城、互联网理财等，同样面临着这一问题。如果在需要将互联网作为业务的地方，没有利用互联网经济规律，那么最终是不会有大的作为的，甚至会失败。换句话说，如果建立了一家独立的纯粹网上银行，但你仍然像对待自己网上银行一样来对待它，那么它注定是不会取得大的成功的。自己的网上银行与独立的纯粹网上银行之间的相互竞争，最终只会给消费者带来混乱。

金融产品具有一些特性，适合通过互联网来提供。一是它们属于无形产品。消费者通过实体营业网点得到的金融产品与通过互联网得到的金融产品并无本质区别，不会存在质量的差异或者发生损坏的情况。二是金融产品是一个体系，可以毫不夸张地说有着成千上万种的变化。银行业无法像书店和大型超市那样建立面积庞大的产品陈列区来展示自己的产品和创造性。多样性意味着消费者很难认识每一款金融产品的收益和风险特征，他们也没有那么多的精力。将这些金融产品放在网上，建立方便的查阅和比对链接，更有利于消费者从中选择自己需要的金融产品。三是金融产品作为无形产品，不存在运输成本，或者说与消费者的购买成本相比，运输成本可以忽略不计。比如，银行业会通过邮局或物流公司向消费者邮寄一些产品或产品信息，但这些成本都是比较低廉的。而且对于那些大众化的银行服务，消费者可以通过自助的形式来获取服务。此外，作为业务来发展互联网金融，需要与自己的低成本战略相匹配。不管是作为渠道还是作为业务，互联网与金融业的一体化程度不断提高，越来越多的产品被放在互联网上，消费者可以更加方便地进行价格比对，从中选择高收益的产品。同时，互联网本身也具有较强的规模经济效应，为更多客户提供更多金融服务可以降低平均成本。

互联网可以帮助银行业简化大部分的日常交易活动。比如，在有些场合，银行业的产品本身不需要简化，以继续保证原有的质量，可简化的是申请、办理和交易的过程。一般来讲，大型银行有充足的人才和资金来支持自己同时开展线上和线下业务，但这对于小型银行而言，将是一项巨大的开支，它们无法在大规模的基础上分摊固定投入。

如果决定将互联网作为一项业务来经营，那么需要设计一套全新的战略和商业模式。如前面提到的，互联网经济规律显著不同于非互联网经济。典型的互联网经济是建立在网络效应之上的，而不仅仅是一种汇集和发布信息的渠道。互联网经济的首要目标是获取客户。如果能够同时实现盈利的话，那就最好了。有时候，在不能盈利、没有合理的盈利模式的情况下，也仍然需要进行大规模的宣传和投入，目的是快于竞争对手获取更大规模的客户，使得自己的发展突破"引爆点"，实现客户增长与自身发展之间的良性循环。在互联网经济中，"马太效应"更加显著，先人一步可以成为一种巨大的优势，竞争的结果是集中，甚至是"赢者通吃"。

还有非常重要的一点是，设计一个全新的名字。在互联网上，除非消费者点击进入网站，否则他们看不到关于产品的任何信息和线索，因此一个好的名称是重要的、关键的，它是引领消费者进入网站的线索。不论对于大型银行，还是小型银行，通常来讲，它们需要为它们的互联网金融业务起一个不同的名称来区分线上业务和线下业务。除了与线下业务品牌不同之外，如果你不希望自己的互联网金融业务过快地失败，那么最好不要给它起一个通用的名称。通用名称是为一类事物设计的，而独特名称才是为一个特定的事物设计的。比如，"银行"就是一个通用的名称，同样"直销银行"、"网上银行"也是通用名称，它们代表的是一类事物，但工商银行就是一个独特的名称。互联网金融业务品牌需要是独特的。总体来看，一个好的名称应该简短、简洁、独特、押韵、人格化、读起来朗朗上口、易于被消费者记住。让名称来向消费者传递自己的"故事"。

二、成本/差异

企业需要通过自己的努力在竞争性市场中找到自己的位置，互联网金融企业也是如此。实践中，企业为获得超常的投资收益，曾采取过许多不同的方法。具体到特定互联网金融企业而言，其最佳的战略需要能够反映其实际情况。迈克尔·波特教授将那些具有内部一致性的基本战略分为三类，分别是成本领先战略、差异化战略和目标集聚战略。这些战略既可以分开使用，也可以结合使用。

大部分人都认为，银行业是一个同质性比较严重的行业。银行业在日益全球化，新的进入者不断涌现，行业竞争在日益加剧，消费者的选择越来越多，产品差异化变得越来越难。一个好的产品出来之后，很快就会被竞争对手模仿。一条新型的渠道一旦得到客户认可，同行们也会一拥而上。比如，网上银行从无到普及所用时间也不过十年。同质化意味着需要在成本和价格上展开竞争，这是银行业不愿意看到的。银行业已经深刻地认识到这一问题。

差异化、特色化或错位竞争，成为银行业的追求。银行业仍然在不断地设计新的产品，开发更多的细分客户市场，在不断改善自己与客户之间的交流方式，并在各种渠道上添加自助服务的属性，期盼能够改善客户体验。

关键在于，银行业如何才能让自己的客户服务流程更加的差异化，而且这种差异化更能够得到客户的认可？现代信息技术和互联网在银行业为客户提供服务的过程中的作用越来越大。但技术进步飞速，技术应用、更新和改造将是一笔巨大的投资。随之而来的问题是，银行业该如何使用先进的技术来改善自己在客户心目中的地位，同时又不至于导致无法承受的成本负担？比如，银行业的网上银行越来越发达，功能越来越丰富，但大部分客户使用网上银行只是进行一些简单的查询、支付、转账，或购买一些简单的产品。如果跟随大型银行，中小银行很可能无法承担网上银行建设的成本。

互联网的优势在于较低的成本结构。特别是纯粹互联网金融企业，它们不设立营业网点，不需要为营业网点配备大量的人手，只需要一些 IT 技术人员对网站进行维护和管理即可。在营业网点和雇员方面的投入在金融业成本结构中占据着较大的比重。

当然，这种较低的成本结构仍然需要建立在一个较大的规模之上。除了便利性之外，互联网金融还需要为客户提供高收益产品和服务。比如，为了鼓励消费者使用互联网，银行业为使用网上银行进行转账设定了较低的手续费。消费者将从这种较低的成本结构中受益，银行业则迫于竞争压力不得不采取"薄利多销"的策略，将这部分收益转移给消费者。薄利多销意味着需要规模，而规模意味着产品的大众化和标准化，这是由市场条件决定的。复杂金融产品的消费者数量不会太多，大部分的消费者尚难以接受通过互联网购买复杂的金融产品和获取复杂的金融服务，市场空间决定了这些产品很难实现规模化。

大众化战略已经遇到很大的挑战。除了无法实现足以盈利的规模之外，客户的变化也是一个重要的原因。客户越来越挑剔，需要越来越多样化、个性化。实际上，银行业已经很少再坚持宣称它们实行大众化战略，为全部的客户提供相同的产品和渠道。这并不是说低成本战略或大众化战略是不可行的，而是说采取这种战略需要相关的银行，包括一些独立的互联网金融企业，在尽可能短的时间里积累一定规模的客户和业务量。要发展互联网金融，需要达到一定的规模，否则很可能无法实现盈利。实际上，这正是一些互联网金融企业以失败告终的主要原因之一。

在互联网金融方面，建立差异化的难度比较大。差异化并不是不可能，但所需要的成本可能非常高。差异化意味着即使是一些标准化的产品，也需要在为客户提供服务的过程中提供一些超出客户期望的东西，比如更加便利的渠道、更加友好的客户服务、更加多样的应用和功能，但这意味着更高的投入和成本。

互联网和大数据应用为银行业提供个性化产品和个性化服务带来了新的机会。在这方面，银行业需要向互联网企业学习。以阿里巴巴和腾讯公司为代表的互联网企业并不是纯粹的互联网金融企业，它们将自己的互联网金融业务嫁接在电子商务平台和即时通讯工具上，而且是在通过电子商务和即时通讯积累了大量客户之后才进入金融业的。它们提供的不仅仅是金融服务，还涉及社交、购物、日常缴费等。此外，百度以搜索引擎、行业分类排名、地图、支付等方面的功能在为用户提供个性化的产品和服务方也具有非常大的潜力。

三、防御/进攻

银行业和互联网已经融合在一起，而且融合的进程还在继续。这一过程的一个重要表现是银行业和互联网企业相互进入对方的领域。近年来，互联网企业作为后起金融服务提供商，不断扩大进入金融业的范围和力度。银行业对此也进行了还击或抵御。

在将互联网作为渠道的地方，银行业对互联网的应用已经非常成功。银行业的网上银行是功能最强大，应用最丰富的互联网金融服务渠道。当前，银行业正在增加投入，开发微信银行、手机银行和发展移动金融。

在将互联网作为业务的地方，银行业做得并不成功。纯粹的互联网银行将互联网作为业务，但早期的一些纯粹网上银行因为无法获得足够的客户基础而被迫关闭。当前，它们也未能给银行业的其他部分以及互联网企业带来多大的压力。搭建电子商务平台是银行业应对互联网企业冲击的一个重要举措。当前，国内大型银行均已经建立了自己的电子商务平台，一些中小银行也在进行尝试，但当前此类银行系电子商务平台尚不能对互联网企业构成多大的冲击。电子商务平台是一种具有网络效应的平台，在这里存在集中或"赢者通吃"的趋势和可能。

近年来，互联网企业作为银行业的进入者，通过一些可替代的产品，给银行业带来了不小的压力。互联网金融企业提供的金融产品已经涉及了支付、转账、缴费、融资、保险、经纪、投资等。总体上看，在大部分领域，互联网企业都是新进入者，银行业则是守成者。

整体上看，银行业处于防御地位。防御适合于那些处于市场领导地位的银行。这种领导地位并不是"自封"的，也不是存在于营销活动中的，而是必须基于市场实际情况。这种领导地位需要得到客户的认可，只有客户认可的市场领导者才是真正的领导者。在这里，不能存在一丝自以为是和自欺欺人。否则，银行业必将会错失良机，包括发展互联网金融的良机和阻止互联网企业进入的良机。

要想取得防御成功，银行业首先需要对自身进行改革和改造。当前，银行业在金融业中确实处于市场领导地位。保住这一地位的最好方法是对这一领先地位进行攻击，挑战自我，自我改革。换言之，银行业需要不断为客户提供更高质量的产品、更便利的渠道、更好的客户体验。新产品需要根据客户需求的变化不断地推出，以取代落后的产品。客户需要银行业为他们提供的金融功能是大致不变的，或者说至少在短期之内不会发生大的变化，但承担这些功能的金融产品和产品投送方式需要与时俱进。在这方面，银行业已经积累了不少经验，但还需要更进一步。

银行业需要对互联网企业的强大攻势保持警惕，并予以还击。如果银行业不能紧跟技术进步和客户需求变化的步伐，进行自我改革和改造，那么互联网企业就会获得一些潜在的市场空间。银行业需要在互联网金融企业站稳脚跟之前迅速采取行动来阻止它。互联网企业进入金融业的商业策略与银行业的传统思维之间存在差异，它们凭借的是大量的客户和对互联网经济规律的娴熟运用。阿里巴巴和腾讯公司都是在积累了大量的客户之后才进入金融业的，它们为客户提供的不仅是金融服务，而且是一种可以实现多种多样的应用和功能的"平台"。这些"平台"对客户的价值随着客户数量的增加而非线性增加。但在这方面，银行业并不占优势。银行业对此并没有充分的认识和准备。互联网企业在银行业还在犹豫互联网金融本身的重要性和发展前景的时候，就已经形成了巨大的攻势，并迅速开发了一大批忠实的客户。一旦事情发生到这种地步，银行业就会非常被动，往往会陷入疲于应付的状态。与这些规模较大的互联网金融企业相比，银行业的成本结构相对较高，它们无法采取低成本战略或通过为客户提供高收益产品的方式来阻止互联网企业的进入。

最好的防御是进攻。银行业需要以自己的强项为基础展开进攻，而不是拿自己的弱项去攻击互联网企业的强项。银行业需要更好地对互联网经济规律进行研究和理解，对互联网企业的优势和强项进行研究和理解，而不是仅仅求助于己，研究自身的优势和劣势。毫无疑问，攻击点应该是互联网企业的内在的、固有的弱点。这些弱点是互联网企业无法克服的，或者一旦它们克服了自己的这些弱点，它们将会失去自己作为互联网企业的优势。复杂金融产品、营业网点、与客户面对面的交流、客户关系管理等都是银行业占据优势，银行业需要做的是巩固这些优势，更加充分地利用这些优势。也许，银行业面对的一个现实是，它们不得不承认互联网企业确实开发了一个边界清晰的利基市场。一些大型银行在发展独立的互联网金融业务方面已经进行了大量的投入，未来还需要继续增加投入，但能否取得成功，并对互联网企业形成冲击，还是不确定的。

此外，防御并不适合全部银行业。对于中小银行而言，即使仅在持有牌照的银行业内部，它们也不属于市场领导者。它们需要采取进攻型战略。在互联网金融时代，中小银行的进攻对象范围也在发生变化。金融业的范围因为互联网金融企业提供的替代性产品而发生了巨大的扩张。对于银行业，特别是中小银行，它们的商业策略需要建立在这种范围已扩大的金融业基础之上。

中小银行的进攻包括对其他持牌银行的进攻，不能是全面进攻，而是要在尽可能窄的战线或利基市场上展开进攻。多样性是奢侈品，只适合于大型银行，多样性的成本只有大型银行才能承担。中小银行的资源是有限的，不能分散力量在每一种产品、每一条渠道上。以这种方式与竞争对手展开竞争是不可能取得成功的。中小银行可以采取"以点带面"的策略，在狭窄的利基市场上集中资源形成局部优势，在该细分市场上取得局部成功之后再考虑向其他市场拓展。

中小银行的攻击点同样应该是竞争对手的内在弱点，而不仅仅是弱点。在有些场合，竞争对手看似存在弱点，实则不是。这些看起来像是弱点，实际上只是因为竞争对手没有注意到。一旦竞争对手回过神来，进攻者就会面临严峻的生存压力。质量、价格等竞争策略都不是好策略。金融产品是无形的，它们的质量难以被消费者观察到。规模本身以及金融机构的履约行为是金融产品质量和价值的重要决定因素，消费者更倾向于信任大规模的金融机构。中小银行可以在某个产品上为消费者提供高收益，但这种策略不能持久。因为大型银行向消费者让利的空间和能力都比中小银行大。

四、跟随/创新

就技术本身而言，与互联网相关的技术创新往往是起源于信息和通信技术行业，而非银行业。但信息通信技术与金融活动的融合，或者说借助互联网来提供金融服务，却不是互联网企业的专利。历史上，金融业在这方面的实践要早于互联网企业。

但这种情况正在改变。随着互联网应用越来越成熟，互联网企业发现，将自己所掌握的技术、用户和数据应用于提供金融服务具有无法估量的发展空间和前景。银行业自己也发现，在现代量化风险管理技术应用的推动下，银行业务的开展越来越远离经验和直觉，越来越多地借助数据收集和处理。在大数据和互联网应用方面，银行业并不比互联网企业更有优势。

银行业需要紧密跟踪信息和通信技术进步的动态，对那些新出现的互联网应用进行评估，以确定它们在为客户提供更加便捷高效的金融服务方面的作用和潜力。尽管银行业无法在技术创新方面超过互联网企业，但它们在将新技术应用于改善自己的销售渠道和业务体系，为客户提供更好的金融服务方面是完全可以超越互联网企业的。

银行业看待创新的理念需要调整或改变。一些银行将做自己之前没有做过的，都叫做创新。这无形中将一些具有革命性意义的重大创新降低到了一般创新或复制模仿的层面，实际上是低估了创新的意义和价值。

跟踪和应用新技术会带来非常高的成本，包括研发、应用和旧系统改造成本。将新技术引入自己的系统需要付出大量的努力和资源。在有些情况下，在旧技术刚刚投产使用的时候，全新的技术又产生了。快节奏的技术进步和更新将会成为银行业成本的一个重大负担。

这一点对中小银行而言尤为突出。大型银行可以建立庞大的信息科技部门，它们的业务量也可以为庞大的信息科技经费提供基础和支撑，但中小银行则不具备这些条件，小型银行甚至在跟随技术进步和大型银行的步伐进行渠道和业务体系建设方面都会存在很多困难。

如何才能提高自己的创新能力？银行业需要积累一批具有技术知识和金融知识的人才。此外，还需要将他们组织起来建立创新团队。创新团队可以不同的形式组建，比如单独设立负责互联网金融发展的事业部或子公司。除了民生银行单独设立子公司进入电子商务领域之外，国内大部分银行在进入电子商务领域的时候，均将电子商务平台的建设纳入内设部门（如电子银行部）。子公司比事业部更加独立，目标更加明确，拥有更大的经营自主权。如果要与一些互联网公司进行战略合作，还可以采取合资的形式设立联合控制的子公司。

然而，这样的一个创新团队将面临与银行其他部门不同的环境。比如，经营电子商务平台与开展银行业务之间存在显著区别。不论采取什么形式，它们需要具有一定的自主权，以便能够根据技术、市场和客户的变化快速地制定应对计划和策略并付诸实施。

第四节　银行电商

商业电子化是一个重要的经济现象。银行业对于电子商务并不陌生，它们已经不仅将电子商务技术引入了组织内部，还为一些电子商务活动提供金融服务。但银行业为电子商务所作出的创新和改变仍然不能满足电子商务发展的需要，银行业的很多产品和服务的设计仍然是沿袭了传统商务环境下的思路。如今，银行业和互联网企业都已经看到了企业和消费者在电子商务平台上的交易行为和非结构化数据对于开展金融业务的重要性，新的大数据处理技术也使得这些数据的价值逐步地显现出来。一些互联网企业借助自己的电子商务平台进入金融业，为那些使用自己的平台的商户和消费者提供金融服务。银行业也需要充分认识商业环境电子化对自己的挑战和机遇。国内一些大型银行则纷纷采取"纵向一体化"战略，建立自己的电子商务平台，来积累"大数据"这一信贷流程的"原材料"，以期更加充分地利用电子商务来为客户提供更好的金融服务。

一、电子商务

便利商业发展是银行业作为货币创造者和信用提供者的一个重要功能。货币对于市场经济是一项基础性的制度安排和工具。在市场经济条件下，企业的生产是为了交换，如果不能将自己的商品出售，完成马克思所说的"惊险的一跃"，企业会破产，市场和商业也会消失。货币产生于交换过程，反作用于交换过程。货币作为支付手段，使得买与卖两个过程相互分离，便利了商品的交换和商业发展，使得商品交换摆脱了物与物直接交换对于商业发展的限制。银行提供的支票、汇票、银行券、信用卡、存款账户等，同样是便利商品交易和商业发展的重要工具。在国家还没有垄断货币发行的时期，银行发行的银行券就是货币的主要形式。

在当代条件下，银行存款仍然是经济中的货币的主要构成部分，流通中的现金仅占据很小的比重，大额交易仍然主要通过银行存款或票据来进行支付。比如在国内，2014年3月末，流通中的货币余额5.83万亿元，流通中的现金加上银行活期存款（狭义货币）余额则高达32.77万亿元，再加上定期储蓄存款（广义货币）余额则高达116.07万亿元，其中流通中的货币余额仅占狭义货币的17.8%，占广义货币的5.0%。

电子商务是一种新的商业模式和商业环境。当前，电子商务在商业和交易中的地位越来越高。中国电子商务研究中心监测数据显示，截至 2013 年底，国内电子商务市场交易规模达 10.2 万亿元，同比增长 29.9%。我国网络零售市场交易规模占社会消费品零售总额的比重从 2012 年的 6.3% 增长到 8.04%，预计这一比例还将保持扩大态势，到 2014 年达到 9.8%。

互联网应用的普及和电子商务平台的繁荣改变了人们的购物和消费习惯，越来越多的互联网用户通过一些电子商务平台来购买自己需要的商品。根据中国互联网络信息中心的调查，截至 2013 年 12 月，国内网民规模达 6.18 亿人，互联网普及率为 45.8%，较 2012 年底提升 3.7 个百分点，但仍然低于 50%。手机网民规模达 5 亿人，较 2012 年底增加 8009 万人，网民中使用手机上网的人群占比提升至 81.0%。网络购物用户规模达到 3.02 亿人，较上年增加 5987 万人，增长率为 24.7%，使用率从 2012 年的 42.9% 提升至 48.9%。中国电子商务研究中心监测数据显示，截至 2013 年 12 月，国内网络零售市场交易规模达 18851 亿元，较 2012 年的 13205 亿元增长 42.8%，预计 2014 年有望达到 27861 亿元。

越来越多的企业（特别是中小企业）也在逐步探索通过电子商务来拓展自己的供货渠道和市场空间。中国互联网络信息中心的调查显示，截至 2013 年 12 月，全国企业使用计算机办公的比例为 93.1%，使用互联网的比例为 83.2%，固定宽带使用率为 79.6%。开展在线销售、在线采购的比例分别为 23.5% 和 26.8%，利用互联网开展营销推广活动的比例为 20.9%。中国电子商务研究中心监测数据显示，到 2013 年 12 月底，国内 B2C、C2C 与其他电商模式企业数已达 29303 家，较上年 20750 家增幅达 41.2%，预计 2014 年达到 34314 家。国内使用第三方电子商务平台的中小企业用户规模（包括同一企业在不同平台上注册但不包括在同一平台上重复注册）已经突破 1900 万户，2013 年我国 B2B 电子商务市场交易额达 8.2 万亿元，同比增长 31.2%。

电子商务的发展改变了商业环境和支付场景，网络支付使用频率越来越高。网上银行支付和第三方支付成为网络购物者首选的两种支付方式。根据中国人民银行的统计，2013 年我国共发生网上支付业务 236.74 亿笔，涉及交易金额 1060.78 万亿元，同比分别增长 23.06% 和 28.89%。移动支付业务快速发展，达到 16.74 亿笔，涉及交易金额 9.64 万亿元，同比分别增长 212.86% 和 317.56%。根据中国互联网网络信息中心的调查，截至 2013 年 12 月，我国使用网上支付的用户规模达到 2.60 亿户，用户年增长 3955 万户，增长率为

17.9%，使用率提升至42.1%。这主要得益于三个原因：一是网民在互联网领域的商务类应用的增长直接推动网上支付的发展。二是多种平台对于支付功能的引入拓展了支付渠道。三是线下经济与网上支付的结合更加深入，促使用户付费方式转变。比如用支付宝支付打车费用等。

电子商务之所以能够取得长足的进步，银行业的服务可以说是功不可没。电子商务平台本身只是一个展示商品信息的地方，消费者可以在这些平台上选择自己心仪的商品。但要完成交易过程，必须配备相应的支付手段。支付问题曾是电子商务发展初期的一个最为棘手的问题。在电子商务发展的早期，商户和消费者不得不采用"线上下单、线下现金支付"的交易和支付方式，这极大地制约了电子商务的发展速度和覆盖面。这也是信用卡、网上支付、电子账户、第三方支付等支付工具和支付方式出现之后，电子商务获得更大发展空间和更快发展速度的一个重要原因。

二、数据之争

电子商务平台上的商户是一个庞大的群体。它们大部分属于小微企业，规模小、管理粗放、财务不规范、缺乏信用记录及合格足值的抵押品，在经营发展过程中经常会遭遇融资难的问题。对于电子商务平台而言，如果能够为商户提供便利的贷款服务，它们就能够吸引更多的商户入驻。对于银行业而言，小微企业融资服务也是一个重要的潜在市场，但小微企业融资单笔金额小、交易成本高，小微企业的信用评估比较难。

商户在电子商务平台上的销售活动可以产生大量的交易记录，电子商务平台也会根据交易情况给商户一个信誉度。比如，逐步为在其电子商务平台上交易的商户建立了一整套评价体系和信用数据库，同时开发了贷前、贷中、贷后的风险控制系统。此外，大型电子商务平台的锁定效应也是其控制风险的一个重要因素。这里存在一个机会成本，获得贷款的商户可以选择还款和违约，但违约意味着它们将会被加入黑名单或者被逐出在该电子商务平台之外。特别是那些已经积累了大量网络商誉的商户，并不会轻易地选择违约，它们需要评估违约给商誉带来的损失。

这些基于电子商务平台交易数据和商誉的风险评估系统具有重要的价值，是电子商务平台与商业银行开展业务合作的重要基础。2007年5月15日，建设银行和阿里巴巴集团签署企业信用度贷款服务协议，拥有良好网上交易信用的杭州中小企业，可以借助这些记录获得银行贷款。经过试点成熟之后，将向更广泛的地域和更多的中小企业开放。同年 6 月 29 日，工商银行与阿里巴巴签订合作协议，双方将在多个领域开展深入合作，此次合作内容之一便是工商银行将以阿里巴巴及其旗下的淘宝、支付宝会员的网络信用和网上交易金额为参考依据，联合阿里巴巴向 B2B、B2C、C2C 市场上有一定信用级别的商户提供融资服务，为它们提供授信评价，并推出多种融资产品。根据计划，工商银行与阿里巴巴的融资服务合作首先面向浙江省内的中小企业，随后将推向全国。

　　许多观察者都将这些合作看做一次多赢的合作。对于商户而言，它们凭借自己的电子商务交易记录，可以向银行申请贷款，而且贷款审批效率高、手续简单。对于银行而言，它们可以使用阿里巴巴电子商务平台提供的交易记录，快速找到优质的中小微型企业，降低了贷款交易成本，获得了大量的客户。对于阿里巴巴来讲，融资服务的推出进一步提升了自己的电子商务平台的吸引力，完善其"生态系统"，有助于进一步做大电子商务平台规模。这些合作将网络信用度作为银行贷款决策的参考之一，可以改善小微企业的融资环境，因此被寄予厚望。

　　然而，事情并没有朝着外界预期的那样发展。阿里巴巴希望银行为使用自己的数据库和信用评估结果支付一定的费用，银行则认为这会增加自己的风险和中小企业的融资成本。利益分配方面的冲突最终导致合作关系的终结。

　　阿里巴巴方面曾表示，结束合作的原因是它与银行之间在贷款理念方面存在根本性的分歧，银行不愿意改变既有的信贷标准和流程来适应为电子商务平台上的商户提供贷款的需要。阿里巴巴并没有将希望全部寄托在与商业银行的合作商，而是一直在筹划建立自己的贷款服务能力，并于 2010 年 4 月就拿到了第一张小额贷款公司牌照。"浙江阿里巴巴小额贷款股份有限公司"于 2010 年 6 月 8 日正式成立，成为国内首个专门向网络商户发放贷款的小额贷款公司。阿里巴巴于 2011 年 4 月就终止了与建设银行和工商银行的合作。此后，阿里巴巴还分别于 2011 年 6 月和 2013 年 8 月成立了"重庆市阿里巴巴小额贷款有限公司"和"重庆市阿里小微小额贷款有限公司"，两家公司的名称仅两字之差。

　　如今，阿里巴巴集团总体业务可以分为"平台"、"数据"和"金融"三大模块，三大业务模块互为基础、相互强化，构成了一个具有相对封闭运行特征的、商务与金融一体化的系统。小额贷款公司的贷款规模受人民银行与银监会联合下发的《关于小额贷款公司试点的指导意见》的限制，对外融资不得超过注册资本的 50%，但阿里巴巴可以通过资产证券化来获得更多的流动性和资金。蚂蚁金融服务集团成立之后，接管阿里巴巴集团的金融服务业务，并获得了筹建一家依靠互联网来经营业务的网商银行。阿里巴巴集团的金融服务能力进一步增强。

在为网络购物者提供消费金融服务方面，电子商务平台从一开始就没有依靠商业银行。比如，"京东白条"和"天猫分期"都是由电子商务平台推出的。在这一消费金融服务领域的发展中，商业银行完全处于劣势。如果它们不能与电子商务平台达成合作，获得接口、数据和客户，那么它们就无法通过嵌入网络购物流程的方式来为网络购物者提供消费金融服务。中信银行分别与腾讯、支付宝合作推出"虚拟信用卡"的计划被监管部门叫停。商业银行只能通过为这部分网络购物客户提供非指定用途贷款的形式，间接服务网络信用消费。

银行业在这场以电子商务为基础的金融服务市场的竞争中处于劣势，存在被逐步边缘化的危险。商业银行有的是资金，但却不能得到电子商务平台的商户和消费者，以及他们的交易记录和信誉数据。银行业非常明白客户和数据的重要性，但在与电子商务平台的合作中，它们得到的是数据分析结果，而非数据本身。

对于是数据本身重要，还是对数据的掌控更重要，银行业有着不同的看法。一些银行不仅看重数据，它们还想掌控数据。它们认为，选择与电子商务平台合作，不能实现对数据的掌控，受制于电子商务平台，因此选择自己建立和发展电子商务平台。另一些银行（更多的是中小银行）则更加看重数据应用，它们倾向于选择与电子商务平台进行战略合作。

三、醉翁之意

随着资本市场的发展，大型企业将更多地选择通过发行商业票据、债券和股票来筹集资金，对于银行业的依赖程度会越来越低。银行业不得不下沉客户结构，加大服务中小微型企业的力度。同时，利率市场化程度不断加深，银行业存贷款利差会有所收窄，银行业迫切需要开发中小微型企业融资市场来保持净息差不至于下降太多。

中小企业融资问题是一个世界性难题，在国内尤其严重。在发展中小企业贷款方面，银行业感到困难重重。其中一个重要原因是，缺少可以用于评估中小企业风险水平的数据。在传统商业环境中，企业的交易行为是很难被大量准确地记录的，更谈不上对交易行为数据的分析和应用了。

电子商务平台是一个开放、透明的交易平台，很容易观察和记录商户的交易行为，而且证实数据的成本也比较低。越来越多的中小企业在通过互联网进行销售和采购。根据中国互联网网络信息中心的调查，截至 2013 年 12 月，国内开展在线销售的中小企业比例为 23.5%，制造业、批发和零售业的比例相对较高，分别达到 27.6% 和 25.3%。开展在线采购的中小企业比例为 26.8%，制造业、批发和零售业开展在线采购的比例相对较高，分别达 30.6% 和 28.8%。在网络购物过程中，同样会产生大量的交易记录，包括过往的购买、支付和交易完成情况等。在这些交易行为中蕴藏着重要的商业价值。通过对这些数据的分析和挖掘，可以更好地认识商户和消费者。

与电子商务平台的合作经历，让银行业深切地感受到不能掌控这些交易行为数据的弊端和被动。这些数据是银行业的一项重要的"原材料"，但其供应商又过于集中。根据中国互联网网络信息中心的调查，从用户规模看，2012 年，在各类购物网站中淘宝网的用户规模依然高居首位，用户渗透率（指该购物网站用户占总体网络购物用户的比例）达到 88.1%。第二位是天猫，有 50.7% 的用户比例。第三位是京东商城，用户渗透率为 29.9%。第四位是当当网，用户渗透率为 16.9%。第五位是凡客诚品，用户占比为 12.2%。根据中国电子商务研究中心监测数据，2013 年，在 B2B 电子商务服务商营收（包括线下服务收入）份额中，阿里巴巴继续排名首位，市场份额为 44.5%，接下来依次是上海钢联（我的钢铁网）、环球资源、慧聪网、焦点科技（中国制造网）、环球市场、网盛生意宝分别位列第二位至第七位，占比分别是 10.6%、7.1%、3.6%、2.4%、1.7%、1.3%。在 B2C 网络零售市场上排名第一位的依旧是天猫商城，占 50.1%。京东名列第二位，占据 22.4%。第三位是苏宁易购，达到 4.9%，第四位至第十位依次为：腾讯电商（3.1%）、亚马逊中国（2.7%）、1 号店（2.6%）、唯品会（2.3%）、当当网（1.4%）、国美在线（0.4%）、凡客诚品（0.2%）。

在与电子商务平台的合作中，银行并不占优势地位。电子商务平台可以选择与多家银行合作，但银行（特别是大型银行）面对的却是有限的几家电子商务平台。电子商务平台凭借长期积累的客户群和数据，积极拓展支付、贷款、金融产品销售等金融服务。银行业在电子商务领域的服务能力受到挤压，它们在电子商务支付过程中的地位越来越低，在为商户和消费者提供贷款服务时缺乏必要的数据。面对互联网企业咄咄逼人地进入，国内一些大中型银行决定采取"纵向一体化"战略，自主经营发展电子商务平台，希望将电子商务与金融服务一体化，获得更多的主动权。

目前，银行业开设的网上商城主要包括两类，一是信用卡商城，为客户积分兑换礼品及分期购物提供便利。二是综合性网上商城，为客户提供电子商务和金融服务。银行业早期尝试建立的网上商城最后大部分都用于消化自己的信用卡积分。比如，招商银行于2004年10月推出国内首家银行系电子商务平台——招商银行信用卡商城，服务于招商银行信用卡持卡人。信用卡商城的影响力要远远低于综合性网上商城。狭义的银行系网上商城主要是综合性网上商城。

2012年6月28日，建设银行的电子商务金融服务平台——"善融商务"正式运行。善融商务不同于信用卡商城，被认为是首个银行系电商平台，是银行系电子商务平台的典范，正式运行之初便受到了广泛关注。善融商务是以专业化的金融服务为依托，以网上交易为主导、以金融服务为特色的"电子商务＋金融服务"平台。不同于一般的电子商务平台，善融商务以"亦商亦融，买卖轻松"为出发点，面向广大企业和个人提供专业化的电子商务服务和金融支持服务。在电子商务服务方面，善融商务提供B2B和B2C客户操作模式，涵盖商品批发、商品零售、房屋交易等领域。在金融服务方面，为客户提供支付结算、分期付款、资金托管、融资服务的全方位金融服务。开业之初，善融商务包括个人商城（B2C）和企业商城（B2B）两个重要组成部分，后于2013年增加了"房e通"。企业商城提供的是批发零售业务，主要为采购商、个体工商户及个人批量采购商品服务。个人商城则提供零售业务，主要为个人消费者提供购买商品服务。"房e通"则是为个人及房产中介构建的房屋交易平台。

交通银行同样于2012年推出了电子商务交易平台——"交博汇"。交博汇"一轴四馆"，分别是企业馆、商品馆、收付馆与金融馆，其中企业馆于2012年3月5日正式开馆。企业馆是为客户提供的包括在线开立商铺、发布供求、交流洽谈、撮合下单、支付结算等功能的网络化社区平台。商品馆面向全国品牌商品生产商、直销商及代销商等各类企业，提供展示品牌、销售商品。收付馆则为大家提供充值缴费便民服务的网上交易平台。金融馆是一个为大家提供在线理财的网上交易平台。通过"一轴四馆"的建设，"交博汇"的服务涵盖了B2B、B2C以及银行服务、支付结算等各项内容，形成全面、完整的电子商务服务体系。2014年3月1日，交通银行对"交博汇"进行全新升

图 4-1　中国建设银行善融商务开业宣传图片

级，成为国内首家推出"积分消费百货店"概念的银行系电商平台。交通银行表示，此次升级，并非简单地将金融类产品和业务嵌入平台，而是以"整合全行优势资源，提升金融服务体验"为主旨，把"金融服务"深化为电商平台的核心竞争力，提高开放程度，让客户享受到更加方便优质的服务。

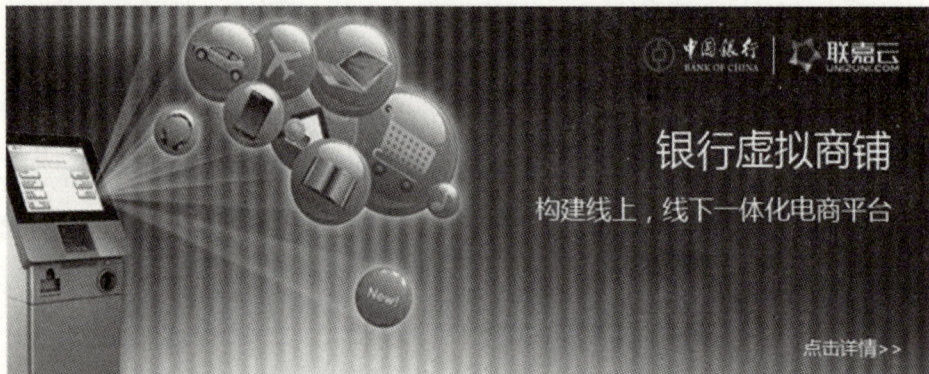

图 4-2　中国银行与联嘉云联合推出银行虚拟商铺

中国银行没有建立自己的电子商务平台，但联合北京联嘉云贸易有限公司推出了一项线上、线下一体化的"银行虚拟商铺"，并于 2012 年 9 月正式运行。这是一种全新的电子商务"云购物"平台。"云购物"是一种全新的购物方式，通过云计算技术将目前线上 100 多家主流网上商城的数百万种商品和线

图 4 - 3　中国银行"中银易商"

下近 60 个行业的数百家主要服务商的特色服务聚合在一起，构建成为一个巨型的购物中心，消费者通过网站、呼叫中心、手机和银行自主终端等渠道，均可以买到几乎全部的商品和服务。"联嘉云·云购物"是国内首个应用云购物方式建设的聚合型网上商城。联嘉云手机客户端是与中国银行（中银掌上行）捆绑合作的，用户下载中银掌上行手机客户端即能享受到联嘉云商城的一站式购物理念，商品搜索、购买、下单、送货上门一站式完成。此外，中国银行的"中银易商"电子商务平台正在筹备过程中。根据中国银行相关人员透露的信息，中银易商将会是一个以金融应用接入、金融应用商店、虚拟开发测试平台为主体的一揽子互联网金融方案。

2013 年 4 月 20 日，农业银行电子商务服务平台——"E 商管家"正式运行。"E 商管家"可以帮助企业打通实体渠道与网络销售、订单采集与资金收付、生产经营与市场营销，实现对自身以及供应链上下游财务结算、采购销售、营销配送等业务的全方位管理。企业无须自行搭建平台，利用农业银行提供的商务金融云服务，即可完成在电子商务领域的快速部署，成功构建实体与虚拟、线上与线下有机结合的交互式、立体化经销网络和管理体系，极大地降低传统企业转型电商的时间和资金成本。此外，"E 商管家"可以在手机等移动终端上应用。

工商银行的电子商务平台——"融 e 购"项目建设启动于 2013 年 5 月，

图4-4　中国农业银行"E商管家"

图4-5　中国工商银行"融e购"电子商务平台开业

于 2014 年 1 月 12 日正式营业。"融 e 购"秉承"名商、名品、名店"的定位，以特色性、便利性、专业性、安全性为原则，有机整合客户与商户，有机链接支付与融资，有机统一物流、资金流与信息流，努力打造客户喜爱的消费和采购平台、商户倚重的销售和推广平台、支付融资一体化的金融服务平台、"三流合一"的数据管理平台。作为银行系电商，"融 e 购"既把握电子商务发展规律和趋势，致力于提升客户体验，同时也重点突出银行业支付灵活、融资便捷的金融服务优势，凸显"购物可贷款，积分能抵现，品质有保障，登录很便捷"的优势特色。一是融 e 购商城将工行逸贷产品与网上购物结合起来，订单高于 600 元即可在线申请逸贷业务，全线上，全自助，瞬时到账，让消费者即时享有心仪的商品和服务。二是融 e 购商城支持工行用户积分抵现支付订单，成为工行用户超过万亿积分的重要消费平台。三是融 e 购坚持名商、名品汇集，品质、品位兼备的策略，以厂家直营为主，搭建厂家到客户的直接销售渠道，确保购物安全，品质无忧。四是工商银行 1.5 亿个人网银用户可以凭网上银行用户名和密码直接登录融 e 购商城，无须另行注册，为用户带来极大便捷。

招商银行在公司金融领域独辟蹊径，于 2013 年 4 月正式推出了专门面向中小企业客户的互联网金融服务平台——"小企业 E 家"。小企业 E 家是招商银行遵循"平等、开放、协作、分享"互联网精神，充分调动和整合多方互联网资源打造的开放式、综合化的新型金融服务平台。小企业 E 家在充分发挥招商银行网上企业银行既有优势基础上，围绕中小企业"存、贷、汇"等基本金融需求，创新开发了企业在线信用评级、网贷易、惠结算、我要理财等互联网金融产品，并实现了与银行中后台信贷管理系统、客户关系管理系统等的对接，初步形成了从客户接触、跟进营销、商机发掘、产品销售到在线业务办理的全链条"O2O"（Online to Offline）经营模式。同时，通过与广泛的第三方机构开展异业合作，小企业 E 家整合研发了 E + 账户、商机平台、企业云服务、企业商城、在线财务管理、投融资平台等创新的互联网应用，打通和融合了企业在结算融资、投资理财、商机拓展、办公自动化、财务管理、供应链运营等多方面的行为，沉淀了传统银行难以获得的"大数据"。2013 年 7 月，招商银行将自己的信用卡商城升级为招商银行网上商城，为信用卡持有人和一卡通持卡人提供电子商务服务。此外，招商银行还推出了"出行易"商旅服务平台，这是为招商银行信用卡及一卡通持卡人推出的专属商旅预订平台。

民生银行的七家主要非国有股东和民生加银资产管理有限公司联合发起设

立"民生电子商务有限责任公司",进入电子商务领域。民生银行曾于2013年7月8日在官方网站发布《民生电子商务有限责任公司（筹）招聘启事》,称民生电商将在深圳前海注册,认缴资本金30亿元人民币,是国内第一家与商业银行形成对应关系的银商紧密合作型企业,发起人为中国民生银行的七家主要非国有股东单位和民生加银资产管理有限公司。民生电商的电子商务平台命名为"合一行"。民生电商致力于"融合民智,联合民企,服务民生",以建设形成基于中小微客户需求,有机融合电子商务与金融活动,实现产业链交易高效撮合的一流市场化平台为基础,向中小微企业及个人提供完善的信息平台、服务平台、撮合平台、做市平台等综合性电子商务和金融服务。致力于"成为新型电子商务金融业务的代表性公司和龙头企业,解决中小企业融资难和改善小微企业生态环境的标志性公司,以及国家互联网金融和电子商务政策的重要外部参与者",促进互联网金融与电子商务的结合,达到民生电商、民生银行、中小微型企业乃至整个社会的共赢。

广发银行的"广发商城"于2012年底正式运行,涵盖了千余种商品。用户可以使用广发银行的信用卡、借记卡、活期存折一次性全额支付,也可以申请信用卡分期付款。

兴业银行2014年1月25日全新升级"网上商城",进一步整合了电商资源,拓宽消费服务频道,服务频道增至团购、充值、商旅、彩票、生活、服饰、百货、食品、数码、鲜花礼品、房城等,"一站式"满足客户足不出户、便利生活的需求。

中信银行提出了在互联网上再造一个中信银行的战略,在信用卡商城的基础上,于2013年3月16日正式启动了"金融商城",开启了金融产品开架式服务的创新模式。通过金融商城,用户可以像在电子商务平台上一样购买金融产品,享受理财顾问的服务。此外,浦发银行在信用卡商城之外,另开设了自己的网上商城。

在城市商业银行方面,自2012年7月3日起,宁波银行自建的网络购物平台——"汇通商城"正式对接银联在线支付,成为国内首个向所有银联卡用户开放资源的银行系网上商城。目前,汇通商城开设乐享团、积分馆、主题馆、疯狂星期三等特色频道。成都银行网上商城正式启动于2012年11月。大连银行网上商城于2012年12月正式上线运营,由大连银行与通联支付公司联合打造。截至2014年5月,大连银行网上商城提供9个城市的切换选择。2014年4月30日,兰州银行与兰州市三维数字中心联合开发的电子商务金融服务平台"三维商城"在兰州上线试运行。与其他银行系电子商务平台不同，三维商城将搭载当地政务、事务服务功能，其定位是社会服务平台。

四、发展之惑

有人欢喜，有人愁。在各银行纷纷进入电子商务领域时，兴业银行于2013年8月6日发布公告称，将于2013年8月31日正式关闭信用卡网上分期商城。关闭信用卡商城在银行业尚属首例。在公告中，兴业银行称，关闭信用卡商城是业务调整的需要，没有作其他解释。这一举动引起了广泛讨论，给银行系电商发展前景提出了警示。

在建立综合性电子商城之前，银行业提供电子商务服务主要是建立信用卡商城，满足信用卡业务发展需要。基本上，各大信用卡发卡行都建立了自己的信用卡商城。信用卡商城多数采取银行与供应商合作模式，由于商品少、价格高、收取分期手续费等原因，一直都被视做银行信用卡业务的"附属品"。各信用卡商城无甚差异，与淘宝、京东商城等综合性电子商务平台相比，信用卡商城的消费需求、入驻商户、商品种类等都不够齐全，没有竞争优势。尽管工商银行、招商银行、广发银行的网上商城除了支持信用卡分期付款之外，还引入了团购、限时抢购等流行的购物方式，但顾客反应冷淡，网上商城的使用者寥寥无几，多数商品成交量惨淡。

对于信用卡商城的窘境，不同银行采取的处理措施也不一样。大部分银行都在信用卡商城之外，另建立了全新的电子商务平台，但招商银行则将自己的信用卡商城升级为综合性的电子商务平台。

目前，银行系电子商务平台的发展仍然处于初期阶段。电子商务平台的用户体验优化、商户招商、功能完善以及客户的熟悉和接受都需要时间。银行系电子商务平台有两个很好的发展基础。一个是它们将自己丰富多样的金融服务融入电子商务平台，一开始就建立了一个融合商务与金融的一体化的综合性电子商务平台。另一个是银行业本身拥有自己的客户基础，这对于银行系电子商务平台的初期发展而言具有重要意义。比如，工商银行1.5亿个人网银客户就是其"融e购"电子商务平台的重要基础。银行系电子商务平台借助银行自身的客户群，其发展基础可以说比一般的电子商务平台要好很多。

我国电子商务市场发展已有多年，目前市场规模已经超过10万亿元，而且仍然在持续快速增长。银行系电子商务平台作为新加入者，在规模和影响力方面都还存在很大的赶超空间。以"善融商务"为例，2013年1月18日，建设银行在北京召开电子商务金融服务推广大会，其间公布了善融商务开业 6 个月之后的首份成绩单。截至当时，善融商务交易额突破 35 亿元、融资规模接近 10 亿元。同年 6 月 28 日，即善融商务正式推出一周年之际，善融商务注册会员数超过 150 万人，交易额接近 100 亿元，融资规模达到数 10 亿元。截至2013 年底，善融商务上线 18 个月累计交易规模突破 300 亿元，其中 B2C 商城2013 年度交易额超过 10 亿元。尽管善融商务发展取得了不错的成绩，但与整个电子商务市场或电子商务领域的"领头羊"相比，其规模仍然比较微小。

电子商务平台是一种典型的"双边网络"。如前所述，网络的成长会遵循"S"形曲线，只有那些达到并超越"引爆点"的网络才能进入发展快车道，实现网络规模扩大与用户数量增长之间的良性循环。那些无法达到"引爆点"的网络只能惨淡经营，无法实现盈利，最终以失败告终。对于银行系电子商务平台而言，最为紧迫的是尽快积累客户，克服电子商务领域先行者所建立的优势。

未来仍然存在很多不确定性。银行的客户并不都在使用自己的电子商务平台。比如，很多个人客户可能是淘宝、京东等电子商务平台的忠实购物者，他们对于银行系电子商务平台也没有多少好的认知。有些银行系电子商务平台坚持自己的特色，服务自己的客户，这是发展初期的一个很好的重要策略。但这种策略过于封闭，与平等、开放、共享的互联网精神并不完全一致。严格的监管、相对保守的理念、缺乏对网络经济的理解仍然是银行系电子商务发展的重要阻碍。此外，大中型客户使用电子商务平台的情况并不理想。银行业在吸引这部分企业客户入驻自己的电子商务平台方面还需要作出很多努力。

现代银行业越来越依赖于数据和数据分析来开展业务。商业电子化已经是国民经济领域的一个重要现象，未来商业电子化的程度仍将继续加深。毫无疑问，银行业需要将电子商务与金融服务进行融合，实行"双轮驱动"，进行业务创新转型。从当前来看，电子商务与金融服务的一体化对于银行业来讲是新兴业务，各种模式都还处于探索发展的早期阶段。银行业发展电子商务一个重要基础和优势就是融合金融服务。电子商务平台上积累的大量的结构化和非结构化数据，比如用户的浏览记录、搜索、比价，商户的流水等，都可以用于信用评级和授信。借助电子商务和大数据处理技术，银行业可以更好地挖掘客户需求和服务客户。同时，银行业需要适应电子商务的发展需要，在货币形式、支付工具和过程、信用形式等方面作出创新和改变。银行系电子商务的发展不可能一蹴而就，银行业需要选择与自身优势和资源相匹配的模式，更好地服务客户，打造全新的电子商务品牌。

此外，特别是对于规模稍微小一些的银行而言，它们的客户基础本身并没有大到可以帮助它们分摊为建立功能完善、商品种类齐全的电子商务平台所付出的各项投入。对于大部分的中小银行来讲，建立自己的电子商务平台可能会处于一种入不敷出的窘境，与电子商务平台公司合作也许是一个不错的选择。

第五节　银行 P2P

与电子商务平台一样，P2P 网络借贷交易平台也是一种典型的"双边网络"。银行业发展电子商务是因为在现代经济条件下，商业活动越来越多地通过电子化的方式来进行，银行业需要适应这种商业环境，为商业活动提供便利。银行业参与 P2P 网络借贷交易则涉及银行自身角色的转变。银行业在从投资者或存款人那里筹集资金，并将其用于向需要资金的人提供资金的过程中发挥的是做市商的角色，但银行业在 P2P 交易过程中的角色则是经纪商。

一、网贷兴起

P2P 贷款（Peer to Peer Lending）亦称社会贷款或个人对个人贷款。简言之，P2P 贷款就是拥有闲置资金的个人对需要资金的个人的贷款，在交易过程中不需要传统金融机构来做市。人类社会几千年来，这种贷款交易一直都是存在的。它们是民间金融活动的重要构成部分，在削减贫困、促进社会公平以及帮助弱势群体等方面发挥了重要的作用。

P2P 贷款是一种"熟人社会"的借贷交易行为。在信息和通信技术欠发达的社会条件下，绝大部分的 P2P 借贷交易都发生在相互熟悉的社区成员之间。它们之间彼此熟悉，不存在严重的信息不对称问题，放款人可以很容易地对借款人进行监督。正是由于对于监督借款人的需要，P2P 贷款的发展会受制于地理距离的限制。

当今社会是一个网络社会，产生了一些新型的"网络社区"，那些素未谋面、相隔千里的人也可以通过这些网络社区进行交流。P2P 贷款的商业模式被嫁接到互联网上，于是产生了 P2P 网络贷款。借款人可以凭借自己的信用信息，通过互联网向那些拥有闲置资金的人（投资者）借钱。地理范围的限制逐渐被淡化。2007 年 5 月设立的"Lending Club"正是使用 Facebook 社交平台和其他社交网络及在线社区将投资者和借款人汇集在一起的。

P2P 网络贷款平台是提供 P2P 网络贷款服务的网站。平台提供的服务主要有两个方面。其一是撮合交易。在 P2P 网络借贷交易过程中，借款人和贷款人通过平台汇集在一起，借款人的相关资料、信用认证、贷款人的资金、合同的签订、手续办理、还款、催账等全部通过平台实现。平台设计一些交易机制，比如竞标，以促进交易在合理的价格上达成。其二是信用风险评估。平台对借款人提交的材料进行分析，给出信用评级。然后还可能会按照评级结果，为借款交易定价。投资者可以根据借款人的信用等级、借款金额、利率和期限等交易要件，以及自己的风险承受能力进行投资决策。投资者不需要对借款人进行直接的监督，这种监督活动被平台的信用评估所替代。从这一角度看，P2P 网络贷款与一般的 P2P 贷款的一个显著区别是，前者是"商品化"的借贷交易，借贷双方可以是匿名的，后者则属于关系型业务，借贷双方相互认识并熟悉。

2005 年 3 月，Zopa 作为借贷交易的中间人，在英国开始运营。新的 P2P 网络借贷交易模式操作简便、高效便捷、利率定价灵活，具有很重要的社会意义，很快便引发了广泛的关注和认可，并很快被复制到美国、德国、澳大利亚、中国等国家和地区。不仅是越来越多的个人，也有越来越多的小微企业和机构投资者参与 P2P 网络贷款交易。

二、信用经纪

金融市场的发展和 P2P 网络贷款平台从两个方面夹击银行业。在国内，个人金融和小微金融在银行业中的地位越来越高，大部分银行都将增加对个人和小微企业的服务力度作为业务转型的重要举措。近年来，一个新的现象或趋势是，越来越多的个人和小微企业通过 P2P 网络借贷交易平台筹集资金，而且投资者可以获得更高的收益，借款人则可以更低的成本获得资金。这将导致 P2P 网络贷款平台与银行业之间的关系越来越紧张。2014 年初发生的两件事情，使得这种紧张关系逐步浮出水面。

第一件事情发生于富国银行（Wells Fargo）与 P2P 网络贷款平台之间。2014 年 1 月 20 日，英国《金融时报》披露了富国银行向那些拥有 P2P 账户的雇员发送的一条备忘录，富国银行禁止他们通过 P2P 网络借贷交易平台发放新的贷款，要求他们如果可能的话，退出现存的投资。富国银行的解释是营利性的 P2P 贷款是一种构成利益冲突的竞争性活动。

一些观察者并不认为，富国银行禁止员工参与 P2P 贷款是出于道德规范的考虑。富国银行总部位于旧金山，而旧金山也是美国最大的两家 P2P 网络贷款平台 Lending Club 和 Prosper 的所在地。截至 2013 年底，富国银行营业网点超过 9000 个，ATMs 超过 12000 个，员工总数超过 264000 人，资产规模 1.5 万亿美元，按资产规模在美国排名第四，按市值则排名第一。富国银行是一家以社区为基础的金融服务公司，其超过一半的净收入都来自于社区银行业务板块。①尽管 P2P 网络贷款在规模上要远远低于富国银行，但富国银行的社区银行业务与 P2P 网络贷款之间非常相近。可以说，在美国，P2P 网络贷款正在富国银行的"根据地"展开对富国银行核心业务的冲击，而且它们的效率和增长远高于富国银行。

P2P 网络贷款平台不需要大量的固定办公场所和雇员，没有资本金要求。较低的成本结构使得 P2P 网络贷款平台可以将大部分的成本节约都转移给投资者和借款人。随着规模的不断壮大，这种较低的成本结构会变得越来越显著，所以它们能够为投资者提供更高的收益，为借款人提供更低利息率的资金。

理论上，富国银行业可以通过降低自己的成本结构来阻止、打击或打败 P2P 网络贷款平台公司。问题在于，富国银行的成本结构不可能降低到哪怕是接近 P2P 网络贷款平台公司的水平。大量的营业网点和雇员以及资本金要求是富国银行无法削减的支出。实际上，大量的营业网点和雇员是富国银行之所以取得如此引人注目的成功基础。富国银行不可能作出如此激进的改革，否则它就不再是我们所熟知的那个富国银行了。正像实体书店不能将网络书店驱逐出市场一样，富国银行也不可能将 P2P 网络贷款平台驱逐出市场。这可能是那些以营业网点和雇员为基础的银行不得不接受的一个现实。

英国《金融时报》的文章结论是，P2P 网络贷款可能是美国银行业自建立以来所面临的最严重的现实威胁。关键在于，它们为什么不能自己发起设立一个自己的低成本网络贷款平台？富国银行已经看到了 P2P 网络贷款未来发展趋势，以及它们对于自身业务的冲击，但目前只采取了消极的应对措施。

P2P 网络贷款平台公司已经看到了线上线下整合所潜藏的巨大的业务空间。这涉及 2014 年初发生的另一事件。这一事件涉及有史以来第一次由一家 P2P 借贷公司收购了一家传统金融机构的收购活动。2014 年 4 月 17 日，Lending Club 发布公告称，它已完成了对"Springstone Financial"的收购。为了完成交易，Lending Club 筹集债务资金 5000 万美元和股权资金 6500 万美元，全

① 社区银行业务、批发银行业务以及财富、经纪和退休业务是富国银行的三大主要业务板块。2011—2013 年，社区银行业务净收入占比分别是 58.0%、55.6% 和 57.2%。

部用于收购，其余 2500 万美元则通过股票支付，收购总价 1.4 亿美元。Springstone Financial 是一家专门向消费者的教育和医疗手术提供低成本融资服务的金融机构，它的服务网络包括 14000 家学校和医疗服务提供者。收购完成之后，Springstone Financial 的客户可以通过 Lending Club 筹集资金。

T. Rowe Price Associates 是 Lending Club 此次股权融资的主要投资者之一。该公司的投资组合管理人亨利·艾伦伯根说，Lending Club 有潜力将银行业的一个重要构成部分转变为透明的在线市场，此次收购活动是 Lending Club 沿着这一方向前进的重要一步。Lending Club 并没有局限于通过收购其他 P2P 网络借贷公司来发展壮大，而是选择了收购一家传统金融机构。显然，Lending Club 并不希望自己仅仅是一家 P2P 网络借贷交易平台公司，它还希望建立一家以科技和创新著称的金融服务公司。

银行业绝不能轻视 P2P 网络贷款这种新型金融模式。未来，资本市场的发展将会吸引更多的大型企业通过股票、债券和商业票据来筹集资金。个人和中小微型企业将成为以存贷款为主业的银行业的主要客户基础。P2P 网络借贷交易平台有潜力成为银行业的一个强有力的竞争者。2014 年 8 月，Lending Club 向美国证券交易委员会（SEC）提交了上市申请，更是引发了强烈的反应。

另一个摆在银行业面前的更为严峻的问题是，人类经济社会的运转和发展需要的是金融服务，是金融业发挥的功能，而不是某种特定形式的金融组织或金融机构。换言之，资金融通是必要的，但银行业不是必要的。随着资本市场和互联网金融日益成熟，银行业还是不是一种必要的金融机构？如果不是，那么银行业该如何应对，或者说如何转型？银行业需要深刻思考这一攸关生存与发展的课题。

金融业的一个重要发展趋势是，越来越多的金融活动从银行业转向金融市场，金融市场在整个金融业中的地位是越来越高。银行与金融市场之间存在相互竞争。回顾金融业历史，我们常常能够看到这种现象，即一些金融产品最初是由银行或其他金融机构所发明的，但最终被转移到金融市场。银行业信贷资产证券化就是一个典型的例子。银行业将信贷资产从资产负债表上转移出来，通过打包、分层等金融工程技术，将它们转化为有价证券，并在金融市场上出售。这一过程始于 20 世纪 70 年代，抵押贷款、汽车贷款、信用卡应收账款、租赁、消费信贷、次级贷款等先后被证券化。由于被过度发展，资产证券化成为引发 2007 年次贷危机的直接原因。在国内，资产证券化已试点了多年，但规模仍然不大。不管是通过银行还是通过金融市场，尽管信用中介过程不同，但它们所发挥的功能都是一致的。

在资金配置过程中，银行和金融市场相互竞争。相比较而言，银行在提供个性化的产品方面更具优势。随着金融产品逐步标准化、大众化，消费者和投资者对它们越来越熟悉，这些产品就可以转移到金融市场。技术进步和交易成本的下降在不断加剧这种竞争。这预示着，包括银行在内的金融机构在金融业中的地位将会不断下降。从某种意义上讲，银行业是在帮助金融市场成长和发展。

越来越多的信用中介活动将会通过金融市场来进行。银行业需要适应这一变化。银行业可以从资产证券化过程中来寻找一些启示。银行业从存款人和投资者那里筹集资金，并向借款人发放贷款。在这一过程中，银行业发挥了做市商的角色，它们分别向存款人、投资者和借款人进行双向报价，并分别与它们进行交易，从双向报价之间的差异中赚取收益。为此，银行业需要承担贷款之上附着的信用风险。

在发起贷款，并将贷款进行打包、结构化和出售的过程中，银行业的角色发生了根本性的变化。银行业不再承担它们所发起贷款的信用风险，而是将信用风险转移给了证券化产品的投资者，它们因此成了信用风险的经纪商。在有些场合，它们之所以选择发起一笔贷款，就是为了将这笔贷款出售给特殊目的机构（SPV）。也就是说，它们是在为了出售和证券化，并从中赚取一些手续费和服务费来发起贷款的。它们扩大业务规模也不再需要依赖于从存款人和投资者那里筹集更多的资金。贷款出售和证券化本身也是一种融资行为。在这种商业模式下，一笔资金可以循环使用，从而使业务发展独立于吸收存款和发行非存款负债。

银行业从做市商向经纪商转变的过程同样适用于 P2P 网络贷款交易。在 P2P 网络贷款交易过程中，平台所发挥的作用正是信用风险经纪商。它们为投资者购买信用风险提供经纪服务，投资者可以从信用风险承担中获得相匹配的收益。P2P 网络贷款平台则从交易中收取一些费用，这是它们赚取收入的主要来源。

信用风险经纪服务在金融活动中的地位无疑将会不断提高。未来，银行业所开展的信用风险经纪服务将不会再局限于资产证券化，针对个人和小微企业的一些融资服务也将更多地依靠市场来解决。P2P 网络贷款平台正是促进个人和小微企业融资服务市场化的一个重要的载体。银行业参与或者自己建立 P2P 网络贷款平台，不仅可以为自己的个人客户和小微企业客户提供更多样化、更低廉的金融服务，而且还可以通过 P2P 网络平台出售自己的一些资产或产品，为自己融资。

三、红蓝之辨

在国内，截至 2014 年初，银行业对于 P2P 网络贷款的重视程度远远低于它们对于电子商务的重视程度。大型银行对于 P2P 网络贷款仍然是不屑一顾。它们探索发展互联网金融的计划中并没有 P2P 网络贷款的位置。但 P2P 网络贷款平台与小额贷款公司之间的合作正在逐步展开，一些小额贷款公司还在寻求搭建自己的 P2P 网络贷款平台。

如前所述，P2P 网络贷款平台是一种典型的"双边网络"。其成长会遵循"S"形曲线，只有那些突破"引爆点"的 P2P 网络贷款平台才能够进入自我发展的良性循环阶段。在网络经济条件下，竞争和发展的结果是行业集中。当前国内已有 1000 多家 P2P 网络贷款平台，它们中的大部分都将因为无法突破"引爆点"而惨淡经营，甚至免不了失败关闭的结果。

利用互联网提供贷款服务是一个很好的理念和商业模式。自 2007 年 6 月我国第一家 P2P 网络贷款平台——"拍拍贷"成立以来，P2P 网络贷款行业可以说是经历了"野蛮"的成长。很多人都想在这一新生金融业态中占据一席之地，争相筹建 P2P 网络贷款平台。平台数量的增加，导致行业竞争日趋加剧。

与此同时，P2P 网络贷款平台公司面临着一些严峻的问题。第一是安全问题。大部分 P2P 网络贷款平台的交易系统都存在不同程度的安全隐患，这些隐患为黑客攻击提供了可乘之机。那些缺乏专业技术人员的 P2P 网络贷款平台面对黑客攻击束手无策，平台无法正常运转，交易得不到执行，客户资金安全得不到保障，长此以往必将影响平台的声誉和吸引力。第二是金融知识缺乏。大部分 P2P 网络贷款平台的从业者都有 IT 行业的从业经历，但对于金融业以及民间金融活动并不熟悉。P2P 网络贷款平台提供的一项重要服务就是对借款人进行信用风险评级，并监督他们的还款行为。这对于缺乏金融风险评估和管理经验的 IT 从业者而言并不是一件轻松的事情。第三是行业监管缺乏，准入门槛低，从业人员鱼龙混杂，行业发展无序。第四是征信体系不能提供足够的支撑。P2P 网络贷款平台通过搜集借款人的各种数据，经过数据分析，得出客户信用等级。除了模型设置方面的问题之外，数据本身的质量和覆盖面也存在严重的缺陷。当前，人民银行征信系统尚未向 P2P 网络贷款平台公司开放，私人征信机构发展比较落后，P2P 网络贷款平台自身缺乏有效的信息收集渠道和工具，所得到的信息和数据的真实性也很难得到确认，可以说基本上没有什么征信能力可言。第五是行业竞争无序。比如，为了吸引投资者，一些 P2P 网络贷款平台向投资者承诺本金安全，承诺最低收益率。这些承诺使得 P2P 网络贷款平台违背了只提供经纪和中介服务的本质，使得自己暴露在借款人违约的风险之中。

在这样的行业环境中孕育的 P2P 网络贷款平台的艰难就可想而知了。2013年底以来，国内 P2P 网络贷款平台发展进入行业洗牌阶段。由于各种各样的原因，一些 P2P 网络平台发生了问题，并终止了运营。

如此激烈的竞争是不是意味着 P2P 网络贷款已经从"蓝海"变成了一个"红海"？当前，P2P 网络贷款行业竞争确实是在不断加剧，但行业的发展尚未达到均衡的状态。一些经营不善的平台退出市场，一些新的平台还在产生。同时，P2P 网络贷款行业发展距离"引爆点"仍然有一段距离，没有哪一家平台可以占据行业大部分市场份额和领导地位。虽然说 P2P 网络贷款在国内已经产生了七年多时间，但那些行业的先行者所建立起来的先行者优势尚不足以构成一个不可突破的进入壁垒。

从当前 P2P 网络贷款行业发展阶段和发展环境看，银行业参与 P2P 网络贷款仍然存在很大的发展空间。其一，参与 P2P 网络贷款能够提高银行业作为信用中介过程中的经纪商角色的地位。其二，银行业在数据收集和确认、风险评估和风险管理等方面积累了非常多的经验和技能。其三，对于银行业而言，P2P 网络贷款行业的技术壁垒和资金壁垒都不高。银行业可以凭借自身的经验和优势克服 P2P 网络贷款行业的一些发展障碍。一旦 Lending Club 上市成功，同城的富国银行将成为最大的赢家。富国银行通过旗下的 Norwest 风险投资公司在 Lending Club 持有 16.5% 的股份，是 Lending Club 最大的股东。

在国内，截至目前，只有少数几家金融机构设立了 P2P 网络贷款平台。2011 年 9 月，平安集团成立了"上海陆家嘴国际金融资产交易市场股份有限公司"（简称陆金所），注册资本 8.37 亿元，总部位于上海陆家嘴。陆金所旗下有两大交易平台，一个是 2012 年 3 月正式启动的"网络投融资平台"（Lu-fax），为中小企业及个人客户提供专业、可信赖的投融资服务，实现财富增值。另一个是"金融资产交易服务平台"（Lfex），为广大机构、企业和合格投资者等提供专业、高效、安全的综合性金融资产交易相关服务及投融资顾问服务。根据 2014 年发展计划，除了 P2P 业务之外，陆金所还将推动 B2C、B2B、

F2F（金融机构对金融机构）等多种业务，并发展经纪会员体系。

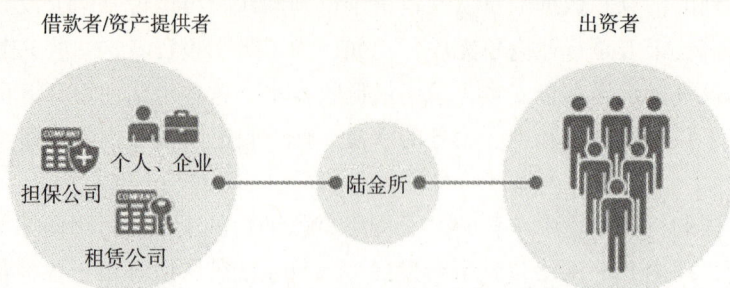

图4-6 陆金所的P2P平台

"开鑫贷"是由国家开发银行旗下全资子公司——国开金融有限责任公司与江苏金农公司联合打造的互联网投融资平台，于2012年12月正式上线。开鑫贷为富余资金借出人和具有融资需求的借入人提供信息登记、信用评级、资金撮合、资金结算等服务。

与平安集团和国家开发银行采取由子公司设立P2P网络贷款平台的方式不同，招商银行进入P2P网络贷款领域采取了自建的模式。2013年9月，招商银行在其"小企业e家"平台下推出了针对小微客户的"e+稳健融资项目"，提供投融资撮合服务。

2014年11月28日，齐商银行的"齐乐融融E平台"上线运行，主打普惠金融品牌，这是国内首家致力于提供小微企业、"三农"产业、青年和妇女创业等普惠金融服务的互联网投融资平台。目前齐乐融融E平台设立了齐发财、齐致富、齐创业三个投资项目，对应支持借款额在100万元以下的微小企业、"三农"产业、青年及妇女创业的小微融资群体。三个项目的投资起点均为1000元，期限1个月至36个月不等，适合于不同层次的理财群体。据齐商银行的介绍，齐乐融融E平台依托改行的小微金融风险控制体系和小微信贷产品，由德国IPC公司提供技术支持，由山东再担保集团股份有限公司和淄博融信投资担保公司为平台项目提供增信支持，联合慧聪网、隆众网、易贷中国等拓宽交易渠道，由通联支付提供资金监管及清算服务，能够最大限度地保证资金和账户安全。

这些先行实践掀开了银行业进入P2P网络贷款领域的序幕。其他一些银行也在跃跃欲试，要进入P2P网络贷款领域。P2P已经发展到不再局限于个人与个人之间的融资活动，中小微型企业也已经成为P2P网络贷款平台的重要参与者。未来，还会有更多的参与者使用 P2P 网络贷款平台来获取服务。银行业需要重新审视自身以及 P2P 网络贷款在未来金融业中的地位和作用，更好地将 P2P 网络贷款理念和模式融入自身的转型和发展中，更好地为客户提供金融服务。

第六节　移动金融

"让金融服务动起来，把金融服务交到客户的手上"。银行业服务的便利性再次被重新定义。营业网点以及一些自助服务设施的固定性对于银行业服务的灵活性和便利性的约束最终将在移动金融领域被彻底打破，客户可以通过移动终端随时随地查询账户和产品信息以及获取金融服务。移动金融的广阔前景引来了众多参与者，导致行业竞争日趋加剧。银行业也已经推出了移动金融服务，但在完善发展移动金融服务方面还有很长的路要走，而由移动金融所带来的大部分成本削减将会被转移给客户。

一、移动商机

移动互联网（Mobile Internet）是移动通信与互联网一体化的产物，产生于 20 世纪 90 年代末期。狭义上，移动互联网是指用户使用手机通过移动网络浏览传统互联网站和专门手机网站。广义上的移动互联网则是指通过智能手机、笔记本电脑、平板电脑、PDA 等移动终端，基于浏览器方式接入互联网，或者使用需要和互联网连接的应用程序，以获取多媒体内容、定制信息和数据服务。

随着移动通信网络日趋成熟，宽带价格逐步下降，智能终端日益普及，以及基于移动互联网的内容和应用快速增多，移动互联网逐步进入爆发式增长的阶段。2007 年，智能手机开始加速上市，加速了移动互联网接入的发展。根据国际电信联盟（ITU）的数据，2008 年全球移动终端接入互联网的用户数量首次超过使用桌面电脑接入互联网的用户数量，移动宽带自 2007 年以来平均年增长率高达 40%。

移动互联网仍然存在巨大的发展空间。工业和信息化部电信研究院《移动互联网白皮书（2013）》指出，当前移动互联网仍处于早期发展阶段，从整个产业来看，移动互联网发展的大幕才刚拉开。据国际电信联盟的《衡量信息社会发展（2013）》预测，到 2013 年底，全球互联网用户数量将达到 27 亿，将有68亿蜂窝移动签约用户，总数与全球总人口数接近。当前，几乎所有人都生活在由蜂窝移动信号覆盖的地方。然而，并非所有这些移动网络均已升级为使用3G技术的网络，而后者才是真正的移动宽带网络，可提供高速互联网接入。到2012年底，全球约50%的人口由3G网络覆盖，到2013年，全球将有约20亿移动宽带签约用户，相当于全球范围内近30%的普及率。移动宽带不仅在发达国家发展迅速，在发展中国家也是如此，其签约用户在最近两年翻了一番，总用户数量超过了发达国家的数量。然而，发达国家与发展中国家的差距依然巨大，前者的普及率为75%，而后者则仅为20%。

移动宽带允许更多的人更加便捷地接入互联网。以中国为例，得益于3G的普及、无线网络的发展、智能手机的价格持续下降以及手机应用的多样性，使用手机上网已经成为我国网民最重要的上网方式。根据工业和信息化部的材料，2013年，国内手机市场累计出货量为5.79亿部，同比增长24.1%，其中2G手机出货量为1.7亿部，3G手机出货量达到4.08亿部，智能手机出货量为4.23亿部，同比增长64.1%，市场占有率达到73.1%，其中Android手机出货量3.98亿部，占同期智能手机出货量的94.0%。

根据中国互联网络信息中心的统计，截至2013年12月，我国网民规模达6.18亿人，互联网普及率为45.8%，较2012年底提升3.7个百分点。其中，通过台式电脑上网和笔记本电脑上网的比例分别为69.7%和44.1%，相比2012年均有所下降。手机上网比例保持较快增长，从74.5%上升至81.0%，提升6.5个百分点。2013年我国移动网民规模为5亿人，渗透率为81%，其中3G用户规模为4.17亿户。根据艾瑞咨询集团的估计，未来几年，我国网民总数和移动互联网网民总数均将继续增加。

先进的移动通信技术，特别是第四代移动通信技术（4G）促进移动互联网应用飞速发展。[1] 自2009年12月14日北欧电信运营商TeliaSonera在挪威和瑞典同时部署并正式启用全球第一个LTE（4G）商用网络之后，根据全球移

---

[1]　国际电信联盟（ITU）长期致力于为国际无线电和电信的设定标准。在国际电信联盟界定的IMT-2000（3G）系统取得巨大成功之后，国际电信联盟于2002年启动了IMT-Advanced（4G）倡议。2009年10月，国际电信联盟接到六个提案，最终这六个提案被整合成为两项IMT-Advanced（4G）技术，即LTE-Advanced和WirelessMAN-Advanced。IMT-Advanced标准于2012年1月18日在日内瓦举行的国际电信联盟无线通信大会（ITU Radiocommunication Assembly）获得通过。由我国主导制定的、大唐电信集团提出的TD-LTE-Advanced技术作为LTE-Advanced的重要组成部分，最终通过成为4G国际标准。

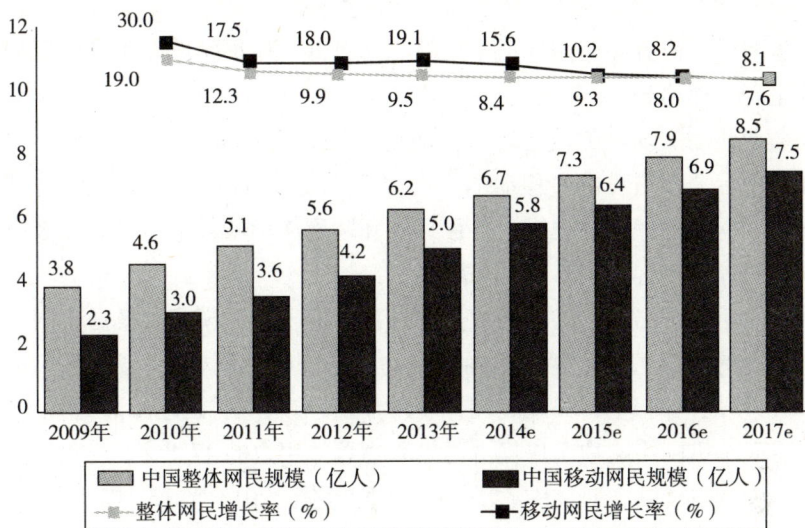

注："e"代表2014—2017年的数据为预测值，下同。

资料来源：艾瑞咨询集团的《中国移动互联网行业年度研究报告（2014）》。

图4－7　2009—2017年中国整体网民与移动网民规模

动设备供应商协会（GSA）的统计，截至2014年3月31日，全球已启动运行的LTE（4G）商用网络279个，预计总数将超过350个。经过3G时代的培育和积累，移动互联网市场已经进入爆发期。

2013年12月4日，工业和信息化部向中国移动、中国电信和中国联通颁发"LTE/第四代数字蜂窝移动通信业务（TD－LTE）"经营许可，宣告我国通信行业进入4G时代。在此之前，中国移动已经启动20.8万个基站的建设。4G将带来移动互联网进入新一轮增长期。根据工业和信息化部运行监测协调局对2013年我国手机行业发展情况的回顾与展望，从用户发展和营收来看，4G发展速度将远高于3G网络部署之初的记录，未来三年国内4G市场将呈现爆炸式增长态势，而非3G初期渐进式增长。

移动互联网对人们的生活、休闲、娱乐、交流、购物、消费方式，以及企业制造产品和提供服务的商业模式都已经产生了重要的影响。从国内手机网民各类应用使用情况看，2013年，交流沟通类应用依然是手机的主流应用，在所有应用中的用户规模和使用率均排第一，但用户主要集中在手机即时通信上，微博、社交网站、论坛等应用的使用率均有所下降。休闲类娱乐应用发展迅速，手机游戏、手机视频和手机音乐等应用的用户规模大幅上升，增长态势良好。手机电子商务类应用渗透率虽然相对较低，但该领域内所有应用的使用率全部呈现快速增长。

在商业活动实现电子化之后，移动化成为商业活动发展的一个重要趋势。电子商务平台公司纷纷推出移动端，大力宣传促销自己的移动电子商务服务。移动互联网购物已经成为现实，各种移动互联网应用场景不断完善，吸引那些追求购物时尚的年轻人到移动端来购物。

当前，手机网络购物已发展成为一种重要电子商务模式。根据中国互联网络信息中心的调查，2013年手机网络购物用户规模达到1.44亿户，年增长率160.2%，使用率高达28.9%。网络购物时使用手机浏览查询的用户占比58.2%，而手机网络购物用户仅占网络购物总体用户的47.8%。

根据中国电子商务研究中心的监测数据，截至2013年12月，移动电子商务用户规模约达38076万人，较2012年的25050万人同比增长52%，预计到2014年将增加到53256万人。国内移动电子商务市场交易规模达到2325亿元，同比增长141%，预计到2014年这一数字有望达到4124亿元。

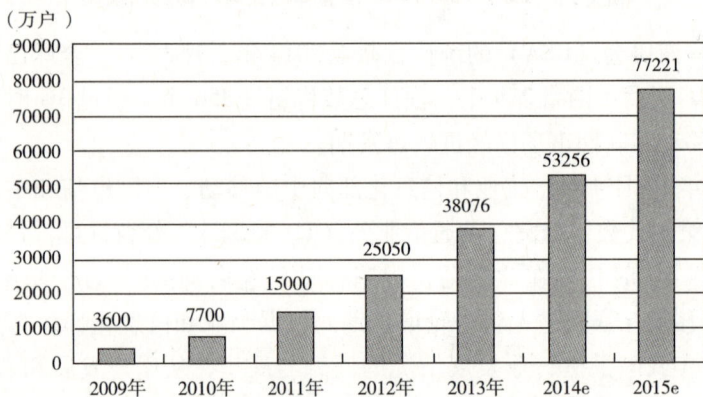

资料来源：中国电子商务研究中心的《2013年中国电子商务市场数据监测报告》。

图4-8　2009—2015年中国移动电子商务用户数量

移动电子商务市场规模进入快速发展阶段。第一，无线连接和高速通信技术（如4G）使得手机网络购物越来越便捷，使得购物交易随时随地都可以发生，激发更多购物行为。第二，手机购物安全技术也在不断进步，二维码、条形码等一些功能与手机网络界面和应用场景之间契合越来越好。第三，一些新

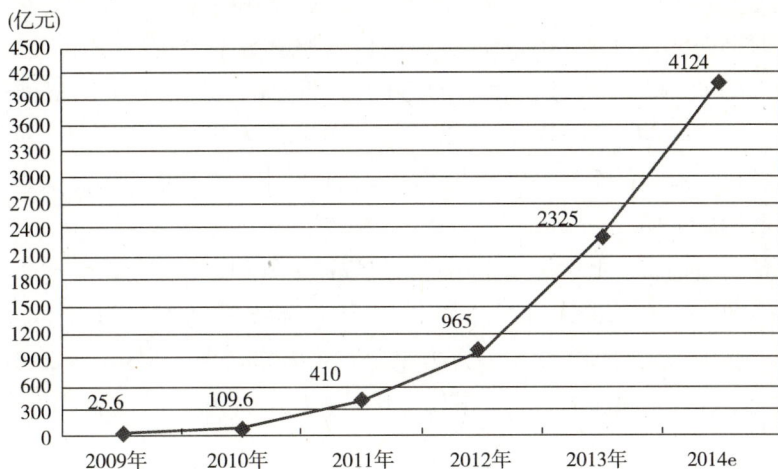

资料来源：中国电子商务研究中心的《2013 年中国电子商务市场数据监测报告》。

图 4 – 9　2009—2014 年中国移动电子商务市场规模

的手机网络购物应用将相继出现，改善手机购物体验。与此同时，伴随商务活动以及人们的消费和生活移动化，一些互联网企业和金融机构也推出了移动端来提供相应的金融服务。

移动互联网发展前景和空间是无法估量的。当前，"4G 之翼"日益成熟，移动智能终端的功能越来越强大，为未来一段时期移动互联网发展奠定了基础。在更远的时间里，信息和通信技术仍将继续不断发展，尚难判断日益先进的技术成果会将移动互联网以及建立其上的电子商务和生活消费方式引向哪里。毫无疑问的是，移动化的电子商务和生活消费方式将成为人类经济社会领域中越来越重要的现象。

二、必争之地

移动电话的普及改变了客户使用金融服务的方式。客户在越来越多地使用智能手机来获取金融服务。商务环境和客户习惯都在不断变化，银行业需要紧密跟踪信息和通信技术进步，借助先进的技术成果为更多的客户提供更多更便利的产品和服务。采取移动终端作为销售渠道可以减少成本，但这部分成本削减将由于激烈的竞争而被转移给客户。

（一）年轻客户

移动互联网正处在发展初期阶段。当前，移动互联网在年轻客户群体中的接受程度要高于中老年客户，年轻化是移动互联网用户的一个重要特征。根据中国互联网网络信息中心对国内手机网民的监测数据，从 2012 年的数据看，30～39 岁手机网民在总体网民中的占比为 24.8%，20～29 岁手机网民占比 34.3%，10～19 岁手机网民占比 25.7%。10～29 岁年龄段的用户，对新生事物接受较快，对智能手机高性能配置和应用软件丰富性功能更为感兴趣，成为移动互联网的主体。

从学历结构看，低学历水平用户比例较高。其中，初中学历的手机网民占比 34.9%，高中学历的手机网民占比 33.3%，构成手机网民的主体。从职业结构看，我国手机网民以学生群体为主，占比为 26.8%，个体户/自由职业者和企业/公司一般职员的占比相比 2011 年有所上升，占比分别为 18.7% 和 11.2%。

随着年轻客户逐步成长，使用移动互联网的高年龄段群体占比会自然增长，这部分年轻群体的学历水平也会越来越高，较高学历的手机网民数量也会不断增长。学生群体手机上网的普及率已经到了较高的水平，尤其是大专以上学历者手机上网比例接近饱和，这一群体逐步从校园走向工作岗位，会逐步增加非学生群体手机上网占比。此外，随着移动互联网和智能终端的普及，其他群体也会越来越熟悉使用手机上网。根据"和讯银行"对 2013 年我国手机银行的调查报告，手机银行业务在国内手机网民中的使用率基本保持不变，维持在 52% 左右。同时，手机银行业务正显著地向收入高、购买力强的中年人群扩散。与 2011 年 2 月的调查结果相比，18～29 岁用户的比例显著减少，尤其是 18～24 岁的用户比例减少了 10.6%。同时，30～39 岁用户的数量显著增加。手机银行用户的成熟和用户结构的优化，预示着此业务良好的发展前景。

当前，移动金融仍然处于发展初期阶段。将近半数的手机网民并没有使用移动金融服务。从近两年的数据来看，尽管手机网民使用手机支付、手机银行的情况在不断增加，但二者在手机网民的各类银行互联网应用中排在比较靠后的位置。对于移动金融，银行业和客户都需要有一个熟悉的过程。在此过程中，银行业的一项重要任务是加大对移动金融的宣传，培养客户，获取市场份额，建立移动金融品牌。

如何让更多的客户接受移动金融这一新型金融服务方式，是银行业需要解决的一个重要课题。那些能够很好地解决这一问题的银行将在未来的移动金融竞争中获得优势。在这方面，大中小银行面临着同样的创新和竞争压力。

年轻客户是移动互联网的主要使用者，他们在推动移动金融发展的过程中将发挥重要作用。他们对新事物充满好奇心，追求新颖和时尚，能够接受、愿意尝试新产品。他们忠诚于新的流行的产品，而不是提供相关产品的银行。这对于客户基础稍微薄弱一些的银行而言并不是坏事。只要它们能够提高自己高科技形象和创新形象，不断地推出适合年轻客户需求和偏好的新的应用，为他们提供更好的服务体验，这些银行一样能够在同大型银行的竞争中获得发展空间和优势。

从静态来看，年轻客户的财富水平有限。但从动态来看，随着年轻的移动金融使用者逐渐成长，他们的价值会越来越大。对于银行业而言，培育年轻的移动金融使用群体的长远意义要远远大于眼前的意义。

（二）掌上柜台

渠道是银行业与客户之间的桥梁，不能掌握完善的渠道体系，银行业就无法有效获取客户，无法为客户提供多样化的选择，无法有效服务客户。渠道本身的特性也会影响银行的服务水平和客户体验。从整个银行业渠道体系发展趋势来看，电子渠道在银行业渠道体系中的地位越来越高，但营业网点在提供复杂金融服务和获取客户方面的作用仍然是电子渠道所无法替代的。

当代银行业根据技术进步和客户偏好变化不断拓展和完善自己的服务渠道，已建立了多样化的服务渠道体系。这些渠道各有自己不同的特性、优势和局限性。营业网点、以 ATMs 网络为代表的自助银行等渠道有一个重要的特征是固定性。也就是说，这些渠道一旦铺设之后，就被固定在某个特定的地点，客户需要"上门"才能使用它们。对于呼叫中心和网上银行而言，这种固定性有所弱化。客户可以通过自己的电话和家庭电脑来接入银行的呼叫中心和网上银行，获取自己所需要的相关服务。

移动智能终端和移动互联网的出现将给银行业带来一次渠道革命。"便利"是银行业服务必须具备的一个重要属性。借助移动互联网和客户的移动终端，银行能够将自己的服务渠道铺设到客户的手中、口袋里，客户的移动终端都成了银行的"柜台"。这将深刻改变银行服务便利性的含义。客户可以使用移动终端在自己需要的时候随时接入银行专为移动金融打造的网络，而且不受地理位置的限制。银行服务渠道的覆盖面空前扩大，可以说有无线网络覆盖的地方，都成为银行服务的办公地点。

移动终端是融呼叫中心和网上银行于一体的综合性服务渠道，是一种全能银行平台，它们具有呼叫中心和网络银行的功能。客户不仅可以使用移动互联网办理业务，还可以通过电话、邮件、短信、微信、社交网络、银行在线客户服务等方式与银行的服务人员进行交流和互动。未来，一些复杂的金融服务，比如实时理财顾问服务，也将可以通过移动终端来获得。通过移动终端提供综合化金融服务，将成为银行业赢得未来竞争的一个重要举措。

移动互联网是一种低成本的渠道。不管是营业网点，还是网上银行、自动取款机（ATMs）、呼叫中心，都需要银行进行固定的投入。银行需要购置办公场所和一些基础设施，还要为这些渠道配备大量的具有各种不同知识结构的雇员，这些固定设施和雇员都是银行的成本。但在开发以手机为代表的智能移动终端服务渠道方面，银行不需要进行如此多的固定投资。移动终端的普及不需要银行支付成本，可以说移动终端的普及是很多行业共同努力的结果。银行业需要做的是，开发自己的客户端，将自己的金融产品放到移动互联网上，为客户提供良好的服务体验。

重要的是，移动终端天生属于共享的渠道。客户可以将不同银行的客户端下载到自己的手机上，通过它们接受不同银行的服务。这一点意味着，银行在移动终端渠道方面将会展开激烈的竞争。除了客户端本身设计良好之外，客户端所负载的产品和服务也是竞争的重要方面。

三、贴身服务

产品和服务的创新是银行业在发展移动金融方面可以发挥主动性的重要环节之一。银行业不仅需要将自己的产品和服务放到移动互联网上，还需要针对移动互联网的特性以及移动金融使用者的特征和偏好开发新产品和新服务，而且这些产品和服务需要很好地融合起来。

（一）移动支付

支付服务是银行业的传统服务。但随着信息技术进步和电子商务发展，支付行业出现了一大批新的进入者，它们给客户以高科技形象，受到年轻客户的喜爱。客户使用这些新型的支付方式成了一种时尚。

移动支付是资金流与移动互联网相互融合的一个重要领域。这种支付过程涉及电信运营商、银行、银行卡组织、互联网公司、支付机构等。移动支付指的是用户使用其移动终端（主要是手机）进行支付的一种支付方式，可以通过不同过程和方式实现，可以是远程支付，也可以是近场支付。

移动支付是一种新型支付方式，这个行业吸引了大批的进入者，其中既有银行业的竞争者，也有合作者。竞争者的多样化为支付行业发展带来了巨大的动力，它们开发了一系列先进的支付服务，比如电子钱包、快捷支付、近场支付（NFC）、二维码支付、条形码支付、微信支付等。这些移动支付方式更加便捷，已经成为小额现金支付、信用卡支付的重要的替代支付方式。

当前，移动支付行业的发展基础日益夯实。一是手机网民数量持续增长，使用手机完成支付活动的用户群不断壮大。二是移动电子商务日益繁荣，越来越多的手机网民开始熟悉并使用手机来购物，推动了手机支付业务的增长。三是移动支付行业的众多参与者开发了丰富的移动电子商务应用，移动支付的便利性逐步为用户所认识，客户体验越来越好。

2013 年，移动支付成为我国增长最快的电子支付方式。根据中国人民银行的统计，2013 年国内发生移动支付业务 16.74 亿笔，金额 9.64 万亿元，同比分别增长 212.86％ 和 317.56％，增速远高于网上支付。根据中国互联网络信息中心的统计，2013 年国内手机在线支付快速增长，用户规模达到 1.25 亿户，使用率为 25.1％，较上年提升了 11.9 个百分点。

移动支付应用场景越来越丰富，移动支付技术会越来越成熟。用户可以使用移动支付完成网络购物支付、订票、缴费、打车、充值、还款、理财、账户管理等金融活动。各类移动支付服务提供商仍然在不断拓展移动支付应用场景。应用场景的丰富将吸引更多的个人和企业使用移动支付。

（二）移动银行

移动银行是指利用移动互联网和移动终端为客户提供金融服务。智能手机是当前最主要的移动服务渠道。比如，客户可以通过手机浏览器进入银行的网站、手机客户端、短信、微信等方式来办理相关银行业务。

移动银行包括通常所讲的手机银行、微信银行、短信银行。从形式上看，它们都是通过移动终端实现的，但它们所涉及的服务流程、服务内容和相关技术条件并不相同。比如，工商银行的手机银行是依托移动通信网络，为客户提供的通过手机办理金融服务的电子银行业务。短信银行是通过短信银行服务号码 "95588" 为所有移动、联通（不含小灵通）及电信手机客户提供的方便快捷的 7×24 小时全天候服务，用户编辑短信到 "95588" 即可享受信息查询、动账交易、业务定制、业务咨询、缴费及手机充值等全方位的金融服务。微信银行是通过公众号 "中国工商银行电子银行"，为客户提供的随时随地畅享工行业务咨询、金融信息查询、产品及促销活动资讯等服务，让客户享受时尚、便捷、贴心的服务体验。目前，工商银行微信银行提供人工服务、自助服务、资讯获取三类服务。

移动银行与我们通常所讲的电话银行并不相同。电话银行是以语音为基础的银行服务，移动银行则是建立在移动互联网、智能移动终端、手机客户端、短信、社交平台等的基础之上的。当前，移动银行主要通过短信和网络流量来实现。

移动银行比网上银行更加便利。移动银行可以解决排队等候问题，具有更加突出的"随时、随地、贴身、快捷、时尚"的特性，真正帮助客户实现了在"任何时间、任何地点"办理银行业务。

当前移动银行的功能还无法与网上银行相比。近年来，国内各大商业银行纷纷推出移动银行，但移动银行所提供的服务主要是一些基础性的服务，比如推广初期的农业银行手机银行为客户提供信息查询、转账汇款、缴费支付、信用卡、漫游汇款、农户贷款、定活互转、第三方存管、消息定制、账户管理、基金买卖、双利丰等金融服务。银行业需要根据先进的技术成果和客户需求进行更多的投入和探索，持续不断地完善移动银行的功能。

从客户的角度看，他们熟悉和接受移动金融也需要一个过程。在接触移动金融的早期，他们往往最先使用那些比较简单的、易于理解的业务，比如转账汇款、查阅账户、充值、缴费、信用卡还款等。从技术上看，移动银行的功能越先进越好，但在不适当的时机推出一些过于超前的应用可能并不具有商业可行性。

移动银行是一种低成本的服务渠道。银行业可以通过移动银行为客户创造更多价值。这是吸引客户使用移动银行的一个重要卖点。银行业可以采取低成本战略来开展移动银行。换言之，移动银行的费用不能高过网上银行和柜面。差异化也很重要，但差异化不能牺牲成本优势。

客户在使用移动银行时会产生数据流量费或短信费，但银行在产品和服务方面的让利可以弥补这些费用。比如，建设银行手机银行收取异地转账（汇款）、跨行转账、向企业转账的手续费，但截至 2013 年 12 月 31 日，这三种转账手续费费率为 0.15%（相当于柜面 3 折），最低 1 元，最高 15 元，其中同城跨行转账更享受 1 元/笔优惠。此外，不向客户收取服务费。

四、移动蓝海

促进居民能够安全地获得可负担得起的银行服务是监管部门促进消费者对银行体系的信心的重要举措。尽管监管部门和银行业都在努力扩大自己的覆盖面，但遗憾的是，仍然有大量的人群没有得到银行服务，或者所得到的银行服务远远不能满足自己的需要。

　　为了评估银行服务的包容性（inclusiveness），美国联邦存款保险公司FDIC一直在关注着美国家庭使用银行服务的情况。在美国联邦存款保险公司的评估报告中，根据家庭使用银行服务的情况将居民分为三类：一是"无银行账户家庭"（Unbanked），他们没有银行账户，与主流银行业没有业务关系。二是"缺少银行服务家庭"（Underbanked），他们拥有银行账户，但还使用"另类金融服务"（AFS）①。三是"充分银行服务家庭"（Fully Banked），他们可以通过银行获得自己需要的全部金融服务，几乎不使用另类金融服务。美国联邦存款保险公司于2011年6月发起的对美国家庭使用银行服务情况的调查显示，8.2%的家庭属于无银行账户家庭，总数量超过1000万户，包括大约17万成年人。20.1%的家庭属于缺少银行服务家庭，总数量超过2400万户，包括大约5100万成年人。合计起来看，在美国28.3%的家庭都没有得到充分的银行服务。根据美联储对美国消费者和移动金融服务调查报告，2011—2013年，美国无银行账户的消费者在成年人中的比重依次是10.8%、9.5%和10.5%。

　　这部分人群有一些重要的特征，使得银行业很难在商业可行的基础上为他们提供服务。从美国来看，美联储对2013年美国消费者和移动金融服务的调查显示，对于那些无银行账户的消费者来讲，他们不开立银行账户的原因主要是没有足够的钱（25%），不想要开立银行账户（24%），信用记录或身份识别存在问题（10%），不经常使用银行账户（8%），不喜欢与银行打交道（6%），费用过高（2%）。此外，15%的被调查对象拒绝回答美联储的问卷。

　　在中国国内还没有类似的调查报告。如果我们拿国内银行业和美国银行业进行比较，就不难预计，在国内不能获得充足银行业服务的家庭和人群不占少数。这部分家庭和人群非常需要银行服务，他们从其他渠道获取金融服务需要支付较高的费用和利息。

　　移动金融在帮助那些无法获得充分的银行服务的群体方面被寄予厚望。人们一直在寻找各种方式和渠道来扩大金融服务覆盖面，以削减贫困、促进公平和可持续发展。但直到最近，人们才发现手机可以成为一个达此目标的强有力的工具。在世界范围内，私人企业，特别是互联网金融企业，已经在利用手机

---

　　① 另类金融服务包括非银行汇票（Money Orders）、非银行支票兑现（Check Cashing）、非银行汇款、预付卡、发薪日贷款（Payday Loans）、典当行、先租后买商店（Rent‒to‒Own Stores）、预期退税贷款（Refund‒Anticipation Loan）等。

向贫困地区和无法获得充分银行服务的群体提供金融服务。

　　为这部分家庭和人群提供服务将是移动金融领域的一片蓝海。银行业可以建设自己的移动金融体系，以智能手机为全能银行服务平台，将自己的覆盖范围拓展到无法获得充足金融服务的欠发达地区和群体。这是一个巨大的市场，移动金融具有较低的成本结构和规模经济效应，适合于向这一市场提供大量服务。

五、安全问题

　　安全问题是困扰移动金融发展的一个重要问题。一方面，移动金融是一个新生事物，尽管接受移动金融的用户数量在不断增加，但仍然有大部分用户表达了对于使用移动金融的安全性的担心。

　　以美国为例，在美联储对消费者和移动金融服务调查结果中，2013 年认为使用手机银行时个人信息是"比较不安全"和"非常不安全"的手机用户占比分别是 25.5% 和 18%，比 2012 年分别增加了 11 个百分点和 6.5 个百分点，认为是"比较安全"的占比是 32.1%，比 2012 年提高了 7.2 个百分点，认为是"非常安全"的占比是 6%，比 2012 年降低了 3.2 个百分点，认为"不知道是否安全"的占比是 17.2%，比 2012 年大幅下降了 21.3 个百分点。从调查结果看，那些已经使用手机银行的用户对于手机银行的安全性有着更高的感知度。美联储的调查显示，占 15% 和 56% 的手机银行用户分别认为使用手机银行时个人信息是"非常安全"和"比较安全"的，但在没有使用手机银行的手机用户中，只有 2% 认为使用手机银行时个人信息是"非常安全"，22% 认为是"比较安全"。

　　"和讯银行"对国内手机银行用户的调查同样发现了类似的问题。在"和讯银行"调查的全体受访者中，手机丢失产生损失是开通和使用手机银行的用户最担心的事情，62.1% 的受访者都有此担心，52.2% 的受访者担心手机信息被人窃取，47.2% 的受访者担心手机银行的安全防护措施。没有使用过手机银行的受访者更担心手机丢失时产生较大的损失、手机信息容易被人窃取和手机银行操作烦琐，其占比分别为 63.5%、57.5% 和 32.6%，而担心上述三方面因素的手机银行用户占比分别为 60.8%、47.3% 和 22.2%。

　　另一方面，移动金融应用软件本身存在安全和质量问题。2013 年 5～7月，工业和信息化部下属中国软件评测中心面向国内质量问题较为集中的安卓市场进行了独立的第三方测评，共计对国内 412 个渠道的 425 万多个应用软件进行监测，对 30 万个应用软件样本进行安全检测，对 26 家手机银行和 12 家移动证券的客户端应用软件进行安全评估。测评结果显示：一是我国移动互联网应用软件篡改现象极其普遍，安卓应用容易被破解是导致大量篡改版产生的主要原因，同时发布渠道审核不严格是导致篡改版大量传播的主要原因。二是我国移动互联网应用软件恶意行为比较严重，市场上存在多种类型的恶意行为，并且形成了以"流氓行为、资费消耗、恶意扣费"为主的态势。三是我国移动金融应用软件存在安全隐患，隐患主要来自于在设计开发过程中对安全性考虑不足，同时 Android 平台的开放性容易产生安全隐患。四是以经济利益为目的的恶意篡改趋势越来越明显，移动金融应用软件正在成为攻击的重点。五是不法分子通过破解移动应用，再插入恶意扣费代码或恶意广告，获取非法利益的黑色产业链已经形成。

移动金融的安全问题是监管部门十分关注的一个问题。在国内，由中国软件评测中心研发建立的中国移动互联网可信应用平台及其对外服务窗口"利猫网"于 2013 年 11 月 29 日正式上线发布，成为国内首个保障移动应用软件全生命周期安全的第三方综合性服务平台。金融监管部门也在密切关注移动金融行业发展。人民银行于 2014 年 3 月暂停虚拟信用卡和线下二维码支付的行为，引发了广泛的讨论。

当前，大部分的大中型银行都已经推出了移动金融服务，并采取多方面的措施来确保客户信息安全，但安全问题仍然没有得到妥善解决。移动金融呈现给客户的是简单和便捷，但每一项移动金融服务过程都涉及很多环节和企业，这些环节和企业缺少统一的监管和技术标准。移动金融安全问题是一个全行业问题，不是仅靠单一一家银行或其他信息科技公司可以完全解决的。从银行业来讲，它们需要从技术、应用等层面入手，不断提高自己的移动金融服务应用软件的安全性，同时开发安全的身份认证技术、加密技术。

第七节　直销银行

直销银行是一种渠道创新和经营模式创新，是一种商品化的银行。它迎合了那些习惯于通过互联网、电话等电子渠道获取金融服务的客户的需求，他们需要便利的、质优价廉的金融服务。随着互联网的普及，这一客户群日益壮大。直销银行拥有较低的成本结构，为客户提供高价值的金融服务，具有良好的发展前景。

一、去网点化

直销银行（Direct Banking），亦可译作直接银行，是一种不设立实体营业网点的银行，主要通过互联网、电脑、移动终端、社交网络、电话、传真、邮件等电子渠道，实现与客户之间的直接业务往来。直销银行是一种销售渠道创新，但特殊的销售渠道体系带来了特殊经营模式、组织架构和营销策略。直销银行不以柜台为基础，可以打破时间、地域、网点的限制，通过电子渠道为客户提供简单、透明、优惠的标准化金融产品和服务。

直销银行产生于互联网银行之前。20 世纪 70 年代以来，银行业经历许多重要的技术进步，行业竞争不断加剧，迫使银行业降低在雇员和网点方面的费用。同时，诞生了一些"无分行银行"（Branchless Banking），它们不设立实体营业网点。比如，英国的第一直销银行（First Direct）。该银行正式运作是在 1989 年 10 月 1 日，起初是英国第一家提供 24 小时电话银行服务的银行。那时，银行业仍然主要通过分支机构向客户提供服务，第一直销银行的产生迎合了那些没有时间去银行分支机构办理业务的客户。

计算机和互联网的产生和发展为银行业分流网点压力、降低成本提供了技术基础。为了充分运用新的电子渠道，银行业将自己的一些产品和服务进行了标准化。越来越多的客户使用个人电脑来办理业务，为建立纯粹的互联网银行奠定了客户基础。

可以说，互联网应用彻底改变了直销银行。世界上第一家纯粹的互联网银行，即安全第一网络银行（SFNB）产生于 1995 年。彼时的荷兰国际集团（ING）也在积极探索在海外拓展零售银行业务的商业模式。以互联网为基础的直销银行概念给银行业带来了很大启发。1997 年，荷兰国际集团（ING）首先在加拿大建立了 ING 直销银行（ING Direct）。凭借"简单化"的理念和"薄利多销"策略，ING Direct 在加拿大获得了成功。此后，ING Direct 迅速将其商业模式复制到美国、澳大利亚、西班牙、意大利、法国、德国、英国、波兰、比利时等国家和地区。ING Direct 在德国的分支机构 ING – DiBa 是德国第三大零售银行，截至 2013 年底受托资产规模超过 1000 亿欧元。在美国的分支机构 ING Direct USA 曾经是美国最大的直销银行。① 英国第一直销银行也于 1997 年引入了个人电脑作为服务渠道，互联网服务也于几年之后正式运行。

早期的直销银行仅销售一些标准化的简单产品，包括活期存款、储蓄、定期存款、简单的理财产品、经纪服务、消费信贷、信用卡等金融服务。在本质上，随着以互联网和计算机为基础的实时通信技术不断进步，在线金融顾问服务也成为可能。越来越多的金融产品和服务将会为客户所熟知，特别是那些复杂的金融产品和服务也将可以通过直销银行的商业模式来销售，直销银行也可以拓展自己的业务范围，向能够为自己的客户提供多样化金融服务的"全能银行"转型。

在国内，客户对于银行业的网络银行及其他电子渠道越来越熟悉，越来越多的客户在使用这些电子渠道。他们对于互联网企业提供的在线金融服务也越来越熟悉。这些金融产品消费习惯的变化发展为直销银行的产生奠定了技术和客户基础。在发展直销银行方面，国内中小银行先行一步。

2013 年 9 月 18 日，北京银行举行直销银行开通仪式，在与其境外战略合作伙伴荷兰国际集团（ING）充分准备的基础上，正式开通直销银行服务模式。此举标志着国内第一家直销银行破土萌芽。北京银行直销银行将目标客户群体定位于数量最为广大的大众零售客户和小微企业客户，坚持让利于客户，通过"互联网平台 + 直销门店"相结合的服务渠道以及"在线操作 + 远程人工支持"的服务方式，为他们提供全天候、不间断的质优价廉的金融服务，真正成为"您身边不下班的银行"。目前，北京银行直销银行已经在北京、西安、济南、南京等城市部署了线下直销门店。

民生银行直销银行建设计划启动于 2013 年 7 月，并于 2014 年 2 月 28 日正式上线运行，首期推出了"如意宝"、"随心存"、"轻松汇"三款产品。"如意宝"是民生直销银行与民生加银基金、汇添富基金合作推出的一款货币基金产品。"随心存"是一款人民币储蓄增值产品，客户签约后，如其电子账户活期存款达到起存条件 1000 元，便自动生成期限 1 年的随心存账户，在此存期内可随时支取本金，系统根据存款期限按最大化结转利息。"轻松汇"是直销银行提供的一项基础资金汇划功能，满足了客户电子账户和绑定银行卡间

---

① 荷兰国际集团（ING）在 2008 年国际金融危机中发生了经营困难，被迫于 2012 年将其在美国和加拿大的直销银行出售给 Capital One 和加拿大丰业银行（Scotiabank），于 2013 年将其在英国的直销银行出售给巴克莱（Barclays）。这三家银行分别将自己获得的直销银行更名为 Capital One 360、Tangerine，巴克莱直销银行（Barclays Direct）。

的资金汇划需求。未来，民生银行直销银行还将推出贵金属、消费贷款、公共
缴费等更多的金融产品和服务。围绕直销银行，民生银行构建了一种全新的商
业模式。民生银行直销银行的客户定位是"忙、潮、精"客户。"忙"客户是
指收入高、生活节奏快的群体。"潮"客户是指习惯使用网络银行手机银行的
群体。"精"客户是指容易被优惠和免费活动所吸引、有货比三家心态的群
体。民生银行直销银行建立了专属网站、手机银行 APP、微信服务号（微信银
行）等服务渠道，还通过与基金公司、电信运营商、电商公司等开展跨界合
作，为更广泛的客户群提供优质服务。用户登录直销银行页面后，输入身份信
息进行验证，并绑定银行卡完成注册后即可签约购买产品。

图 4 – 10　民生银行直销银行

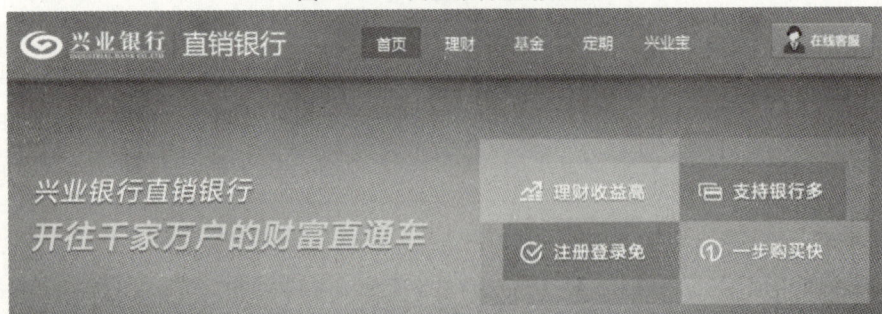

图 4 – 11　兴业银行直销银行

　　兴业银行充分认识到，"在标准化的金融产品和服务领域，能否主动拥抱、适应互联网发展大潮，及时推动变革，将成为未来竞争制胜的关键"。2014 年 3 月 27 日，兴业银行直销银行正式上线。兴业银行直销银行的独特优势在于用户可以持工商银行、农业银行、建设银行、招商银行、民生银行、中信银行、光大银行、平安银行等多家银行的银行卡，通过电脑、手机等移动设备直接选购热销理财产品、基金以及定期存款、通知存款等，免去了繁复的注册、登录、跨行资金划转步骤，"一键购买"，省时省力。用户可以随时随地随身"一站式"查看、管理、调拨各家银行卡上的资金，享受在线理财规划服务。兴业银行直销银行提供了电脑版和客户端手机银行版两种登录方式。用户只需进入直销银行操作界面，选好目标产品点击"购买"后，输入个人银行卡号、身份证、购买金额等信息即刻购买成功。兴业银行直销银行还具备了智能筛选功能，可以按照个人的理财需求偏好，如收益率、期限、发行截止日要求等自动排序，方便用户快速找到自己需要的产品。根据兴业银行电子银行部总经理杨忠介绍，兴业银行直销银行将沿着"开放、专注、执行力、客户体验"的方向发展，未来将进一步吸收借鉴互联网技术和产品，拓展产品和服务范围。

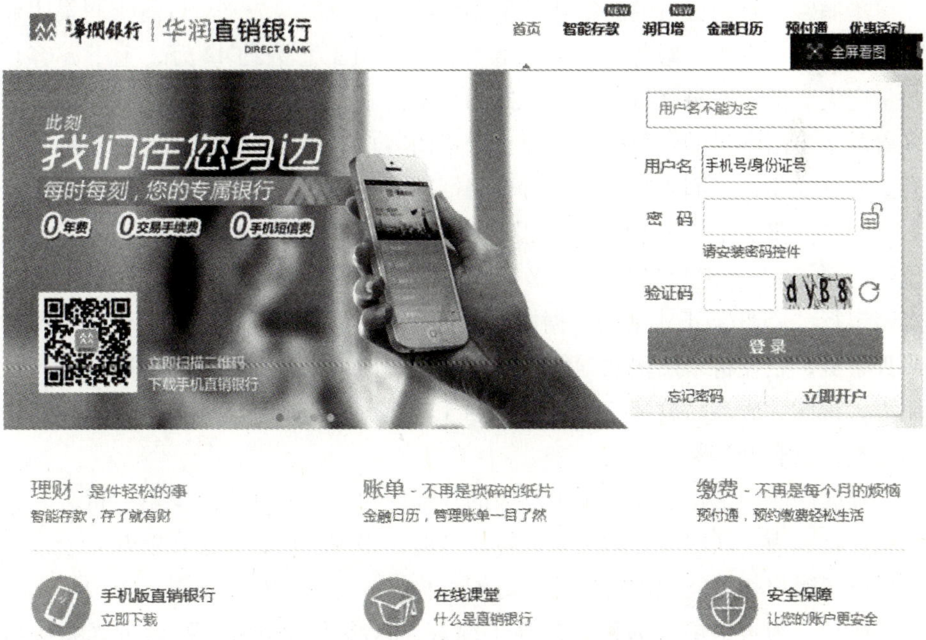

图 4 - 12　华润银行直销银行

2014 年 3 月 19 日，华润银行启动直销银行业务，目前共有"润日增"、"智能存款"、"预付通"、"金融日历"四种产品。"润日增"是华润银行与招商基金联合推出的类余额宝 T+0 货币型基金产品。"智能存款"属于储蓄产品，客户汇往直销银行的资金，当日余额超过 500 元，将在次日转为智能存款，无论存款时间长短，按实际发生期限档次利率并上浮 10% 支付利息。"预付通"与"金融日历"功能配合，满足用户每月预约转账付款、充值水电煤气及宽带费的需求。华润银行由此成为首家建立纯粹互联网银行的城市商业银行。

华润银行的前身是珠海市商业银行。2009 年，珠海市商业银行被华润集团收购，后更名为华润银行。华润集团将华润银行作为提高集团凝聚力的重要金融服务平台。问题在于，华润银行作为一家城市商业银行自 2011 年以来无法跨省设立分支机构，因此无法将华润集团遍布全国的业务有效整合起来。发展直销银行是华润银行突破营业网点限制的重要一步。当前，华润银行已经建立了涵盖网上银行、供应链线上平台、现金管理平台、手机银行、微信银行、直销银行等在内的"华润 E 银行"。与北京银行不同，华润银行尚未考虑开发线下智能网点、VTM 等。

华润银行直销银行的特色在于华润集团的产融协同战略。目前华润集团业务涵盖地产、零售、医药、金融等七大板块，员工总数约 42 万，上下游客户数量庞大，他们本身就有着各种各样的金融需求。近期，华润银行直销银行更多着眼于集团本身的资源整合，服务于集团客户和集团上下游企业。随着经营模式日益成熟，华润银行直销银行也将推向市场。

2014 年 8 月，江苏银行直销银行正式上线，首批推出"惠多存"、"开鑫盈"、"放心汇"、"容易付"等多款产品和应用。2014 年 12 月初，恒丰银行直销银行"一贯"正式上线。据恒丰银行介绍，"一贯"的第一款产品是银票质押融资，企业将未贴现票据作为质押物拿到恒丰银行，由票据部门完成风控流程，再设计成产品放到"一贯"平台上出售。目前，"一贯"平台只专注于移动端，没有 PC 端。

互联网应用给银行业带来了巨大的外部压力，也存在很多变革的机会。直销银行将成为互联网金融的重要内容。当前，中国人民银行正在就开立个人人民币电子账户相关问题进行研究。有消息称，人民银行拟界定强、弱两类实名电子账户，为直销银行远程开户亮了绿灯，这将为直销银行发展带来新的机遇。上面介绍的只是国内银行业上线的一部分直销银行，另有些银行正在筹划开发自己的直销银行。由腾讯公司参与的前海微众银行以及有蚂蚁金融服务集团参与的浙江网商银行，也将主要以直销银行的模式来开展业务。可以预计，国内将有更多的银行建立自己的直销银行。

二、成本战略

对于直销银行而言，保持较低的成本结构是一个必要的竞争手段。营业网点及相应的雇员费用在银行业成本结构中占据着较高的比重。直销银行不设立数量庞大的分支机构网络，也无须雇用大量的员工并承担相应的雇员开支，运营成本也比较低。作为无分行银行，它们能够坚持低成本战略，为客户存款支付较高的利息，以较低的利率向客户发放贷款，为客户提供较高收益的理财产品。此外，客户对于互联网金融越来越熟悉，越来越熟悉通过互联网寻找产品信息并进行价格比对，价格因素在客户购买决策中的地位越来越重要。低成本战略更有利于吸引和保持一个有利的客户群。

当前，国内银行业利率市场化正在推进过程中，存款利率市场化有可能在未来两年之内实现。银行业资金成本将会进一步增加，存贷款利差进一步收窄。实际上，利率市场化本身就意味着，银行业需要为客户存款支付更高的利息，同时向那些融资渠道选择多样化的客户收取更低的贷款利率。可以说，直销银行更易于在利率市场化的条件下获得客户青睐。

尽管已经出现的直销银行的经营模式互有不同，但不论是面向一个可分的利基市场，还是面向全部市场，保持低成本是必要的。建立自己的差异化优势不能牺牲在成本方面的优势。

银行业不能像经营自己的网上银行那样来经营直销银行。网上银行是营业网点的补充和一些业务的分流渠道，但直销银行是独立于营业网点的。直销银行需要明确并始终坚持低成本战略，以客户为中心，建立自己的客户定位，为客户提供质优价廉的产品，为客户创造更大的价值。比如，ING Direct 创始人库尔曼曾指出，ING Direct 要做"银行业的沃尔玛"，以低廉的价格为客户提供简单的"金融日用品"。ING Direct 理念是低成本提供简单、便捷、公平的银行服务。为了尽可能降低成本，ING Direct 从客户定位到产品筛选都严格遵循简单化的理念。

薄利多销是直销银行的关键盈利模式。要想在为客户创造更大价值的同时实现盈利，单凭较低的成本结构还不够。直销银行需要充分利用规模经济效应，快速积累客户群，实现一个较大的销售量。直销银行可以利用大数据分析技术，通过精确识别客户需求，实现交叉销售。正是由于没能吸收充足的客户，芝加哥第一银行（Bank One）于 1999 年建立的"翼展银行"不得不在开业短短一年之后被关闭。此外，还有一个涉及收入来源的问题。比如，ING Direct 主要通过"高利息吸收存款、低利息发放贷款"来获取收入，它可以承担较低的利差或净利息收入，其主要收入来源是利息收入。

直销银行需要"反二八定律"来定位自己的客户群体。尽管直销银行可以借助互联网和电话提供一些咨询服务，但与营业网点面对面的交流和咨询相比，它们在为高净值客户提供复杂金融服务方面不占优势。直销银行需要将自己的客户群定位于那些习惯使用互联网和电话渠道获取简单金融服务的客户。或者由于闲暇时间少，或者由于对银行缺乏信任，这部分客户往往选择尽可能使用电子渠道，较少亲自去银行营业网点获取金融服务。在银行业看来，这部分客户属于大众客户，属于低收益的客户群。这一客户群也可以为直销银行实现规模经济提供基础。比如，ING Direct 将目标客户定位为 30～50 岁受过良好教育的上班族，已经接受或通过电话、互联网理财，收入水平高于市场平均水平，喜欢自助理财。再比如，民生银行直销银行的目标客户群主要是工作繁忙的都市白领阶层、乐于接受新事物的追求潮流的人、对价格比较敏感追求优惠的人。

客户定位和渠道特性决定了直销银行需要提供简单、高收益、标准化的金融服务。一方面，当前直销银行仍然处于发展初期，客户的熟悉和接受程度有限，他们对于通过互联网和电话办理复杂的金融服务仍然心存疑虑。简单、标准化的产品更有利于客户作出选择和购买决策。另一方面，提供标准化的金融产品更有利于控制成本。在获取简单金融服务时，客户可以通过自助来完成交易，他们对客户经理和呼叫中心的需要可以降到最低。服务过程中发生纠纷的可能性也可以降到最低。保持金融产品体系简单性的一个重要方法是只提供少数几款畅销的标准化产品。由于缺少完善的在线咨询功能，提供过多的产品会让客户无所适从，难以作出购买决策。简言之，直销银行不能成为像网上银行一样的大型"金融超市"。实际上，从客户的角度看，这使得直销银行很难实现差异化。比如，ING–DiBa 作为 ING Direct 旗下最成功的直销银行之一，促使其成功的关键要素便是只提供有限的几种产品，不提供投资建议，从而确保流程简单化。

成本控制是直销银行保持低成本结构和取得成功的重要管理工具。直销银行的成本优势是多方面、多环节共同作用的结果，包括不设营业网点、不需要大量的雇员、简单的产品、"无纸化"的交易流程、较少的客户投诉数量等。从长远来看，保持低成本优势面临的最大挑战是抵制不合理扩张。规模的扩大和客户需求的多样化会要求直销银行施行多元化战略，但拓展高净值客户和盲目扩张产品线都会增加成本，弱化低成本结构优势。低成本结构是直销银行的优势和立行之基，也是直销银行进一步多元化发展的限制。

三、风险管控

相比较而言，直销银行是一种比较稳健的经营模式。它们的业务结构比较简单，风险相对较低。它们的目标客户比较稳定，存在稳定的市场空间。在过去几年的金融危机中，大部分银行都遭到了不同程度的负面冲击，但直销银行表现依然抢眼。

事情也不完全如此。直销银行在本质上仍然属于银行，它们所提供的金融服务与一般的银行服务并无不同之处，只要它们涉及高风险的业务领域，它们的经营模式的稳健性必然会受到损失。ING Direct USA 自 2000 年成立之后发展迅猛，截至 2009 年底存款规模达到 751 亿美元，客户数量达到 760 万，成为美国第三大储蓄银行和第一大直销银行。但由于 ING Direct USA 过度涉及高风险的抵押贷款业务，承担了太大的风险敞口，在次贷危机中遭受了严重的损失。为了完成 2009 年 1 月与荷兰政府达成的非流动资产救助便利（IABF），荷兰国际集团（ING）将 ING Direct USA 出售给了美国的 Capital One，交易于 2012 年初完成。

直销银行是一种重视销售的经营模式，是一种商品化的银行。过于重视销售有可能导致较高的风险偏好，因此需要将风险偏好和风险管理更加深入地融入自己的经营模式。

缺少覆盖广泛的分支网络和大量的雇员是直销银行的一个特征，但这些特征也会限制直销银行的风险管理能力。由于仅通过互联网和智能电话来进行销售和经营，直销银行无法与客户开展充分的面对面交流，无法与客户之间建立和保持紧密的私人联系。这意味着，直销银行只能将风险控制和管理建立在"硬信息"之上。在这里，与客户关系相关的一些"软信息"不能像在其他关系型银行业务领域一样发挥重要作用。

商品化的特征意味着大数据在直销银行风险控制和管理方面可以发挥重要作用。在客户通过互联网和电话办理业务过程中，会产生大量的结构化数据和非结构化数据，这些数据将成为直销银行开展风险评估和控制的基础。

四、组织架构

关于战略与组织设计研究的一个重要结论是，组织结构需要跟随战略变化进行调整，合适的组织结构可以促进战略的执行，不合适的组织设计则会阻碍战略的执行。就银行业发展直销银行而言，直销银行独特的商业模式和品牌形象是否意味着，需要将直销银行独立于发起银行，或者说，双方之间的独立程度达到多大程度才是合适的。

截至目前，世界上最成熟、最成功的直销银行 ING Direct 是荷兰国际集团（ING）旗下独立的实体。ING Direct 在进入大部分国家和地区时都会选择在那里建立子公司。每家子公司都可以选择自己的代理机构进行专业的品牌宣传和推广。Capital One、加拿大丰业银行（Scotiabank）和巴克莱（Barclays）在收购 ING Direct 在美国、加拿大和英国的直销银行子公司之后，均保留了子公司的组织架构，并分别更名为 Capital One 360、Tangerine，巴克莱直销银行（Barclays Direct），强调将新的直销银行与自身区别开来。

直销银行在我国国内属于新生事物。国内银行业在选择进入直销银行业务领域时则是将直销银行附属在自己的电子银行部门之下。与子公司模式相比，这是另一种不同的组织设计形式。在组织设计方面，这与网上银行是一样的。问题在于，哪种形式更有利于直销银行发展，更宽泛地讲，是否存在一种最适合直销银行发展的组织设计形式。

在采取二级部门、事业部或子公司的情况下，直销银行与发起银行之间的独立程度也不同。发起银行需要为直销银行建立起支持创新的文化、氛围和机制。这些创新激励可能并不是发起银行本身的文化和机制所能提供的。从近年来互联网与金融业融合情况看，在于银行业的互联网企业在互联网金融创新方面更加积极和富有成效。反观银行业，它们则有被动应对和跟随之嫌。

对待直销银行的立场也会影响直销银行的组织设计。直销银行具有销售渠道的功能，但更重要的是它们代表着一种全新的商业模式，不同银行对此认识不一。仅将直销银行看做是一种渠道创新实际上是远远低估了直销银行的价值。作为一种全新的商业模式，直销银行需要拥有独立于发起银行的品牌。换言之，发起银行需要采取多品牌战略来发展直销银行。

如果将直销银行仅仅看做区别于其他电子银行渠道的销售渠道，实际上将它们附属在电子银行部门之下是合适的。电子银行部门需要确保直销银行与其他电子银行渠道为客户提供一致的产品信息和服务体验。问题在于，直销银行作为销售渠道并不同于发起银行的网上银行。作为渠道，二者之间存在相互竞争的地方，是否有必要为直销银行另建网站都是值得怀疑的。比如，北京银行直销银行采取"互联网平台＋直销门店"的服务体系，提供线上和线下相互融合的服务。线上渠道由网络营销平台、网上银行、手机银行等电子渠道构成。线下渠道直销门店，其中布放自动取款机（ATMs）、CRS（自动存取款机）、VTM（智能银行机）、缴费终端等各种自助设备，以及网上银行、电话银行等多种自助渠道。

直销银行的推广需要营销活动，但其本身并不是一种营销手段。直销银行是一种新的商业模式，它们需要借助各种电子渠道和自助设备来开展业务。直销银行的组织架构、人才队伍、知识结构、企业文化、业务体系、营销策略都需要遵循网络经济规律来设置和建设。比如，根据一些公开的信息，民生银行直销银行的目标是从部门到事业部再到独立的直销银行，当前提供完全的线上服务，几乎不开展线下业务。

直销银行也可以设立线下渠道，采取从线上到线下（O2O）模式。辅助于有形的设施更有利于直销银行吸引客户和赢得客户信任。但线下网点应该是线上渠道的补充和辅助，线上渠道是主体，不能让线下网点喧宾夺主，削弱直销银行的低成本结构。比如，ING Direct通过布局线下网点改善客户体验。ING Direct的线下网点与一般的银行分支机构大不相同，它们内置于大型城市的咖啡馆。作为线上渠道的补充，线下网点可以发挥顾问咨询的功能，让客户真实地感受到直销银行的存在和便利。这种线下网点布局可以将直销银行与其他银行区别开来，有助于建立鲜明的品牌特色。

直销银行的发展可以建立在网络效应的基础上。这需要直销银行将自己的服务向更多的客户开放，包括其他银行的客户和那些"无银行账户"的潜在客户。同时，直销银行需要为电子账户提供更多的应用场景和使用便利性，将自己的电子账户与其他银行账户整合在一起。账户功能的完善可以提高账户的吸引力，而越来越多的客户加入则会增加账户对于客户的价值。

直销银行面临着一些特殊的经营环境。其一，作为一种以互联网和移动终端为基础销售渠道的银行，直销银行本身具有全球化的特征。直销银行的组织设计和经营管理需要与这一特征相适应。其二，直销银行所面临的技术进步速度快，技术更新周期短。不同组织形式的信息收集和传播能力是不同的。直销银行的组织设计需要能够为决策者和管理者以足够快的速度提供充分的信息，包括关于客户和技术的信息。新的技术和应用随时都会出现，并借助互联网迅速传播。直销银行需要紧跟技术进步的步伐，并以同样快的速度制定战略决策。其三，由于只提供简单标准化的金融服务，直销银行可能会面临严峻的竞争压力。简单标准化策略意味着直销银行不能在产品方面实施差异化战略。为了应对随之而来的激烈竞争，直销银行需要保持灵活性。直销银行的组织管理需要充分考虑这些动态不可预测的外部环境因素。

第五章 银行业的创新与转型

互联网应用的普及极大地改变了经济社会的运行方式和人们的生活消费习惯，促使银行业经营环境发生重要的变化。特别是商业环境电子化程度的不断加深，客户越来越熟悉互联网，金融创新步伐越来越快，竞争日趋加剧。这些变化对于银行业的影响既是全面的，又是深远的，银行业需要加大创新力度，主动与互联网融合在一起。银行业的创新和转型要围绕更好地发挥自己应有的功能，更好地为实体经济发展和居民生活便利提供更高效的金融服务，降低经济运行的成本。

第一节 业务创新

借助互联网和大数据应用，银行业可以开发设计出一些新的金融服务，原有的很多金融服务可以更高的效率提供给更广泛的客户。当前，金融服务行业的金融创新日新月异，银行业很难凭借某项业务或产品来保持长期的竞争优势。尽管如此，银行业仍然需要不断推出新的产品或者以更高效的方式提供金融服务，落后于竞争对手很可能导致客户和业务流失。

一、支付服务

支付方式的创新是互联网与金融业融合最为深入的领域之一。在第三方支付产生之前，银行业垄断着支付服务。依托电子商务，网络支付、移动支付等新型支付方式快速发展，迅速获得了客户青睐。在支付业务领域，银行业在不断流失市场份额。

新型支付方式更加多样化、更加富有针对性。比如，第三方支付机构提供的快捷支付服务更加适用于电子商务这种快节奏的应用场景，移动支付更加适用于日常小额支付和移动电子商务应用场景，近场支付在线下小额支付方面具有较大发展潜力。这些支付方式在各自的应用场景中都比使用现金或银行卡更加便利，能够给客户带来更好的支付体验。

　　企业和商户以及消费者的支付方式选择越来越多样化，他们会根据不同的支付需要和应用场景选择最适合自己的最便利的支付方式。这对于银行业支付服务创新提出了更高的要求。总体上看，银行业是在被动地适应支付服务领域发生的变化，跟随市场条件的变化完善自己的支付服务体系。银行业需要紧密跟踪电子商务和移动电子商务发展趋势及其对于新型支付方式的需要，密切关注消费者对于支付方法的选择和偏好。

　　银行业首先需要改变自己的理念，将自己从"支付方式"提供者转变为"支付服务"提供者。银行业为客户提供的不应该是某一种或者某些支付方式，而是帮助客户完成交易活动的支付服务。客户需要的也不是某一种或者某些支付方式，他们需要银行业帮助他们顺畅地完成交易，至少不让自己的交易活动受到支付过程的限制或妨碍。从支付服务提供者的角度看，银行业支付服务体系需要覆盖那些能够便利商业活动和交易活动的支付方式。

　　银行业在支付过程和支付方式创新方面取得过很多成绩。银行业提供的最早的支付服务是以票据和存款账户为基础的。由银行业构成的支付清算系统实质上就是一个债权转让系统。早期，在小额支付方面，人们主要使用现金。用银行卡代替现金起始于20世纪20年代。第一张签账卡出现于20世纪50年代早期，那些富有的客户可以在旅行和娱乐活动方面使用签账卡。1958年，美国银行发明了循环信用，即维萨（Visa）的前身"美国银行卡"。20世纪70年代以来，POS系统的功能越来越完善，磁条卡与计算机技术极大地提高了POS系统的应用范围。借记卡因此获得了更加广泛的接受和使用。20世纪90年代还见证了预付卡的出现。最早的预付卡是零售商店向自己的客户发行的，用于在自己的店内购物。此后很快便得到普及，这种封闭性也被打破。1997年，非接触式支付在美国首次以射频识别标签的形式出现，当时用于在加油站购油。2004年，使用非接触智能卡技术的支付卡出现了，为小额交易提供了更加快捷和方便的支付服务。紧接着，2005年出现了非接触式移动支付，2011年出现了近场支付钱包。

　　伪造和欺诈问题一直伴随着银行卡的使用和发展。1994年，为了解决这些问题，国际三大银行卡组织泛欧卡集团（Europay）、万事达集团（Master-Card）和维萨集团（Visa）共同发起制定技术标准，推动银行卡从磁条卡向智能卡①"迁移"。这套技术标准被称为EMV技术标准。1999年，三大集团联合

————————

　　① 智能卡又称芯片卡、IC卡、金融IC卡等。

成立了国际智能卡标准化组织"EMVCo"，其目的是开发、管理和维护 EMV 技术标准。EMV 技术标准描述了智能卡与终端之间的交互条件。2013 年 5 月 20 日，顺应全球支付行业向智能卡迁移的趋势，中国银联宣布加入了"EMV-Co"，成为其成员。中国人民银行以 EMV 技术标准为基础，结合我国实际制定了 PBOC 标准。

智能卡技术应用具有高安全、多应用、非接触、脱机处理等特点，能够与互联网支付、移动支付融合。智能卡自带密钥体系和身份鉴别功能，可以通过互联网终端读写器，直接进行网银交易、互联网支付、移动支付及跨行交易。根据 2011 年 3 月 15 日中国人民银行发布的《关于推进金融 IC 卡应用工作的意见》，自 2015 年 1 月 1 日起，在经济发达地区和重点合作行业领域，商业银行发行的、以人民币为结算账户的银行卡均应为金融 IC 卡。

与向智能卡"迁移"相伴，出现了一些新的支付技术和模式，这些创新性的支付方式在小额支付领域异常活跃。随着以互联网和个人电脑为基础的网络支付方式日益成熟，以移动设备为基础的支付方式创新正日趋活跃。近场通信（NFC）技术适用于距离在 4 厘米之内的设备之间进行非接触式点对点数据传输和交换。这使得近场支付可以达到较高的安全性。根据中国银联发布的信息，截至 2014 年第一季度末，中国银联主推的支持 NFC 手机支付的"闪付"平台已经在全国范围内实现了 300 万台的终端 POS 机改造。移动支付、二维码支付等也繁荣发展起来。此外，声波加密、生物识别等方面的新技术成果也在被陆续引入支付行业。

目前，尚难以判断技术进步会将支付行业引向何方。有些观察者预言，随着技术进步，未来现金和卡片将会从社会经济生活中消失。绝对无现金、无卡的社会距离我们的生活还有些距离，但越来越多的迹象表明，现金和各种卡片在支付领域的地位越来越多地被电子钱包、网络支付、移动支付、近场支付以及网络票据所取代。毋庸置疑的是，那些能够简化交易流程、增加便利性、加强安全性、降低交易成本，同时又不会影响客户信息安全和隐私的支付方式创新，能够帮助银行业为客户创造更多的价值。

二、融资服务

融资服务是银行业最基本的一项服务。但是，银行业正在遭受资本市场和互联网金融发展的冲击。商业票据市场、债券市场和股票市场的发展为大型企业融资增加了多样化的选择。而以 P2P 网络贷款、众筹、基于电子商务的小额贷款为代表的互联网融资模式则增加了中小微型企业的融资渠道选择。可以说，金融脱媒在大型企业融资以及中小微型企业融资方面都在不断地发展，整个社会融资对于银行贷款的依赖程度将不断下降。

银行业客户的生存和经营环境发生了变化。从当前的情况看，中小微型企业使用电子商务的程度更高，网络购物者的数量也已经达到很高的水平，并且仍在不断增长。企业和消费者在互联网上的行为、交易记录、一些音频和视频材料都变得可以分析，使得客户的信息更加透明。一些互联网企业正在利用这些新的数据基础为自己的客户提供金融服务，并且还会有更多的互联网企业加入这一行列，企业和消费者对于它们提供的金融服务也会越来越熟悉。

银行业需要跟随这种变化，更多地利用互联网和移动终端来创新和开展业务。一方面，在这种新的经营环境和市场竞争格局之下，银行业面临着严峻的挑战。那些不能适应这种变化的银行将逐步失去自己的市场份额，最终在银行业的历史上消失。另一方面，作为缓解信息不对称的重要金融中介机构，银行业也面临着巨大的机遇，而且机遇大于挑战。大数据只有在得到充分的利用之后才能够改善客户信息不对称。而银行业在数据库建设和数据处理方面已经积累了大量的经验，它们需要做的是改造自己的数据，开发新的数据处理技术，以实现对非结构化数据的应用，同时调整和改造自己的信用评级体系、授信管理体系，将大数据分析应用于业务经营活动。

银行业并没有而且不应该坐以待毙。它们也在利用互联网和大数据应用来改善自己所提供的融资服务。比如，工商银行一直致力于借助互联网创新融资服务，依托先进的信息科技系统和业务集中处理能力，在国内率先推出网络融资业务。2009 年 12 月 4 日，工商银行"网络融资业务中心"正式启动运营，同时在全国启动网络融资业务。目前，工商银行网络融资产品包括"网贷通"、"易融通"、"电子供应链融资"、"网上商品市场融资"等多项网络融资产品。截至 2013 年 10 月，工商银行网络融资业务为 5.3 万企业提供了逾万亿元贷款。在中国科学院《互联网周刊》等机构联合举行的 2013 年度智慧金融类"金 i 奖"单项奖评选中，工商银行获得"2013 年度中国最佳网络融资服务银行"称号。

银行业利用互联网改善融资服务可以从多个方面入手。比如，它们可以利用移动互联网和移动终端来扩大融资服务的可得性和覆盖面。当前，银行业纷纷推出手机银行，它们所提供的重要服务内容之一便是贷款的申请和办理。这种新型的贷款申请渠道最受小微企业和个人客户青睐。

银行业还可以互联网为基础改造贷款业务流程，提高贷款流程的效率和便利性。一些银行推出了完全的网络贷款，从贷款申请、受理、审批、合同签订、贷款发放和偿还到贷后管理，都可以在线完成。比如，一些银行将自己的供应链融资服务搬到网上。客户可以足不出户完成贷款流程，特别适用于中小微型企业"短、小、频、急"的融资需求。随借随还，贷款方便。贷款交易的成本得以下降，这使得银行业可以为客户创造更多价值，降低客户的财务成本。

银行业可以基于电子商务和大数据开发新的产品和服务。这些新产品同样以线上的形式完成。银行业发展电子商务平台的一个重要目的是，将自己的融资服务流程嵌入电子商务流程，实现融资服务与企业活动的深度融合，开发设计适应电子商务环境的融资服务模式，为自己的电子商务平台客户提供更加完善的融资服务。此外，银行业还可以与电子商务服务供应商合作创新产品。比如，2013 年 8 月，浦发银行推出"电商通"，起初专为义乌电商园区的线上商户提供配套的金融服务，试点四个月后，浦发银行为小微商户打造了全新的专属金融服务方案——"电商通 2.0"，全部实行线上操作。2013 年 12 月，中信银行联手银联商务推出的"POS 商户网络贷款"，贷款各环节全部在线上进行。2014 年 3 月，北京银行为小微企业量身定制，推出一款基于账单流水的信用贷款产品"小微贷"。

在互联网和大数据时代，银行业的传统融资服务模式将得到深刻的改造，一些传统的融资服务将改头换面，以全新的形式展示给客户，新的融资产品和融资服务将会大量涌现。在融资服务领域，银行业与非银行业的竞争已经展开。在这场变革中，银行业不能落后。

三、存款服务

在国际银行业历史上，存款曾经是银行业的第一资金来源。银行能否从社会公众那里吸收足够的存款，可以作为衡量其公众认可度的重要指标。存款的流失也会导致银行陷入财务困境，在存款保险制度建立生效之前，银行业危机往往与存款流失相伴而生。

银行业需要以尽可能低的成本吸收充足的存款来为发放贷款和为其他经营管理活动提供支持。在当今竞争日趋激烈的市场环境下，实现这一点变得越来越困难。以国内银行业为例。从数据来看，银行业存款余额的波动性日益增大。这种现象和过程被称为"存款脱媒"。其原因主要有以下三个方面。首先，在银行业之外出现了一些与存款具有类似功能的金融产品。典型代表是支付宝公司提供的"余额宝"账户。国内非银行金融机构也在跃跃欲试，加入这一行列。其次，居民的理财意识日益觉醒，他们希望将自己的财富分散在各类资产中，而不仅仅是存款。最后，存款利率受到管制，存款利率水平与同期限通货膨胀率不相上下，使得存款账户的增值功能受到很大的限制。

从国际银行业实践来看，银行业在应对存款脱媒方面的各种努力和尝试主要集中在三个方面。一是进行主动负债管理，开发新的非存款负债来源。比如，1961 年美国花旗银行首创"大额可转让定期存单（CDs）"。二是实行信贷资产证券化，通过出售贷款来获取资金，降低业务发展对于存款的依赖性。三是开展存款服务创新。

在存款服务创新方面，国际银行业进行了积极的探索，并取得了很多重要的成果。在美国，1933 年《格拉斯—斯蒂格尔法案》曾禁止银行业向普通支票账户支付利息，因为立法者担心，向随时可支取的存款支付利息可能不利于银行业稳定。① 这种存款被称为"无息活期存款"。20 世纪 70 年代初，首先在英国出现了"可转让支付命令账户（NOW）"，它是一种支付利息的储蓄存款。银行有权要求客户在提取这种账户上的资金时事先通知银行，但它们很少行使这种权利，因此这种账户可以像活期存款一样用于各种支付，受到了银行业和客户的欢迎。1982 年美国出现了"货币市场存款账户（MMDA）"，与货币市场共同基金的股票账户进行竞争，1983 年美国出现了"超级可转让支付命令账户（SNOW）"。客户可以这两个账户为基础开立支票进行支付。1987 年，美国银行业监管部门授权银行业可以提供"自动划拨服务（ATS）"。② 客户可以预先授权银行将储蓄账户上的资金划拨到支票账户上，偿还透支金额。这实际上使得支票账户上的资金获得了相当于储蓄存款的利息率。根据 2010 年 7月发布的《多德—弗兰克法案》，自 2011 年 7 月起，美国银行业可以自主决定是否对公司活期存款和支票存款支付利息。这对银行业存款账户和现金管理业务产生了重要影响。

在国内，银行业仅向活期存款支付微薄的几乎可以忽略不计的利息。如何

---

① 后来的一些研究发现，这种担心是缺乏充分依据的。

② 美国银行业于 1978 年开始提供自动转账服务，客户最初反应强烈。但由于市场推广不足、消费者习惯持有一个交易账户、收费过高等因素的影响，市场推广初期，自动转账服务并没有取得预期效果。

提高活期存款账户资金的收益率，是国内银行业存款服务创新必须要考虑的一个重要因素。活期存款账户的一个基本功能是支付。银行业存款服务创新的一个重要方向就是，在不断完善支付功能的前提下，为客户提供更高收益的存款账户。在利率受到管制的情况下，这种创新往往允许新型的高利息率账户与活期账户之间可以进行自由转账和自动转账。国内银行业已在这方面进行了积极的尝试。比如，2013年底以来，银行业推出了活期存款账户对接货币基金的服务。

账户将成为客户进行支付和财务管理的基础。随着越来越多的活动通过互联网来进行，越来越多的支付活动通过账户之间的资金转移来实现，银行业需要将账户创新与新的支付方式和服务渠道结合起来，不断完善账户功能。当前，国内存款利率市场化正在逐步推进，银行存款账户的财富增值功能将越来越重要，客户的财富管理活动更多地通过账户管理来实现。银行业需要以账户为基础，为客户提供集投资理财和转账支付于一体的综合金融服务。

四、理财服务

随着居民和家庭财富水平和理财意识的不断提高，理财服务对于客户将越来越重要。根据招商银行2013年对我国城市居民财富管理与资产配置现状的调查，88%的中国城市居民已有理财意识，正在或即将进行财富管理，仅仅有12%的居民认为无须理财或投资理财可有可无。居民的投资也不再拘泥于定期储蓄，而是涉及理财产品、基金和股票等多种投资品类。

近年来，国内银行理财业务持续快速发展，银行业将大力发展理财业务作为吸收存款、维护客户、促进业务转型的重要举措。在国内，2013年182家境内外银行发行理财产品共计4.5万款，比2012年增长37%。截至2013年底，理财产品余额超过10万亿元，比2012年底净增加约3万亿元。从发行主体看，中小银行理财产品发行日趋活跃，发行占比不断提高。大中型银行还纷纷启动财富管理业务，截至目前已有20多家银行正式开展私人银行业务。

第三方支付机构与基金公司的战略合作给理财市场增添了新的力量。客户在第三方支付机构开立的账户中沉淀着大量资金。第三方支付机构一直在为这些沉淀资金寻找增值服务的机会。2013年中"余额宝"面世，成为目前最为成功的互联网理财创新之一。

这种基于互联网的理财业务创新引来了大批的跟随者，第三方支付机构与货币市场基金之间的合作大面积铺开。当前，银行业的网上银行，已经成为客户购买理财产品，获取理财产品信息的重要渠道。然而，互联网理财发展形势逼人，银行业不得不加大力度进行存款账户和理财产品创新。当前，创新的一个基本方向是存款账户与货币基金的对接和结合，设计全开放型的理财产品，实现存款账户与基金账户之间的实时交易和到账。

比如，2013 年 11 月 18 日，包商银行佳赢系列之"日溢宝"全开放型理财产品正式上线发行，发售 3 个交易日，余额便突破亿元。产品定位于货币基金与传统金融产品之间的跨界理财，填补零散资金的短暂投资空白期，最大的亮点是"T+0"实时资金划转服务。

2013 年 12 月 11 日，兴业银行对其银银平台理财门户进行了全新升级，并推出互联网理财品牌"钱大掌柜"。2014 年 3 月 10 日，"钱大掌柜"推出余额理财工具"掌柜钱包"，对接产品为兴业全球基金的兴全添利宝货币基金。掌柜钱包具有 1 分钱起购，随时购买，随时赎回，存取自如，迅速到账，操作简便，支持近百家银行卡等特点。2014 年 4 月 10 日，兴业银行携手基金公司通过兴业银行直销银行推出 T+0 直销货币基金产品"兴业宝"。

2014 年 4 月 28 日，中信银行联合嘉实基金、信诚基金，推出"薪金煲"业务，可以帮助客户实现余额理财、实时申购份额确认、ATM 取款、转账、消费自动赎回、每日收益结转等功能。"薪金煲"的最大突破点在于其所对接的货币基金，无须再主动申请赎回，便可以在全国各家银行的 ATM 上直接取款或是 POS 机刷卡消费。客户只需一次性签署"薪金煲"业务开通协议，设定一个不低于 1000 元的账户保底余额，"保底余额"之外的账户余额每日自动申购货币基金，最小认购额为 0.01 元，从而最大限度地提高账户的收益水平。货币基金可以当做现金使用，也是"薪金煲"业务的一大创新。当客户需要使用资金时，也无须再发出赎回指令，中信银行的后台会自动实现货币基金的快速赎回，用于满足客户的实时取现、消费或转账等各类支付需求。

此外，2013 年 12 月初，平安银行与南方基金联合推出"平安盈"理财服务。民生银行计划联合民生加银等基金公司，推出新型"电子银行卡"，将活期存款与货币基金对接起来。交通银行、工商银行等大型银行也与基金公司展开合作，推出了货币基金实时提现业务。交通银行推出的"实时提现"业务可以对接交银施罗德、光大保德信和易方达等基金公司旗下的多只货币基金，可以通过手机银行、网上银行和柜台进行快速申购和赎回，实现 7×24 小时资金 T+0 到账。

在理财服务方面，除了提供标准化理财产品，银行业还需要为客户提供一些咨询顾问服务。银行业为客户提供的理财服务包括不同的类型，取决于银行与客户之间的委托关系。在最简单的层面上，银行业仅代表客户来执行交易，比如应客户要求帮助客户购买理财产品。这种服务适合于那些自助理财客户，或者理财产品本身比较简单，客户对它们的理解足够帮助他们作出购买决策。在大部分的场合，银行还会提供一些咨询服务，宣传自己的理财产品，或者主动与客户探讨投资机会，并提供投资决策建议。客户在综合了自己的财富水平、风险偏好以及银行的建议之后，作出理财决策。

在线下，这些咨询顾问服务是银行业财富管理部门的重要业务之一。随着通信技术的进步和客户对于使用互联网越来越熟悉，银行业也在探索通过互联网提供咨询服务，打造线上服务"柜台"。在咨询顾问服务方面，银行业可以在客户、人才、经验、业务资格等方面建立起互联网企业难以超越的优势，至少是短期之内难以超越的优势。

比如，2013 年底，兴业银行针对互联网时代家庭财富管理需求推出网上银行创新产品"e 家财富"。"e 家财富"包括五大功能模块：e 家账户管理、e 家财富总览与分析、理财建议、资金归集、e 家动态，其最大的亮点是"一站式"实现家庭银行卡和资产的统一收支管理、在线理财规划和理财资讯等增值服务，可根据客户的投资偏好和 e 家账户资产负债情况，为其提供基金或理财产品推荐等个性化服务。

针对企业客户，2013 年 10 月 29 日，北京银行推出了在线现金管理品牌"现金 e 通"，提供在线账户管理、结算管理、资金集中管理、增值管理、融资管理、风险管理等多项功能，满足客户专业化、个性化、便捷化的现金管理需求。客户可以通过在线方式获得全部现金管理服务，加快资金流转，降低财务成本和资金风险，实现现金增值。

这里介绍的只是部分银行利用互联网所开展的理财服务创新。银行业对于互联网理财的重视程度在不断提高，银行业理财服务越来越便利和多样，它们将会更多地尝试将咨询顾问服务搬到互联网上。互联网企业和非银行金融机构在理财业方面的力量也在不断壮大，在这场理财业务主导地位的争夺战中，银行业仍然占据着优势。特别是，咨询顾问服务的互联网化将会给银行业带来很多的竞争优势。

第二节　客户体验

获取和维护客户是银行业成功的基础，而良好的客户体验已经成为银行业获取和维护客户的关键。渠道是银行与客户之间业务往来的桥梁，其在建立客户体验方面的重要性不言而喻。一直以来，银行业都是紧跟技术进步、客户使用习惯和偏好来拓展自己的渠道体系，而且新的渠道更加贴近客户，更加具有时尚的气息。银行服务已经从以营业网点为基础的"朝九晚五"型的业务转变为自动化的、全渠道的、7×24 小时连续不间断的服务体验。渠道体系日益多样化为客户获取金融服务提供了便利，但也为银行业的渠道体系管理带来了挑战。银行业需要确保渠道的拓展速度不能落后于客户需求的变化，同时还要确保客户在通过不同渠道获取金融服务时得到一致的服务体验。客户体验是多种因素综合作用的结果，难以模仿。一致性的高品质客户体验是一家银行将自己与其他银行区别开来，建立差异化优势的关键。

一、渠道革命

现代银行业向客户展示了多样化的服务渠道，包括营业网点、ATMs、呼叫中心、网上银行、手机银行、电子商务等。这些渠道在满足客户不同的金融服务需求方面具有不同的潜力和功能，它们相互补充，构成一个多功能的渠道体系。在有些场合，不同的渠道之间还存在相互替代和竞争的情况，一种渠道得到兴起和繁荣会削弱另一种渠道的地位。

在国际银行业的历史上，这种多样化渠道体系并不是银行业与生俱来的。从第一家商业银行产生算起，银行业已经有四百多年的历史，但在 20 世纪 60年代之前，营业网点是银行业主要的服务渠道，而且几乎是银行业唯一的销售渠道。邮政、电话和传真的作用微乎其微。

自 20 世纪 60 年代以来，银行业的渠道体系发生了持续的变化、改造和创新，新型渠道以电子化、网络化、智能化为主要特征。这一过程有一些基本的驱动因素，其一，信息和通信技术进步和技术成果的广泛应用是银行业渠道体系演化发展和发生革命性变化的技术基础和技术前提。其二，商业环境和客户习惯因为新技术发生了广泛深刻的变化。互联网和电子商务在经济社会生活中的普及程度越来越高，银行业的客户们越来越熟悉互联网和数字化的生活方式，越来越频繁地通过互联网来获得金融服务和创造财富。其三，金融业自由化和全球化。越来越多的新进入者，特别是互联网企业，它们以先进的技术应用为基础，为客户提供了更加时尚的服务渠道和便利服务，这极大地提高了客户，特别是年轻客户对于银行业服务渠道体系的要求。其四，银行业竞争日趋加剧。行业竞争与银行业渠道体系的深刻变化是相互促进的。为了留住客户，银行业需要适应客户需求的变化，为他们提供更加便利的渠道，并期望可以获得竞争优势。然而渠道体系是透明的，当其他银行观察到这些新型渠道之后，可以很容易地模仿。追求渠道多样化很难为银行带来持久竞争优势，但银行业仍然需要不断拓展自己的渠道体系。

技术进步、商业环境、客户习惯和期望以及行业竞争等因素共同作用，仍然在促进银行业不断完善自己的渠道体系。从总体上看，营业网点的地位呈现不断下降的趋势，电子渠道的地位则不断上升，而且电子渠道的多样性和便利性要远大于营业网点。

当前，营业网点仍然是银行业的重要服务渠道，但正如电子商务发展极大地冲击了零售行业的实体销售渠道一样，电子银行渠道的发展使得银行业面临着改造营业网点的巨大压力。比如，中信银行2013年新建机构189家，使得网点总数达到1073家，一跃成为网点数量最多的股份制银行。与其他银行实施社区银行战略不同，中信银行将零售银行业务"O2O"模式的线下支点落到了"旗舰店"身上，并已在广州分行设立了国内首家旗舰店。建立旗舰店的目的是打造"综合销售服务型"示范店，促进网点由交易结算中心转变为销售服务中心，全面提升网点产能和效率。未来，中信银行将建设形成由"旗舰店、综合网点、零售专营网点、自助网点、网络银行"构成的全方位渠道体系。此外，2014年3月18日，中信银行还在广州推出了全国第一家"幸福理财"旗舰店。除了改造传统分支机构以外，银行业还开发设计了一些新型的营业网点。比如，近两年来，国内银行业纷纷发展社区银行①，将网点并进一些比较高档的居民区，发展智能服务和便民服务，争夺"最后一公里"客户。

电子银行渠道的发展更加多样化。当前，客户已经比较熟悉银行业的AT-

①　"社区银行"（Community Banks）是一个舶来品，源自美国，其中"社区"并不是一个严格的概念。在美国，社区银行指的是小型银行。国内银行业出现的"社区银行"主要是指服务于社区的银行网点。《中国银监会办公厅关于中小银行设立社区支行、小微支行的通知》规定，社区银行分为"有人"和"无人"两种模式。其中"有人"社区银行必须持牌，"无人"社区银行则必须24小时自助。

Ms、呼叫中心以及网上银行。这些渠道已经产生并运行多年，客户经常通过它们来办理业务和获取金融信息。同时，新型的另类电子渠道正在不断涌现。其一，近几年，相继出现了基于移动端和互联网的短信银行、微信银行、手机银行等电子银行渠道。移动终端，尤其是智能手机已经成为客户生活的一部分，越来越多的客户正在熟悉和接受通过移动终端获取金融服务和金融信息。其二，随着网络传输带宽和速度的不断增加及传输成本的逐步下降，视频通信技术在电子银行渠道发展中的作用逐步凸显出来，出现了虚拟柜员机（VTM）、远程银行。其三，银行业逐步感到，通过社交网络或社交平台来为客户提供更多的个性化交流和服务是一个巨大的机会。在数字化、网络化时代，客户面对的是银行业的各种服务渠道，大部分业务不需要借助银行雇员即可办理，使得银行业与客户之间越来越缺少面对面的交流。社交网络伴随着移动互联网发展蓬勃发展起来，已经融入客户的日常生活当中。银行业可以在社交网络上建立虚拟银行或虚拟柜台，通过微博、微信、QQ等为客户提供实时的、一对一的咨询服务和处理投诉问题。此外，新的互联网应用还在不断涌现，它们也为银行业拓展客户服务渠道提供了便利。

　　银行业已经看到了电子银行渠道给银行服务便利性带来的彻底改变。简单交易型金融服务的自助性越来越高，尽管客户仍然需要银行的营业网点，但他们通过营业网点所获得的服务的类型和内容已经发生了变化。这些改变使得银行业不得不加大网点转型升级，根据电子银行渠道与营业网点在提供各类金融服务方面的优势和劣势对它们进行定位和分工，建立"线上线下"（O2O）相互协调配合的渠道体系。

　　技术进步不仅仅使得更多的信息和交易转移到互联网上，更多的交流和关系也在向互联网转移。当前，咨询顾问等比较复杂的金融服务仍然主要依赖于营业网点。随着通信技术进一步发展，更多的咨询顾问类金融服务将可以借助更加先进的技术成果，比如视频通信技术，通过电子银行渠道来进行。那时，实体营业网点的地位将会受到更加致命的打击和削弱。随着4G技术日渐成熟，向这一方向和结果发展的技术条件已经具备。客户对这类咨询顾问服务方式的熟悉和接受程度会不断提高，银行业的网点改造进程、IT系统处理能力、呼叫中心和后台客服人员的知识结构反而成为这一进程的阻碍。

二、新型网点

　　营业网点的作用正在发生巨大的变化。它们将雇员、物理设施和技术融合在一起，逐步降低对交易性、商品化的业务的依赖，逐步发展成为客户咨询中心和客户关系维护中心，为客户提供面对面的交流机会和复杂的金融服务。随着更多的业务量向电子银行渠道分流，营业网点的业务量将逐步下降，人员成本却在不断增加。对于银行业而言，网点运行和维护费用将会越来越高。银行业不能将营业网点全部关闭，客户仍然需要到营业网点与银行进行面对面的交流和咨询。

在标准化产品方面，实体网点无法在与电子银行渠道的竞争中占据优势。电子银行渠道的单笔业务成本要远低于单笔柜台业务成本。银行业需要通过营业网点提供那些无法通过电子银行渠道提供的金融服务，服务那些对电子银行渠道仍然心存疑虑的客户。然而，银行营业网点的形式和功能需要根据银行业渠道体系的日趋多样化来进行调整和完善。

O2O模式应该说是一种必然的选择。银行业需要根据自己的渠道体系，以及电子银行渠道与营业网点的功能差异及各自的优缺点，对营业网点进行重新定位和改造升级，建立新型营业网点。关键在于，银行业需要在电子银行渠道的便利性与营业网点私人性质的咨询顾问服务之间建立平衡，而且是建立动态的平衡。动态平衡的必要性在于，新的电子银行渠道仍在不断涌现，同时客户越来越接受通过电子银行渠道办理各项业务，包括越来越多地使用电子银行渠道来获得原本只能通过营业网点获得的咨询顾问类金融服务。银行业需要根据自己的渠道体系的建设进程以及客户偏好的变化，及时对营业网点的功能进行重新定位。

新型营业网点将更加多样化、特色化。银行业需要在商业可行的基础上，削减网点成本，同时又不影响网点覆盖率。银行业可以向那些大型的零售商学习。电子商务在图书、电子产品、服装鞋帽等标准化产品方面的繁荣发展，导致大型零售商的实体网点门可罗雀。一些零售商倒闭了，还有一些零售商则不得不关闭一些实体网点。对于银行业而言，在电子银行渠道重要性不断提升的冲击之下，关闭一些网点可能是必要的选择。银行业可以选择建立一些小型金融服务商店或者完全自助型网点，比如社区银行、专营店，再或者像ING Direct和招商银行那样在一些环境幽雅的咖啡馆里面设立服务设施。银行业还可以像平安银行和中信银行做的那样，选择在合适的地理位置建立一些大型旗舰店，作为大型综合金融服务网点，向客户展示自己的综合金融服务实力和品牌价值。

新型营业网点需要更加专注于咨询服务和销售。营业网点在提供咨询顾问类的复杂金融服务方面的能力需要不断提高，以更高水平的服务促进销售，降低网点成本压力。对于新型的营业网点而言，雇员的知识结构、经验和技能在改善银行服务和销售水平方面将发挥更加重要的作用。同时，银行要采用先进的技术提高效率，使客户满意。网点的客户关系管理能力也需要不断提升，了解客户的相关资料，帮助客户解决财务问题。

新型营业网点将更加网络化和智能化，更好地与其他渠道融合在一起。它们将充满时尚气息，外表上看起来将像是金融科技的展示平台。网点内部将配备更多使用起来非常方便和安全的自助服务设施。客户在向网点员工咨询后，可以到自助服务区办理自己需要的业务。

新型营业网点的设计需要更具弹性，更加便于客户使用。营业时间、人员配备等都需要根据网点的特性来进行设计。那些24小时营业的自助服务设施的功能将更加完善。

银行业已经认识到，渠道转型升级将是银行业发展的必然趋势，并且在利用现代信息技术改造营业网点方面已经进行了很多探索，推动渠道体系逐步向营业网点与电子渠道功能互补、相互促进、协调发展转变。

比如，建设银行于2014年1月28日在深圳福田区正式设立前海分行营业部。这是一个配备了先进技术成果的智慧型网点，其设计理念、功能分区、客户体验互动、智能设备应用与业务流程再造等均达到了较高水平。智能机器人代替客户经理为客户解答各类问题。智能预处理终端集业务分流、客户识别、排队叫号功能于一体。客户只需在智能预处理终端刷一下身份证，就可以把个人信息传输到银行柜员的操作系统，节省了手工填单时间。在该网点的电子银行服务区，客户可以在客户经理的辅助下完成各种线上交易。在自助服务区，设置了ATMs和虚拟柜员机（VTM），客户可以通过虚拟柜员机远程办理开户、签约、缴费等业务。该网点不仅仅是一个体验中心，更是一个综合性金融商店，客户只要拿起摆在货架上的产品卡片，旁边的屏幕就会自动播放产品介绍，在客户经理的帮助下，客户可以通过智能互动桌面将现场设计的理财方案传输到自己的智能手机。在移动金融区，客户可以现场体验二维码支付、闪付、刷卡支付等现代化支付方式。

三、视频银行

视频银行的建立对于银行业将是一项重大的项目和挑战。银行业需要在视频通信技术方面进行更大规模的投入，后台处理能力需要得到质的提升，在服务终端与后台之间建立更加顺畅的协调配合流程，还需要提升雇员的职业素质和业务技能，建立完善的大数据处理能力和技术。

视频银行是银行业的远程服务与视频通信技术、触屏技术的结合。银行业的呼叫中心、ATMs 等都具有远程服务的属性。这些服务渠道与视频通信技术的结合将极大地增强银行业的远程服务能力，特别是提供咨询顾问类服务的能力。直销银行也属于远程服务的概念，它们也可以借助视频通信技术、触屏技术，提供私人咨询顾问服务。引入视频通信技术、触屏技术也将是直销银行发展的一个重要趋势。但直销银行不依赖于 ATMs 网络等具有自助属性的服务设施，而这些自助服务设施将成为视频银行重要的服务终端。

（一）视频呼叫

在视频银行时代，银行业呼叫中心的功能将会得到极大提升，客户将可以通过智能手机、平板电脑、个人电脑、可视电话、数字电视、虚拟柜员机（VTM）等终端接入银行的呼叫中心，与呼叫中心的客服人员或客户经理沟通财务问题和办理业务。关键的技术改造之一是引入视频通信技术，从而使呼叫中心成为视频呼叫中心，或者也可以使用其他名称。视频呼叫中心将成为银行业的远程服务和销售机构。

视频呼叫中心需要具备弹性的业务处理能力，在业务处理高峰时期，不能出现拥堵和波动。在正常时期，不能出现业务处理能力包括呼叫中心雇员的闲置和浪费，还需要为视频呼叫中心建立灾备系统。

在接入方式上，视频呼叫中心需要具备多媒体融合和兼容能力。客户可能会选择通过语音、视频、电子邮件、传真、互联网、无线信号等多样化的渠道接入呼叫中心。视频呼叫中心需要为这些渠道建立统一排队和统一路由机制。新的服务渠道仍然在相继出现，视频呼叫中心需要保持开放性，除了对自身进行改造升级之外，还需要容纳那些新的服务渠道。

除了技术因素之外，银行业还需要在成本可控的条件下提高视频呼叫中心的金融服务质量。银行需要对自己的服务流程进行改造，赋予呼叫中心的雇员和客户经理更多的自主性。在理想的情况下，他们无须离开自己的座位便可帮助客户完成各种业务，因为客户不会在视频的另一端等待客户经理去后台走程序。视频呼叫中心需要进行精心的设计，以确保客户随时可以接入呼叫中心。

视频呼叫中心的客户经理应当成为为客户解决财务问题的专家。银行业需要对他们进行严格的培训，不断提升他们的知识结构和职业素质。当客户接入呼叫中心时，客户经理或客服人员可以同时看到客户的姓名、账户情况、交易记录等。通过屏幕他们可以看到自己的客户，客户也可以看到为他们提供服务的客户经理。这种视频互动更加有利于建立信任和维护客户关系。

视频呼叫中心的规模包括人员和 IT 基础设施都会日益扩张，银行业可能选择将呼叫中心分设在一些人员成本比较低的国家或地区。通信成本的降低将会促进这一过程。特别是，跨国通信成本的降低会促使一些跨国银行选择在特定几个国家或地区设立自己的呼叫中心，或者将呼叫中心业务外包给一些低成本的国家或地区。在呼叫中心选址和外包方面，除了考虑人员成本之外，还要考虑人员素质，不能牺牲呼叫中心的服务质量来降低人员成本。

在实践方面，招商银行 2010 年 3 月在国内首次提出"远程银行"服务模式。远程银行中心以多媒体、智能化、"一站式"的新模式开创银行服务新时代，当前包括以服务为核心的电话银行和以经营为核心的空中银行两大体系。2010 年推出的远程银行将远程渠道的方便快捷和柜台面对面亲切体贴的服务融为一体，由远程的客户经理为客户提供实时、全面、快速、专业的各类银行交易、顾问式投资理财、"一站式"贷款服务以及产品销售等服务。远程银行中心通过"95555"全国统一的客户服务电话、互联网、传真和手机短信等方式，为客户提供 7×24 小时服务。招商银行将远程银行中心作为提供远程服务的窗口和进行客户关系管理的重要渠道。2011 年底率先推出"空中银行"，是以全新的理念、全新的模式、全新的体验、全新的技术打造的新一代银行。客户随时随地可以通过电话、网络、E－mail、短信、传真等方式与远程专员进行联络，获取资金交易、投资理财、贷款申请、消费支付、商旅出行等金融服务。"远程助理"能够为高端客户提供"一对一"的贵宾式个性化服务，"远程交易"可以解决客户办理绝大部分非现金银行业务的需求，"空中理财"可以为大众客户提供顾问式投资理财服务，"空中贷款"可以让客户不用亲临网点而办理贷款业务，而"空中 SHOPPING"能够为客户提供安全时尚的远程购物体验。招商银行在零售金融总部下设了远程银行中心，专门推动远程银行发展。招商银行年报显示，2013 年远程渠道办理交易笔数 664.42 万笔，交易金额 8017.33 亿元，同比增长 7.20%。销售各类基金、信托及理财产品共 3344.46 亿元，同比增长 11.47%。"空中贷款"发放金额 259.10 亿元，同比增长 436.00%。远程银行中心相继荣膺"全球最佳呼叫中心"、"亚太最佳呼叫中心"，连续多次蝉联"中国最佳呼叫中心"，连续多届荣获"中国银行业优秀客户服务中心'综合示范单位奖'"第一名。

（二）虚拟柜员

开发和部署自助视频银行设施将成为银行业的一项重要战略行动，也需要很多投入。虚拟柜员机（VTMs），也可称为远程柜员机、视频柜员机，是介于一般电子银行渠道与人工柜台服务之间的一种新兴电子银行渠道。通过模拟柜台操作，客户可以使用 VTMs 与银行客服进行一对一视频沟通和服务，并通过指纹、身份证识别、电子签章等实现安全认证，客户体验度高。VTMs 是到目前为止功能最全面和强大的自助终端，能够取代大部分的人工柜台服务。VT-Ms 融合了业务办理和咨询顾问服务，在 VTMs 身上，我们可以看到电子银行渠道对于营业网点地位的进一步削弱。

在国内，2011 年 9 月 1 日，华为公司面向全球发布了 eSpace VTM 远程银行解决方案。根据华为的宣传，eSpace VTM 远程银行是银行服务理念的创新和服务渠道的延伸，是现代化多媒体通信技术和金融服务渠道的完美融合，综合运用了智能路由、高清视频通信、云协作等技术，通过视频面对面交流和协助客户业务办理，为用户提供远程柜面服务，可实现传统银行营业厅的主要功能，从而替代或分流传统网点的人工业务量。通过 eSpace VTM，客户可以在远程柜员视频协助下办理各项业务，不仅为客户提供了全面、安全、舒适的金

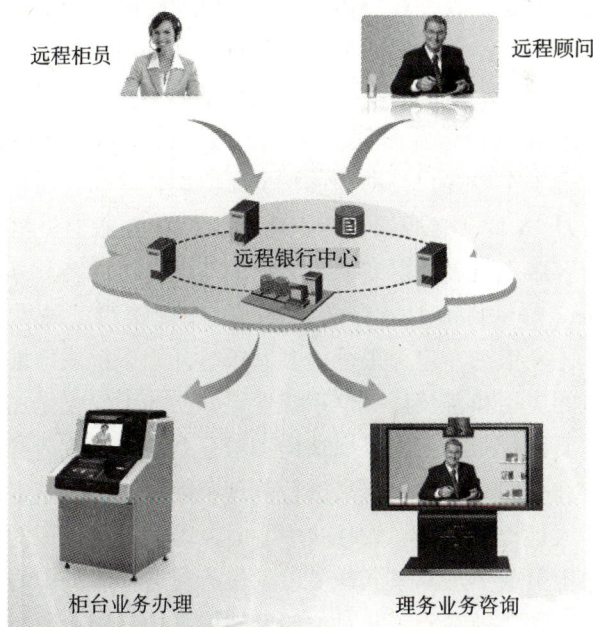

图 5 – 1 华为 eSpace VTM 远程银行服务模式

融服务，而且能够降低银行服务成本。VTM终端可以部署在机场候机室、星级酒店、偏远郊区、居民小区、写字楼、商场以及营业厅等，可以支持储蓄业务、中间业务、理财业务、信息服务、第三方缴费以及开户等业务。

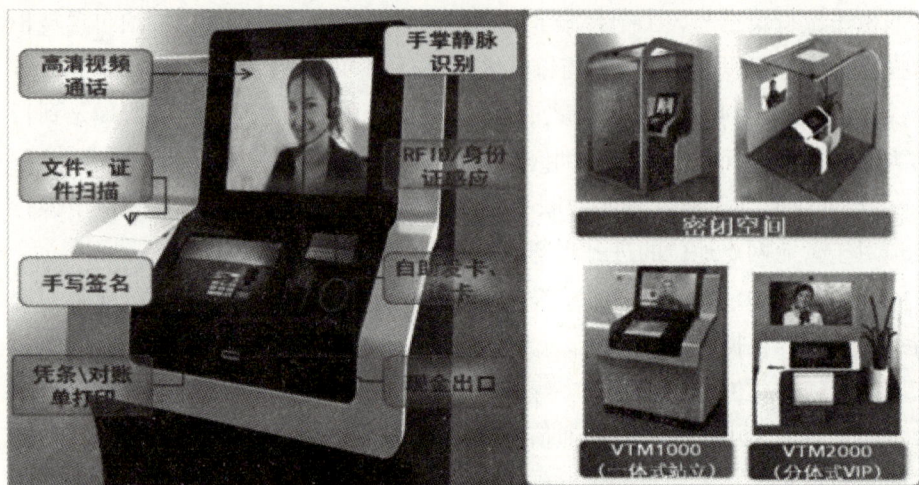

图5-2　华为eSpace VTM终端

　　出于缓解排队问题、改善客户体验、延长营业时间、增加另类营业网点数量以及提高业务办理效率等因素的考虑，银行业在部署VTMs方面进行了有益的探索和实践。广发银行于2012年7月5日推出国内首家24小时智能银行（VTM），突破了传统银行营业时间的限制，通过科技创新开拓新型业务服务模式，有机地融合了本地客户自助和远程坐席协助，替代普通柜员在柜台的业务操作。同年7月18日，交通银行在上海推出远程智能柜员机，通过实时通讯技术实现远程客服人员、理财专家与客户的互动，协助客户办理业务，提供多元化金融服务。截至目前，另有光大银行、中国银行、民生银行、招商银行、农业银行、昆仑银行、包头银行等多家银行开始了解或已推出VTMs。

　　虚拟柜员机的应用和普及是一个系统性课题，并不仅仅是加大投资铺设设备的问题，还需要银行对自己的组织结构和信息系统进行改造和升级。银行需要将大量的柜员和金融专家集中起来进行管理和配置。一个基本的要求是，当客户通过视频接入远程银行中心或呼叫中心时，能够在尽量短的时间里为客户分配一个对口的柜员或金融专家。这要求，银行在远程服务中心或呼叫中心配备足够数量的柜员和金融专家，并对他们的知识结构、职业素质、业务经验及客户关系管理技能进行充分的培训和锻炼。银行的后台业务处理中心建设、业务流程改造以及随之而来的风险控制也面临着很大的挑战。不能让客户在 VT-Ms 面前等候过长的时间，客户通过 VTMs 办理业务的流程需要尽可能地简化。银行还需要创新风险控制技术，将自己的风险控制理念嵌入这些"无纸化"的业务办理流程，在不影响客户体验的情况下实现自己的风险控制目标。

总体上看，当前 VTMs 应用还处在探索和尝试的初期阶段。在推广应用 VTMs 方面，银行业还需要进行客户宣传和教育，帮助客户熟悉和接受 VTMs。一些客户并不希望 VTMs 里面的远程柜员"监视"着自己办理业务，特别是办理那些查询、取款、转账、缴费、还款等简单的标准化业务。这意味着，在推广初期，就需要在 VTMs 终端附加一些复杂的高附加值的能够吸引客户的金融服务和金融业务。VTMs 也需要提供自助服务和视频服务等多种不同的服务模式，适应客户对于保护隐私的要求。

VTMs 集成了高清显示器和摄像头、视频、语音通话、手写签名、身份证读取、证件扫描等设备模块，其功能远大于 ATMs。ATMs 是银行业引入的最早的自助型电子银行服务渠道，它们是银行业处理查询、存取款、转账、缴费等标准化简单金融业务的主要渠道。随着 VTMs 推广，对 ATMs 进行改造和升级将成为银行业的一项重要的任务。ATMs 也将发展成为一种更多功能的服务渠道。

智能手机、平板电脑、个人电脑、视频电话机、数字电视也将成为银行业的虚拟柜台，发展成为移动视频银行、网络视频银行等。客户通过自己的设备接入银行的呼叫中心时，实际上就是将自己的设备当做银行的虚拟柜台。这些设备与虚拟柜员机（VTM）之间的区别将会逐步减小。在这些视频服务渠道的开发方面，银行业需要做的事情还很多，包括增加技术投资，提供一些兼容性的软件和接口等。

四、掌上超市

智能手机等移动智能终端对银行业的意义远不止于成为一种非自建远程视频服务平台。移动智能终端的普及和应用将会带来对金融服务的巨大潜在需求，银行业的渠道体系、服务内容及服务模式都将因此发生深刻改变。

移动智能终端将成为一种综合性的服务渠道，为客户提供不同的服务方式。随着各种金融应用的发展，各种电子银行渠道或服务终端在功能方面的差异会变得越来越小。移动终端，特别是智能手机具有其他服务终端无法比拟的优势，即超越其他渠道的便捷性。客户随身携带智能手机，可以在不同的应用场景随时随地获取金融服务，从而他们获得了享受金融服务的空前的自由和便利。整个经济社会的金融服务成本会因此下降，对于削减贫困和促进经济增长具有重要的意义。

银行业可以通过移动终端和移动互联网向客户展示自己的产品和服务，有利于拓展销售和服务应用场景，增加交叉销售。银行业会将更多的产品和服务搬到客户自己的移动终端上，将客户的移动终端转化为自己的服务渠道和综合性的金融服务平台。客户可以通过自己的移动终端随时随地获取金融信息、办理金融业务。重要的是，通过银行业提供的移动远程视频服务模式，客户可以享受一对一的咨询顾问服务，办理一些复杂的金融业务。

移动终端具有共享的属性，是银行业拓展渠道体系的必争之地。在这场争夺中，主动权不在银行的手中，而是在客户的指尖上。从银行业自身的角度看，它们需要不断推出更多的应用和移动金融功能，持续改善客户体验，为客户提供便利的、个性化的金融服务解决方案，不断提高移动金融服务的安全性和可靠性。

五、无缝体验

客户满意是最终目标。金融服务提供商越来越多，消费者在与金融业的业务往来中的主动性越来越大，权力的天平逐步向消费者一方倾斜。技术进步及先进的技术成果在银行业的应用一步步提高了客户对于银行的期望，他们期望在每一次使用互联网时都可以获得更好的体验。消费者主权的提升和行业竞争的日趋加剧，要求银行业切实将以客户为中心贯彻落实下去。要满足客户的期望，仅仅提供先进的技术成果和多样化的渠道体系还不够，银行业需要将它们整合起来。渠道体系的整合才是创造竞争优势的基础。整合的结果是，客户可以在家里、办公室或其他任何地方，以智能手机、电话、电脑、营业网点、ATMs 或 VTMs 等渠道获得一致的客户体验。

客户体验已经成为银行业竞争优势的重要来源。银行业的产品越来越"商品化"，很容易被模仿，消费者很难切身感受到产品之间的差异。银行业提升客户服务能力和水平，但中介机构的发展使得银行业的客户服务也变得越来越"商品化"和易于模仿。这些管理咨询机构将银行业的一些良好实践进行总结和标准化，并向银行业推荐，在银行业推广。银行业经营环境逐步从产品导向转向消费者导向，银行业要获取竞争优势，就需要为客户创造一个良好的、超过客户期望的客户体验，并且在改善客户体验方面持续加大投入。

客户体验是客户在与银行的网点、电子银行渠道、雇员、产品、服务以及流程等相互接触和互动过程中的感受。人们对于客户体验的理解仍然存在差异。1998 年，约瑟夫·派恩（Pine，J.）与詹姆斯·吉尔摩（Gilmore，J.）在《哈佛商业评论》发表的《体验经济来临》一文中指出，体验与服务之间的差异类似于服务与物品的差异。商品是可替代的，物品是有形的，服务是无形的，体验是值得怀念的。两位作者指出，当一家公司主动以服务作为舞台，以商品作为道具，以能够令人难忘的活动方式使消费者参与其中，体验就会产生。体验在本质上是个性化的，仅存在于个人的心中，任何两个客户的体验都是不同的。

客户体验强调客户参与，与客户互动，让客户产生联系感。银行业需要将自己的服务、购买、使用、售后等交易过程打造成一种客户获取超预期价值和良好感受的"旅程"。在旅途中，不仅仅需要为客户提供高质量的产品和服务，而且还要有良好的参与，使客户得到关注和重视。作出最终购买决策的是客户，银行可以做的是帮助他们，让他们的购买决策变得简单和易于理解。对于银行业而言，要提供高品质的客户体验，它们需要以正确的方式，通过合适的渠道，在正确的时机，向合适的客户提供合适的产品和服务。体验不同于产品和服务，但需要以高质量的产品和服务为基础，需要尽可能地使产品和服务应用广泛、有价值、简单、透明。

客户体验与客户关系管理的目的是一致的。自 20 世纪 90 年代初期开始，消费者主权不断增加，随之出现了客户关系管理。这一新的管理工具旨在提高客户忠诚度。一些研究发现，客户忠诚度的提高会增加利润，保留一个老客户的成本远低于获得一个新客户，而且 20% 的客户贡献了利润的 80%（即 80/20 法则）。改善客户体验是满足客户高层次需求、维护客户关系，提高客户保留的一种行之有效的策略。

渠道体系的完善性对于改善客户体验有着重要的意义。渠道是银行与客户接触、交流、互动和办理业务的地方。大部分客户对于银行业的大部分认识和理解都是通过在银行的各种渠道获取服务的过程中获得的。渠道也是银行展示自己的产品，向客户提供服务的地方。渠道体系越完善，就越能够为客户带来更多的选择和便利性。

营业网点与电子银行渠道需要更加紧密地融合起来。许多银行将营业网点作为它们建立和维护客户关系的主要渠道，但实践并不完全支持这一点。当前，大部分的交易活动都是通过电子银行渠道完成的，银行营业网点的人流量和业务量都在下降，电子银行渠道对营业网点的替代率已经达到了较高的水平。低价值的业务需要被转移到低成本的电子银行渠道，银行业需要引导消费者来推进这一过程。自助服务渠道的作用无疑将越来越重要，它们非常适合设在机场、火车站、高档社区等地方，但银行业在增设自助服务渠道的时机和力度方面需要谨慎。发达城区的居民需要而且可以通过自助设备获得自己想要的服务，并不代表欠发达农村地区的居民也可以做到。营业网点将逐渐从交易中心转向服务中心，它们可以成为银行业向客户展示自己的自助服务和新产品、进行安全知识宣传、提供财务顾问和咨询服务的基地。那些希望与银行雇员保持面对面沟通的客户可以通过营业网点获得更加多样化和全面的服务。

每种类型的渠道都需要为客户提供一种独特的交流方式。客户对于选择使用不同的渠道有着不同的偏好和习惯，他们会根据具体业务和应用场景选择不同的服务渠道。为了提供无缝隙的客户体验，各类渠道之间需要保持一致性。银行不能仅满足于改善单一渠道的客户体验，而是需要采取措施使得不同渠道的客户体验相互补充和相互一致。客户需要能够从任一渠道获得服务，还需要能够从任一渠道发起一项业务或申请，并且可以通过其他渠道来完成，比如可以通过互联网或智能手机与银行的客服人员联系进行预订，然后到营业网点办理业务。客户在任一渠道遇到的问题或纠纷，可以在其他渠道得到解决。银行业应该学会倾听，学会通过电话、社交网络、面对面、视频等方式与客户对话。客户期望银行做的，银行做得比客户期望的还要好。

银行业需要持续增加技术投资，提高改善客户体验的能力。新的银行信息系统要能够支持"信息共享"。银行的客户经理要在与客户接触的第一时间获得客户的相关材料，客户也要通过任一渠道获得自己的全部相关材料。客户经理需要配备一个综合性的管理信息系统，该系统能为客户经理提供各类业务、产品以及客户数据。客户经理可以通过任一渠道获得全部客户数据，数据必须是实时的和一致的。银行的服务交付、客户互动、业务流程、客户视图都需要在先进的技术成果基础上进行设计。银行业需要确保客户在异常情况下能够得到他们在正常情况下得到的同样质量的体验。信息系统应该成为银行实现这一目标的有力工具和支撑。

当前，良好客户体验的重要性已经得到一些银行的重视，它们在改善客户体验方面已经进行了很多实践。但银行业在打造无缝隙客户体验方面还面临着一些挑战。比如，目前银行业客户数据往往分散在很多部门、很多服务提供商手中，客户信息整合和共享是一个重大的挑战。再比如，数据安全和客户隐私问题。银行业需要不断提高安全防范和隐私保护，同时还要收集更多的客户数据。这两个方面存在相互冲突，银行业需要谨慎地进行权衡。此外，银行业需要加大力度进行人力资源管理，建立学习型组织。银行的雇员需要具备完善的知识结构和职业素质，需要不断培训，提升业务技能，培训体系也要与时俱进，特别是涉及客户关系管理和金融咨询顾问服务业务方面的知识具有重要性。

银行业需要进一步加强客户体验管理。一个首要问题是，对客户体验的理解和界定。大部分的银行都缺少关于客户体验的准确的、可操作的概念。银行的产品、服务、品牌、价格、便利性、多样性、业务流程、客户关系、渠道设计、雇员素质、考核体系、企业文化等都是可以改善客户体验的领域和环节。客户体验管理要将这些要素与银行的渠道体系进行整合，为客户接触银行带来与众不同的个性化体验。客户体验的一个显著特征是具有个性化，不同地区、不同年龄、不同职业、不同财富水平的客户对于客户体验的理解都不同。因此尽可能对客户进行细分，提供有针对性和个性化的价值主张和服务体验有助于提高管理客户体验的效率。此外，对于改善客户体验而言，不论是哪种渠道，减少客户等待时间或者通过提供增值服务让客户的等待过程变得有趣味，都是有意义的事情。

要使客户体验管理成为一项常规性的活动，就需要制定管理程序和建立改善客户体验的反馈机制。改善客户体验没有止境，银行要将改善客户体验作为各个部门的共同职责，并在绩效考核方面予以体现。银行业要紧跟技术进步，掌握客户需求，不断实践、及时总结改善客户体验。一个重要的内容是建立科学的客户体验衡量体系，借助这一体系对客户体验进行量化的评估，以便于为改善客户体验设定目标，并通过比较目标与实践之间的差异寻找原因，进行改进。此外，客户体验管理需要建立在大数据的基础上，通过收集和分析客户数据更好地认识客户，以便为他们提供个性化的体验。

将营业网点、电子银行渠道融合在一起是未来银行业改善客户体验的必然趋势。比如，交通银行认为，未来商业银行的经营模式是以物理网点为支撑，以互联网金融为平台，以客户自助服务为主要特征，它将设立人工网点＋电子银行＋客户经理的“三位一体”的经营网络和服务模式，以顺应这一趋势。

再比如，自2010年以来，中国银行联手IBM咨询服务部推动网上银行2.0转型，打造新一代网上银行系统，实现以客户为中心，改善客户体验，促进网上银行营销创新。中国银行电子银行部表示，银行业开始迈入网上银行

2.0 时代，从简单的交易替代、产品交付等交易渠道向营销新媒体和销售新渠道转型。服务定位从产品功能的提供向客户体验的全面提升转型，从银行辅助渠道向新的银行经营模式转型。新一代网上银行系统 Web 版从全新视觉展现、功能优化、易捷操作、增值服务四个方面进行升级，为客户提供更加个性及便捷的交互体验。在电子渠道整合方面，规划网上银行 Web 版、Pad 版、电话银行和手机银行间的无缝融合，实现渠道之间的整合和跨渠道一致的客户视图。用户在各个渠道既能获得一脉相承的整体体验，同时又根据各个设备的情况作出差异化调整，不同渠道提供同样优化的使用体验。

六、渠道战略

"全渠道"时代已经来临。"全渠道"并不意味着银行业的渠道拓展已经到了尽头，而是说银行业需要紧跟客户对于渠道的偏好，不断拓展自己的渠道体系，并对渠道体系进行整合和完善。"全渠道"不仅仅是多样化的渠道，其本质是对多样化的渠道的整合，使它们成为改善客户体验的支撑。客户对于银行业的期望在不断提高，他们越来越多地期望在一次复杂的交易中能够使用互联网、手机、社交媒体和个性化的互动等方式来获得自己想要的服务。

产品和服务都需要借助各种渠道推出，渠道管理需要成为银行业战略的一个重要构成部分。银行业需要对自己的渠道发展制定一套整体性的渠道战略，以避免由于不同渠道相互冲突而给客户带来困扰。渠道战略需要与银行的整体发展战略相一致，为整体发展战略提供支撑，需要确保每一条渠道都可以得到合理的功能定位，最大化银行和客户的收益。渠道战略的合理性可以从以下几个方面来考察，是否与总体战略相一致，是否可以节约成本，是否可以改善客户体验和有助于保留客户，特别是在经济低迷时期保留客户。

由于不同银行的发展战略不一致，体现在渠道方面就是，它们将会采取不同的渠道战略。有些银行仍然强调以营业网点为主，以网上银行等电子银行渠道为辅。相反，有些银行则以网上银行为主，向客户提供高收益的产品和服务，它们也会选择设立一些营业网点，帮助客户制定财务计划和交易安排，然后客户会通过互联网办理相关的业务。这些银行可以树立富有创新精神的声誉和品牌形象。还有一些银行则倾向于将营业网点和电子银行渠道整合起来，它们的渠道侧重不那么明显。采取这种渠道战略的往往是一些大型银行，它们拥有广泛的、偏好各异的客户基础。

没有普遍适用的渠道战略，但发展一套完善的渠道战略无疑可以为成功增添一些胜算。第一，银行需要监控和理解客户偏好和习惯、技术进步以及行业竞争的动态变化。客户购物更多地转移到互联网上，电子商务日益深入到国民经济社会的各个领域和环节。新的信息和通信技术成果不断涌现，不断推高客户的期望。银行业竞争日趋加剧，每一家银行都不敢掉队，掉队意味着丧失客户。银行业必须调整自己的渠道战略以更好地适应不断变化的技术、商业和客户环境。

第二，银行需要根据客户在渠道选择方面的偏好对自己的客户基础进行细分。不同客户的渠道选择是不同的。有些客户，特别是那些年龄偏大的客户，对于新型的电子银行渠道缺乏认识和认同，他们喜欢到营业网点通过与网点雇员进行面对面交流来办理业务。那些年轻、富有、教育背景比较好的客户则支持新型渠道。这部分客户愿意接受新的技术应用，拥有相当的金融知识，同时他们工作繁忙，没有充裕的时间到营业网点排队办理业务。还有一些客户则在渠道选择方面仍然心存疑虑，他们希望使用新的渠道，但仍然担心使用过程中的安全问题。另外一些客户的需求则更加多样化，他们会根据自己所选择的产品和服务类型选择服务渠道。银行需要为每一类客户提供他们需要的渠道组合。

第三，银行需要根据每一种渠道在服务客户过程中的差异进行渠道分工和功能定位，从而构建一个功能互补的渠道体系。银行需要选择自己的渠道侧重和偏好，或者以营业网点为主，或者以网上银行等电子银行渠道为主，或者采取平衡的策略。大部分银行都需要采取 O2O 模式，平衡营业网点和电子银行渠道。

渠道建设需要考虑各种渠道的成本。呼叫中心和营业网点是两种交易成本最高的服务渠道。根据普华永道 2012 年底的一份报告，在美国银行业，通过呼叫中心和营业网点办理一项交易的成本分别大约是 4.04 美元和 4.00 美元，而通过 ATMs、移动终端、交互语音应答（IVR）和互联网办理一项业务的平均成本依次仅为 0.61 美元、0.19 美元、0.17 美元和 0.09 美元。营业网点的成本在不断提高，同时营业网点的业务量占比却在不断下降，大量的常规性业务分流至互联网、手机银行、ATMs 等电子渠道，银行业在网点方面的投资收益日趋下降。

"全渠道"管理强调不同服务渠道之间的无缝衔接和提供一致性客户体验。在比较理想的情况下，任何一个渠道都可以成为客户发起一项交易的接触点，并允许客户根据自己的偏好来选择最有利于自己的服务渠道来完成后续流程。客户通过任何一个渠道都可以获得关于自己的账户的相关信息。银行业需要将渠道管理建立在自己的发展战略、商业模式、客户偏好的基础上，不断优化业务流程，借助先进的客户关系管理系统和业务系统实现客户信息和业务信息在不同服务渠道之间的共享和即时传递。

第四，根据客户细分，为渠道组合选择合适的产品和服务组合。根据渠道的经济特性，为每一条服务渠道"量身定制"产品和服务组合，让客户可以在他们需要的任何时候、在任何地点，以他们喜欢的渠道和方式，轻松、便捷地获得他们需要的产品和服务，实现通过正确的渠道为客户提供正确的产品和服务。营业网点在提供个性化、差异化的金融产品和服务方面，特别是在开户、获取咨询服务等涉及银行与客户之间深入交流的复杂业务领域，仍然发挥着重要的作用。在服务内容方面，营业网点将更加网络化和智能化，成为客户体验中心。更多地集中提供资产管理、顾问咨询等服务，依靠面对面交流，拓展和维护客户，增加交叉销售。在布局方面，因地制宜，比如在电子渠道接受程度高的高净值客户集聚区，设置旗舰型网点或全能网点，在一些社区布置社区网点，在一些中小微型企业集聚区设置小微专营机构，设置一些自助服务网点，等等。

呼叫中心在远程服务和视频服务方面的作用将会得到更大的发展。呼叫中心的建设和维护费用也将越来越高。呼叫中心需要承担更多的销售职能，使得呼叫中心的建设和维护具有商业可行性。

电子银行渠道的平均交易成本比较低。大部分情况下，通过电子银行渠道办理同类业务的价格要低于通过营业网点。银行业需要引导客户将更多的常规性业务转移到电子银行渠道来办理。随着远程服务和视频服务逐步发展，也可以将部分高成本的涉及一对一沟通交流的顾问咨询类服务转移到电子银行渠道。

第五，在渠道战略执行方面，银行需要根据已制订的渠道战略制订投资计划。人力和资金是必不可少的。银行设定目标，衡量战略执行绩效，并对相关的部门和人员进行激励。对于那些偏离目标的事件和行为，银行需要认真分析，采取针对性的行动，包括对渠道战略进行修订。

第六，提供强大的系统支持。全渠道信息科技系统需要能够支持实时的协作，使得客户可以随时随意选择多样化的设备来获取服务。它们需要支持背景丰富的交互过程，需要建立在移动终端技术、数据分析、社交网络和云计算平台的基础上，能够跟踪和获取接入系统的客户的各种背景信息，包括他们的姓名、位置、风险偏好、财务状况以及交易记录等。银行业的信息科技系统需要保持灵活性和开放性，及时吸纳更多的渠道设备和客户信息。

第三节　数据银行

银行业与现代信息和通信技术的联系和融合越来越紧密和深入，越来越多地依靠电子商务、移动终端、物联网、社交平台等来开展经营管理活动。数据在大量地涌现，原有的结构化数据已经不能满足发展的需要，非结构化数据在银行经营管理中的作用越来越高。数据的价值随着数据存储和分析技术的进步不断显现。银行业的营销、创新、销售、客户管理、风险管理等活动都将越来越多地建立在大数据应用的基础之上。这对于银行业而言既是机遇，也是挑战。

一、精准营销

营销是企业最基本的职能，它不仅涉及一个部门，而且涉及整个企业。企业的各个部门和领域都需要对营销负责。营销需要从顾客出发，以客户的人口统计特征、客户的需要、客户的价值观和行为习惯为基础，认识客户，分析客户需求，并将客户需求分析结果应用于企业从创新、设计、生产到销售各个环节和部门。

营销对企业提出的问题应该是，客户需要什么，而不是企业想要开展什么业务、销售什么产品或服务。管理学大师彼得·德鲁克曾说过，营销的目标是使销售变得不再必要。如果企业能够对客户有充分的认识和理解，确保产品和服务符合客户需求，那么销售是自然的事情。营销创造的是准备购买的客户。

电子商务和智能设备繁荣发展孕育一批又一批消费者。他们面临着越来越多的产品和服务，变得日益挑剔，越来越无法忍耐等待，越来越喜欢快节奏。现代银行业生存在一个全球化的经济中，经营环境瞬息万变，行业竞争日趋激烈，信息和通信技术不断地提高客户对于银行业的要求，而银行业则必须适应这些变化。人类经济社会进入"新经济"以来，数据和信息管理对于企业的经营管理活动日益重要，数据可获得性极大提高。银行业的数据收集和处理能力也在不断提升，它们可以对数据进行无限制地分割、复制、传播、共享和个性化整合。建立在数据分析基础上，银行业可以作出更好的决策和选择。在新的大数据时代，银行业的营销活动将会强调更加精确的定位、传播、创新、交付和定价。

客户正在变得越来越数字化。在过去的十多年时间里，电子银行渠道快速发展，它们深刻地改变了银行业的产品服务及其运作方式。当前，这一进程仍然在飞速向前推进。这一进程背后最基本的因素是信息和通信技术进步，特别是互联网和智能移动终端。客户越来越多地使用电子银行渠道获取金融服务。客户在银行各类服务渠道接入、点击、浏览都会留下数据，这些数据可能是一些财务数据，也可能以视频、音频和文本等非结构化数据的形式存在，它们当中蕴藏着巨大的商业价值。对这些数据进行加工处理，可以为银行认识客户需求提供更多的洞察力。

银行业已经比较熟悉从客户关系管理系统抽调数据来进行客户需求分析，它们还会通过市场促销、广告、展览、市场调研等渠道获取数据来认识自己的客户。但在大数据时代，通过这些方式获得的数据仅仅是海量数据中的一个极小的部分，不足以为银行业充分认识自己的客户提供准确的洞察。

营销是面向客户的，客户数字化使得银行业的营销活动更多地建立在大数据应用的基础上。大数据应用的核心是预测，更多的数据可以帮助银行业提高预测的准确性和及时性。通过收集和使用来自各渠道的各类数据，银行业可以更好地认识客户，更好地理解客户的需求，对客户进行细分，以划分出越来越小的细分市场。制订目标性的营销计划，推进个性化的产品服务创新，实现"精准营销"和"定制服务"。

精准营销可以在单个客户的基础上实现。大数据应用可以收集客户的全部信息，包括网站浏览数据、交易记录、社交数据、地理位置等，并利用这些数据对客户进行全面分析，了解客户消费行为。比如，银行业可以通过客户在网站上的点击，跟踪客户行为，及时更新客户偏好，并预测客户可能采取的行为，让有针对性的点对点实时营销成为可能。再比如，银行业可以借鉴电子商务平台的商品推荐技术，将精准营销应用于网上银行，根据客户的人口统计信息、购买记录、浏览记录为它们推荐商品。

银行业不仅可以借助大数据应用获得对客户的认识，还可以发掘新的客户，发现新的市场、新的趋势。大数据应用可以为银行业的营销活动提供更多的市场洞察，使得它们可以更加从容地创新和推出新的产品服务。

精准营销可以实现实时交互。交互也是一种可以用于改善客户体验的重要的理念和方法。在 Web2.0 时代，银行业需要与客户之间开展有意义的交流和对话。实时交互式营销就是这样一种方式。交互具有个性化的特征，银行业可以借助交互开展精准营销，提供个性化的客户体验。交互有不同的方式，包括客户与银行的交互，客户之间的交互。这两种不同的交互方式都可以为银行业的营销部门所利用。与客户接触、对话，获取相互理解是营销部门的职责，这可以借助与客户之间的直接交互来实现。营销部门已经可以获得关于客户的大量信息，但不能延续传统的推送方式，否则客户将不予理会。营销人员与客户实时交互可以帮助银行业吸引和保留客户，帮助客户在关键时刻作出选择和购买。

交互的更深一层次则超越了对话，进入客户参与阶段。银行将客户吸引到营销过程，邀请他们参与产品创新设计、推广、定价、渠道、交易、售后服务的整个过程。比如，银行可以在自己的网上银行添加一些具有 Web2.0 属性的功能和应用，借助社交网络、即时通讯工具或微博等工具为客户建立一个网上社区，鼓励客户在社区对自己的产品展开讨论，获得客户对于自身及产品的真实信息。与传统的市场调研相比，这种交互式营销效率更高，成本更低，更具针对性。为了鼓励客户发布观点，银行需要为他们提供一些激励，同时还需要保持开放，特别是需要对一些负面看法保持一定的开放性。

精准营销可以建立在更加细致完善的客户细分基础之上。一种是积极的客户细分。银行业的营销部门已经非常熟悉这种客户细分方法，他们根据掌握的客户数据，对客户进行细分。不同之处在于，有了大数据，银行客户的细分可以更加细致和有效。另一种是消极的客户细分。不同的客户或者同一客户在不同的应用场合使用不同的渠道。客户选择渠道，银行根据渠道不同推出不同的营销策略，相当于进行了客户细分。或者说，客户自发进行了细分和归类，银行需要针对不同的渠道设计不同的营销方案。这意味着，营销方式需要伴随客户服务渠道而多样化，精准营销战略需要与渠道体系相互配合。

一些银行已经开始在大数据的基础上开展实时营销和精准营销。比如，当银行看到自己的客户在网上银行办理业务或查询信息出现了错误，就可以及时提醒。一些银行还开通了微博，进行舆情监控，发现客户需求。在国务院国资委、工业和信息化部、中国企业联合会共同组织的全国企业管理现代化创新成果审定委员会于 2013 年底联合发布"第二十届全国企业管理现代化创新成果"中，工商银行的"大型商业银行基于数据仓库的精准营销管理"创新成果荣获一等奖。工商银行成为此次活动中唯一获此奖项的商业银行，这标志着我国商业银行在应用大数据创新市场营销模式、提升企业管理现代化水平方面又取得了新的进步。根据一些公开的信息，2001 年以来，工商银行积极推进信息化建设，持续升级改造自己的数据库，实现信息技术与经营管理的深度融合，不断完善"以客户为中心"的精准营销、精细管理和精品服务体系，促进市场营销和客户服务模式的转型。具体而言，工商银行基于数据仓库的精准营销管理是指依托强大的数据仓库平台，建设精准营销管理系统集群，充分运用数据挖掘以及大数据分析等现代化的信息技术手段，通过客户信息的全面采集、高度集成、深度挖掘与高效运用等措施建立"以客户为中心"的精准营销管理体系。通过这一体系，工商银行构建起了客户营销统一视图，打破信息孤岛，深度挖掘客户需求，实现目标客户精准定位，推进客户分层分类服务。通过搭建智能营销信息服务平台，实现精准营销信息的智能化、自动化、制度化、流程化管理，推进营销管理模式再造和制度完善，加强与客户之间的沟通和良性互动，提升客户满意度和忠诚度。

银行业需要更多地与客户进行交流才能增加销售，但交流本身需要有一个限度，过度涉入客户交易过程可能会引起客户的反感。比如，一些客户不喜欢在银行的远程柜员的"监视"下查询账户、进行转账和取款。再比如，一些客户并不喜欢在自己登录网上银行时，网上银行系统会保留自己的浏览记录。保护客户隐私将会成为银行业大数据应用一个必须解决的问题。客户信息的泄露将会给银行的声誉和品牌带来严重的负面影响，包括客户流失、收入减少和监管处罚等。银行业需要为大数据应用建立严格的保护制度，银行需要向客户和监管部门说明，银行是在合理的限度之内使用客户数据的。

除了技术方面的问题之外，银行业自身在实施精准营销方面还面临着转变经营思维和组织结构的挑战。大数据的来源是多样化的、随机的、实时性的，数据将散落在不同的部门、渠道和数据库中。大数据分析依据的是全部数据，是总体分析，而不是抽样分析或抽样调查。银行业需要改造数据库结构和组织结构集中共享这些数据。

二、批量定制

银行业日益全球化，经营环境日趋复杂多变，银行业为了生存和发展需要进行持续的创新和改变，其中最关键的改变是，银行需要更多地关注自己的客户。银行业一直努力让自己变得更加以客户为中心，比如银行建设和完善客户关系管理系统，进行客户满意度评分，实施六西格玛质量管理，建设流程银行，建立跨部门的研发团队，等等。但这些措施大部分是以市场为中心的，而非真正地以客户为中心。银行也会根据客户需求提供一些产品和服务，但在大部分的场合，更好的产品服务与私人定制式的产品服务之间还是存在差异的。

客户越来越挑剔，越来越需要得到自己真正需求的产品和服务。银行需要理解并满足单个客户日益增长的多样化需求，同时将产品和服务保持在一个合理的成本基础之上。换言之，银行需要同时实现多样性与低成本结构，需要长期同步实施差异化战略和低成本战略。在迈克尔·波特看来，从长期来看，企业不能"夹在中间"，它们需要在差异化战略和低成本战略之间作出选择。这是否意味着，银行业只有在牺牲自己的低成本结构的条件下才能满足大量客户的多样化需求？也不尽然，行业竞争和技术进步在不断压低企业的成本结构，银行业同业面临着这样的境况。而成本结构的下降和生产效率的提高使得银行业可以大规模交付个性化的产品和服务，或称解决方案。也就是说，银行业可以实现大规模定制化经营模式。

银行业已经感到，它们必须在保持合理收益的前提下为每一个客户提供定制服务。批量定制，即大规模生产和交付定制式的产品和服务，可以同时实现多样化和低成本，其核心是通过高度灵活、柔性和快速响应来实现多样化和定制化，满足客户的个性化需求。这正是约瑟夫·派恩二世（B. Joseph Pine II）在《大规模定制》一书中所描述和倡导的不同于大规模生产的生产方式。迫于竞争的压力和对增长的渴望，银行业不断推进综合化经营，拓展业务范围。当前银行业的产品服务体系数量庞大，即使是银行的内部人士也很难弄清楚自己到底为客户提供了多少种产品服务，一些产品服务自创新之后便被尘封在档案中。其中存在很多低效活动，导致了多样化成本。

多样化本身在满足客户需求方面并没有提供足够的帮助。银行需要做的是，针对单个客户提供私人定制服务。不仅仅是从自身或者全部客户的角度来开展更多种类的业务，而是以单个客户为基础实现多样化和个性化，为每一个客户提供定制式的产品服务或解决方案。

批量定制要求银行业既要掌握客户基本的、共同的需求，又要理解客户特殊的、个性化的需求。客户需求个性化、差异化程度不断提升。除了满足那些基本的需求之外，银行业还需要针对单个客户提供灵活的、差异化的服务。在最完整的批量定制模式下，客户细分变得不必要，因为银行业可以把每一位个性化的客户看做一个细分市场，为每一位客户提供一套金融服务解决方案，而且还可以根据客户需求的动态变化对金融服务方案进行动态调整。批量定制过程往往需要银行与客户展开互动，银行帮助客户定制解决方案。此外，还可以采取自助性的"菜单式"批量定制。随着客户金融知识水平的不断提高以及一些自助服务渠道的日益繁荣，这种针对单个客户的批量定制模式能够以客户从银行提供的产品服务清单中自助选择的方式来实现。总而言之，在满足客户个性化需求方面，那种以人口统计特征或其他客户属性为标准对客户进行分类的客户细分将变得不必要。

批量定制要求银行业首先对自己的产品和服务进行分类，然后进行标准化。分类可以去除一些在功能上冗余的产品服务，同时又不牺牲多样性，而标准化可以降低产品服务的交付成本。在批量定制经营模式中，银行业的基本工作是确定每个客户的个性化需求，然后满足他们。在以雇员和营业网点为主的经营模式中，高而僵化的成本结构意味着银行业只能采取标准化，很难在单个客户的基础上实现个性化服务。

在电子商务环境中，批量定制的关键不是生产，而是展示和交付，是对多样化产品和服务的整合，并根据客户的需求和偏好，将整合结果展示给他们。电子商务平台使用自己的推荐系统来实现大规模定制。推荐系统（Recommender system）在电子商务领域有着成熟的应用，已经成为电子商务平台的一项重要的商业工具。电子商务平台使用推荐系统向客户推荐商品，并提供相关信息以帮助他们作出选择和购买决策。

银行业在应用推荐系统方面仍然存在很大的改进空间，它们可以利用推荐系统与客户进行交互。银行业的产品服务体系越来越丰富和多样化，客户在面临大量的选择时也会不知所措，无法快速有效地找到自己喜爱和需要的产品和服务。他们在作出购买决策时需要收集和处理大量的信息，因此需要网上银行系统帮助他们减轻信息过载的负担和作出理想的选择。推荐系统可以将那些网上银行的浏览者转变为购买者，增加交叉销售，改善客户体验，提高客户忠诚度。

客户在登录自己的网上银行账户时，可以看到过往的交易记录，以及银行根据这些记录所做的推荐。每一个客户的账户都像是一个"网上商店"，它由银行和客户共同建立。这种网上商店对于每个客户而言都是不同的。换言之，银行有多少位客户，就需要提供多少个网上商店。

三、建立信任

借助大数据应用，银行业可以更好地认识自己的客户，更好地与他们进行沟通和对话。这是否意味着"关系银行业"的复兴？银行业的一个重要功能是缓解信息不对称导致的市场失灵问题。在关系银行业模式下，银行业通过与客户紧密的全方位的接触，在业务往来过程中积累各种客户信息，促进对客户的监督和审查，从而在一定程度上克服信息不对称问题。这些信息不仅包括那些可以通过公开渠道获得的信息，还包括涉及客户的私有信息，它们是银行客户关系的基础。"关系"也成为银行业的一个重要的竞争优势。谁能与更多的客户保持良好的"关系"，谁就能更好地服务客户。关系型银行业并不仅仅出现在银行与客户之间的借贷交易中，而且还存在于其他服务过程中。

有三类要素对关系型银行业发展产生了重要的影响。一是资本市场和直接融资的发展。金融业创新的一个重要方向就是，首先由银行业所开发的一些金融产品逐渐被标准化，被客户和投资者所熟知和接受，然后被转移到通过资本市场来进行。资本市场的发展对关系型银行业的发展构成了重要的威胁和挑战。客户可以通过资本市场筹集资金，降低了对于银行业以及与银行业保持良好关系的依赖性。二是出现了一些以交易为基础的银行业务（交易型银行业）。比如，银行业可以通过资产证券化技术将自己所发起的贷款及相应的信用风险通过特殊目的机构一并出售给广大投资者。它们还可以为自己的贷款或贷款组合购买信用保险，从而使自己免受客户违约可能带来的损失。在这些经营模式下，银行业的盈利水平取决于发起贷款的数量而不是质量，它们对于积累客户信息的激励也有所下降，不需要像以前那样对客户进行严格的监督和审查。三是信息与通信技术进步。自助性的服务设备的引入降低了银行营业网点的业务压力，但也减少了银行与客户之间的面对面沟通机会，让客户对银行感到越来越疏远和陌生。比如，在办理一些简单的存取款和交易业务时，客户是在和自动取款机（ATMs）而不是银行雇员进行"互动"。自助服务极大地降低了客户对于银行的依赖。

那些希望与银行保持良好沟通的客户需要的不仅是交易安全，还需要与银行进行交流，需要银行的建议，因此他们积极与银行雇员保持联系。他们希望在走进银行的营业网点时，自己的客户经理能够叫出自己的姓名，了解自己最近的交易情况。在满足客户需求和期望方面，银行做的越多，客户就越信任银行，越多地向银行寻求建议，把越多的业务交给银行，形成良性循环。银行的规模越大，在维系这种关系方面的难度和成本就越高，特别是，大型银行不得不面对日益弱化的银行客户关系。它们的客户越来越习惯于无须面对面交流的交易型银行服务。

为了改善银行客户关系，银行业在客户关系管理系统建设和改善客户满意度方面进行了大量的投入，但实际效果值得怀疑。银行业认为它们在改善客户关系方面取得了重要的成绩，并将良好的客户关系看做是自己的竞争优势。2004 年，美国银行管理协会（BAI）的一份调查数据显示，90% 的高级零售银行执行官表示，客户关系与服务质量是他们的价值所在。对此，客户似乎并不认同。在 2005 年美国银行管理协会的另一份调查中，只有 31% 的客户认可银行客户关系，29% 的客户认为有无"关系"是无所谓的，40% 的客户怀疑是否存在这种关系。换言之，69% 的客户不需要与银行保持"关系"。

客户关系管理本质上是一项营销计划，而非信息系统。银行业需要更好地使用客户关系管理系统，通过认识客户，了解客户的处境和需要，来为他们创造价值。电子银行渠道的发展和大数据应用给银行业带了新的机遇。全渠道、一致性的客户体验、精准营销和定制化的服务模式都可以成为改善银行客户关系的方式和工具。特别是，银行业可以积累和处理更多类型的客户数据，并将这数据处理结果转化成银行雇员可以读得懂的语言，而银行雇员可以通过配备的数据处理结果展示终端来及时地了解客户。

然而，对大数据的挖掘和应用需要保持在一个合理的限度之内，过于依赖数据可能会造成银行客户关系紧张。大数据分析结果的准确性是提高了，但仍然不能保证每一次预测判断都是准确的。而每一次错误的判断都会损害客户对银行的信任和银行的声誉。解决这个问题的方法是收集更多、更全面、更长历史时期的数据，包括客户的国籍和住址、家庭成员、跨国交易记录和资金往来等。但这意味着客户隐私的丧失。客户对此可能并不认同。那些过于关注保护隐私的客户可能会给银行带来很多问题和纠纷。

客户的忠诚度也可能会因为大数据应用而下降。一方面，数据积累的渠道和便利性不断增加，客户自己的数据存储能力也在增加。资金需求者和资金供给者都可以为自己建立数据库。在银行业服务商品化的情况下，他们可以拿着自己的数据去寻找那些愿意为自己提供服务的银行。不排除会出现这种场景，即那些掌控自己数据的客户只有在想与银行往来交易时，才会允许银行访问自己的数据库。银行业会变得更加被动。另一方面，大数据应用将会成为银行业服务商品化的又一个重要推动因素。随着大数据应用范围不断扩大，应用深度不断增加，关系型银行业的地位将进一步下降，银行与客户之间的私人关系对于银行开展业务将变得更加不重要。还会出现一些专门进行大数据收集和挖掘的机构与银行业展开竞争。如果客户对此类机构的信任超过银行，银行业就会丧失客户基础。

四、风险管理

在银行业最近的数十年历史中，风险管理实践发展的一个重要趋势是，银行业越来越多地将风险管理建立在数据分析的基础之上。推动这一过程的主要因素有三个。首先，经济体系的信息环境不断改善。会计体系的产生和完善是人类经济社会改善企业信息环境的一项创举。信息的改善使得企业可以制定更加客观、科学的商业决策，银行业则使用企业的会计信息作为评估企业信用风险和制定贷款决策的依据。在小微企业和个人信息方面，征信体系也不断发展和完善。银行业通过信用评分来识别那些资质较好的小微企业和个人客户。其次，银行业使用先进的信息和通信技术成果，建立了功能完善的数据库，极大地提高数据收集和分析能力。最后，银行业监管部门在监管上认同了这些量化的风险管理技术。实际上，监管部门是鼓励银行业建立量化风险管理模型的。以巴塞尔资本协议为基础的国际银行业监管发展就是一个典型的例证。

量化风险管理技术的应用给银行业的风险管理实践带来了很大的便利和改进。但从截至目前的实践来看，量化风险管理所依赖的理论和工具都还谈不上是完善的。有缺陷的模型加上不完整的历史数据严重地限制了银行业的风险预测能力。适应 20 世纪 90 年代中后期以来开发的量化风险管理模型，银行业积累了大量高频数据。但与银行业数百年历史实践相比，这些数据属于"小样本"。英格兰银行金融稳定事务执行董事安德鲁·霍尔丹在 2009 年一次会议上指出，通过对英国经济数据的观察，1998—2007 年，大部分经济金融变量都表现出较小的标准差和较小的尾部事件概率，这与它们的历史表现（1857—2007 年的分布）之间存在很大差距。这意味着低估了风险，霍尔丹称这种现象为"灾难短视"，即人们倾向于低估不利结果，特别是遥远过去的小概率事件的发生概率。这一问题在私人部门和监管部门都存在。

风险管理是大数据分析的一个重要的用武之地。大数据应用与风险管埋的本质是一致的。大数据应用的核心是预测，而风险管理也是预测，是使用历史数据来预测未来。毫无疑问，银行业需要利用大数据来改善自己的风险管理。关于客户、资产组合的表现、经济金融形势等的数据在大量涌现。但拥有更多的数据并不意味着更加透明，而且透明并不意味着没有风险。正如前文对直接融资市场失灵的探讨，资金供给者还要拥有时间、精力和技术对数据进行分析，而银行业在这一方面占据着优势。银行业可以使用大数据来改善风险计量模型的准确性、时效性和前瞻性。

　　银行业需要处理和经营风险，其基础和关键是数据。当前银行业风险管理实践仍然主要是以传统的结构化数据为基础的，对半结构化和非结构化数据的应用还非常少见。在将大数据应用到风险管理方面，银行业还面临着一些挑战和难题。其中既有大数据应用的共同难题，也有银行业将大数据应用到风险管理实践方面的特殊难题和挑战。

　　第一，银行业需要改造数据库，提高非结构化数据和半结构数据的搜集和存储能力。当前，银行业的数据分析能力主要集中于对内部积累的结构化数据的处理，它们需要更先进的数据库和数据处理技术。特别是需要在提高半结构化数据和非结构化数据分析能力方面投入更多的时间、人力和资金。当然，改造数据的目的不仅仅是为风险管理提供支撑，银行业的数据库改造和建设需要一个整体性的规划，客户关系管理、商业决策、市场营销等都需要大数据分析结果。

　　第二，改造风险计量技术和模型，引入涉及非结构化数据和半结构化数据的参数和变量。银行业已经在结构化数据基础上建立了非常复杂的风险量化模型，但大数据的主体是非结构化数据和半结构化数据，对这两类数据的应用是重点。比如，在客户信用评级或信用评分方面，非结构化数据和半结构化数据的重要性将日益提高，银行业需要开发新的数据处理技术和模型。

　　第三，新的风险量化技术和模型需要得到监管部门的认可。银行业的风险管理实践与监管部门的资本要求是紧密相连的。2004 年 6 月，经过多次修订，巴塞尔银行监管委员会（BCBS）发布了《统一资本计量和资本标准的国际协议：修订框架》，确立了由最低资本要求、监督检查和市场约束三大支柱构成的资本充足率监管框架。在第一支柱最低资本要求中，BCBS 分别为信用风险、市场风险和操作风险提供了不同的评估方法。其中，信用风险计量方法有两类：标准化和内部评级法（IRB），后者包括内部评级初级法和内部评级高级法两种形式。市场风险评估方法包括两种：标准法和内部模型法。操作风险计算方法有三种：基本指标法、标准法和高级计量法。BCBS 为每种基本的风险计量方法提供了风险系数，同时允许和鼓励银行业在取得监管部门认同的条件下使用自己的风险管理模型。比如，信用风险内部评级法与标准法的根本不同在于，银行业对重大风险要素（risk drivers）的内部估计值将作为计算资本的主要参数（inputs）。风险计量方法越高级，对数据和风险管理模型的要求就越高。申请使用高级风险计量方法要求银行业在体制机制、计量模型、数据、信息科技系统等各方面满足实施条件和监管部门的要求。监管部门的认可和支持将是银行业应用大数据改善风险管理实践的一个重要支撑。如果不能得到监管部门的认可和支持，那么银行业便无法大面积地将大数据应用到风险管理实践。在这方面，中小银行面临的挑战要大于大型银行。

第四，银行业还面临着将风险管理与日常经营管理充分结合起来的挑战。近年来，国内银行业的风险管理体系成熟程度和风险管理水平得到了极大的提高。2014 年初，中国银监会根据《商业银行资本管理办法（试行）》，核准了工商银行、农业银行、中国银行、建设银行、交通银行、招商银行六家银行实施资本管理高级方法。在此之前，国内商业银行资本充足率计量均采取由监管部门统一规定的标准方法，而高级方法则允许银行使用内部模型计量风险和监管资本。这标志着我国银行业风险治理能力建设开始迈上新台阶。与此同时，从整体上看，国内银行业风险管理在日常经营管理活动中的应用还比较粗浅。即使是在风险定价、贷款审批、绩效考核等已在先进银行应用得比较成熟的日常经营管理活动中，推广起来也面临着各方面的难题。银监会推广风险计量高级方法有望促进银行业将风险计量结果应用到日常经营管理，但中小银行显然无法获得这样的改革红利。

此外，大数据应用将给银行业的合规管理带来新的机遇和挑战。大数据应用与保护客户隐私之间存在一定的冲突。银行业需要关于客户的尽可能多的数据来分析客户的风险水平、风险偏好、需求、账户信息以及交易行为等，为他们提供定制式的服务，同时改善自己的反欺诈和反洗钱政策的效果。同时，银行业积累的大量客户数据可能会被泄露，未经客户授权遭到滥用。银行业积累客户数据的行为也需要得到客户的同意，并告知客户收集哪些数据、这些数据将被做何使用。另外一个问题是，在收集数据时，银行并不知道这些数据的确切价值，并最终做何用途。当发现数据有新的价值和用途时，银行还面临着未经客户允许使用数据的问题。匿名化是解决这些冲突和问题一个选择，尽管它并不是最优的。在最不利的情况下，隐私权受到侵害，会让客户讨厌和远离银行。

在当前的监管框架中，银行业需要根据自己的风险水平和监管要求计提资本金，监管部门则要对银行业进行监督检查，确保它们的资本充足率保持在最低要求之上。银行业可以利用大数据分析来进行风险评估和资本规划，但此类实践需要征得监管部门的认可。对于监管部门而言，它们对银行业资本评估程序的监督检查也需要考虑大数据应用，要求银行业将资本管理建立在更长期限的历史数据基础之上。总而言之，在将大数据应用到风险管理方面，银行业及其监管部门都需要保持一个开放的立场，都需要作出改变。银行业需要在改造数据库，完善风险计量模型方面投入更多。监管部门需要密切跟踪银行业的风险管理创新，及时将那些比较成熟的创新推向整个行业。

<h1 style="text-align:center">第四节　管理变革</h1>

互联网和大数据应用将会继续不断改变银行业的生存和发展环境，银行业需要建立以大数据应用为基础的决策文化和行为规范，逐步推进业务流程和管理流程实现更高程度的网络化，通过持续改变和调整来适应不断变化的环境。在这场变革中，中层管理者数量将会下降，组织结构趋于扁平化，银行雇员角色将发生变化，他们需要更多的技能、知识和工具。银行业需要加强对变革的管理，为变革做好充分的准备。

一、数据专制

越来越多的经济现象和客户行为被数据化，银行业将积累越来越多的数据。大数据的来源广泛、丰富多样、数量庞大，而且更具实时性，其商业价值是结构化数据所无法比拟的。善于运用这些数据，银行业可以获得越来越敏锐的商业嗅觉，使决策更加客观和科学，客户的满意度会不断提升，更多的业务会随之而来。大数据分析将成为商业决策的利器。

更多的决策将以数据挖掘为基础。银行业可以使用大数据分析来发现经济金融形势的变化，及时调整发展战略和业务策略。大数据分析可以帮助银行业寻找市场机会，更好地将客户需求融入研发、设计、交付等环节，大幅提升创新能力和决策水平。大数据应用可以将风险理念和偏好渗透进入日常的经营管理活动，促进银行业更好地贯彻全面风险管理。银行业还可以将大数据应用于交易分析，借助大数据建立新的模型和交易策略。大数据分析可以帮助银行业更加准确地找到股票、利率和汇率的变化模式和趋势，比如可以运用社交平台上数据来预测市场走势。

在此过程中，我们能够看到越来越多的客观性和用事实说话。这对于大型企业和银行而言是一种进步。大型企业拥有较多的管理层级，高层管理者位居"金字塔的顶端"，很难看到基层的实际情况。在信息从基层向高层传递的过程中，一些有用的信息可能会被过滤，高层管理者最终得到的信息并不足以支持他们作出正确的战略规划和商业决策。为了避免或减少这种弊端，大型企业都建立了自己的管理信息系统。信息传递的失真情况有所缓解，但当前的信息系统所能够积累和传递的数据类型是有限的，而且主要是结构化数据。让数据去适应信息系统本身就是一个信息筛选过程，大部分的非结构化数据和半结构化数据都无法通过信息系统进行传递，更不用说分析和挖掘了。在大数据应用方面，银行业所面临的重要挑战是不断提高实时收集和处理数据的能力。

我们还要看到，银行的管理层对大数据应用将会既爱又恨。一方面，大数据应用可以帮助银行提高决策能力，另一方面，管理层的职权会因为过于依赖大数据而遭到削弱。在各类商业决策中推行大数据应用可能会受到来自管理层的抵制。大数据应用会威胁到客户的隐私和自由，同样也会威胁到管理者的地位。

问题在于，我们依赖数据，但数据分析结果可能没有我们期望的那样可靠。原因可能有三个方面。其一，数据本身不可靠。大数据本身必须容忍一定的模糊性和异常数据。将这些不可靠的数据从数据库中剔除，或者进行修正，将会是一项重要的负担和支出，还可能会牺牲大数据分析所具备的及时性。数据的发生总是存在一定的合理性。有时，如果将从短期看是异常的数据放在一个更长的历史时期，那么它们将不再是异常的。其二，数据分析方法存在缺陷。数据分析方法的改进需要时间。这一过程与数据库建设和数据收集处理能力的进步将紧密融合在一起。新的数据分析方法要求银行业收集一些新的数据，而将新的数据纳入数据分析模型也将有助于改进模型设定的合理性和分析结果的准确性。其三，管理层没有正确理解和使用数据分析结果。大数据应用是一种进步。银行业需要为应对这一进步做好准备。除了数据库建设和数据分析方法创新之外，银行业必须在内部塑造一种持续学习的氛围。银行的全体雇员，上至高层管理者，下至普通雇员，都需要愿意并时刻准备承担新的不同的职责。正如彼得·德鲁克所讲："只有在员工能够成长的限度以内，企业成长才能够成功实现。"对于银行业高层管理者而言，他们必须愿意并且能够作出改变。否则，他们将成为变革和大数据应用的限制性因素。

"让数据说话"对于高级管理层而言将成为一个极大的挑战。大数据能够向银行业揭示"是什么"，但不是"为什么"。对于商业决策而言，更为重要的是数据分析结果，而不是它们背后隐藏的因果关系。理解因果关系既是高级管理层发挥其重要作用的领域和环节，也是高级管理层应该承担的职责。充分发掘和理解这些因果关系，银行可以建立前后一致的战略，并确保战略执行过程保持一致和连贯。数据分析的结果有可能会与高级管理层的经验和直觉相违背。特别是对于微观主体和个别事件的分析，由于数据本身精确性不能得到保证，数据科学家们拿数据分析结果来挑战高级管理层的权威是相当危险的行为。完全忽略数据仅只依赖直觉和经验，或者相反，都是不可取的。

高级管理层需要在大数据应用方面作出更多的承诺，他们需要成为数据科学家，或者也是最基本的要求是，他们能够很好地理解数据分析结果。总体上看，以数据为基础的决策更加客观合理，那些不能接受这一点的管理者将被能够接受数据分析结果的管理者所取代。

同时，高级管理层需要对数据分析结果的可靠性保持警惕。大数据应用不是要取消他们的直觉、经验和理性，实际上这也是不太可能的。银行业仍然需要高级管理层来发现机遇，理解市场动态，创造性地思考并提出新奇的理念，向员工展示一个能够让他们信服的愿景，说服员工共同努力来实现。史蒂夫·乔布斯在创造 iPod、iPhone、iPad 时依靠的并不是数据，而是直觉。当记者问乔布斯，苹果公司在推出 iPad 之前做了多少市场调研时，他的回答是："没有做！消费者没有义务去了解自己想要什么。"如果大数据应用代表着新的科学的话，那么艺术仍然是必要的。

对于基层员工而言，类似的问题也是存在的。借助大数据分析，他们可以更好地认识客户，但在与客户面对面（包括视频）或语音交流时，沟通技巧仍然是需要的。沟通需要艺术，需要随机应变，对比大数据难以发挥决定性作用。

二、组织再造

决策权的分配是组织设计和改革的一个重要内容。决策权往往分配给特定的职务，而职务与人员之间需要相互适应。职务是由人员承担的，但职务应该能够满足人员的需要和期望。人格化的职务不具有连续性，难以互相继承。尽管一些专家或管理者的天生才能也是非常重要的，但职务设计的非人格化被认为是大型企业管理规范化和科学化的一个重要体现。职务设计需要从任务出发，但同时还需要适应具有不同气质和风格的人员。关键的问题是，决策是如何作出的，以及决策是由谁作出的。

一般来讲，决策权需要掌握在那些掌握着决策所需数据的人或部门手里。比如，之所以只有处于管理最高层级的董事长或行长能够作出关于全行的战略决策，是因为只有他们拥有关于全行的信息，只有他们能够统揽全局。

关于数据或信息的一个常用的划分是"软信息"和"硬信息"。前者主要是定性数据，比如借款人的可靠性、管理水平、沟通技能等，往往以非结构化或半结构化的形式（比如文本）体现，它们代表了收集者的判断和观点。后者主要是定量数据，比如经济指标、财务报告、抵押品价值、信用评级等，它们主要以结构化数据的形式来体现。"软信息"的获取和积累主要是建立在长期的银行客户关系基础之上的。"硬信息"是对客观事实的陈述或反映，它们不代表收集者的看法和观点，可以独立于数据搜集的背景。

这两类数据之间存在根本性的差异，而这些差异导致了不同的决策过程。"软信息"是难以量化、证实和传递的，只能分散在信息收集点，非收集者难以证实这些信息的真实可靠性，层层上报会导致信息严重失真。"硬信息"则相反，可以集中到后台处理。这意味着，以两种不同类型的信息为决策依据的决策，需要采取不同的分配方式。以"软信息"为决策依据的决策权需要分配给那些位于组织基层的人员，他们是"软信息"的收集者。"硬信息"可以传递到组织的高层，以这些信息为基础的决策权可以集中在高层，也可以根据高层对于集权和分权的偏好，选择性地将此类决策权分配在组织的不同管理层级。简言之，数据的收集者、决策者可以不是同一个人或职位，也可以是同一个人或职位。

业务流程与组织设计需要考虑到数据的可得性、可完整传递性。一般来讲，层级结构适合于收集和处理"硬信息"，而分权结构在收集和处理"软信息"上具有优势。比如，一些研究发现，小型银行的信息传递过程和决策链条短，在为中小企业提供融资方面占据优势。大型银行往往建立较高的层级，更愿意向那些保持良好会计记录的、能够提供足值的抵押担保的大型企业提供资金。

大数据应用有潜力改变这一状况。大数据应用可以改善银行业对非结构化数据和半结构化数据的处理能力。随着银行业不断改造自己的数据库，它们对非结构化数据和半结构化数据的采集和处理能力都将得到大幅提升，这两类数据也可以在组织内部传递。此外，基层人员无法收集的一些非结构化数据和半结构化数据也可以通过电子采集渠道来进行收集。

大数据应用对于集权与分权关系的影响是不明确的。一方面，为了应用大数据，银行业需要建立集中的数据库。而数据集中有可能导致组织的实际决策权趋向集中。高层管理人员可以通过数据处理中心来作出各类决策，从而将大部分的决策权上收，加强集权控制。大数据处理的实时性和传递的高效率可以确保集权控制下的决策仍然不至于贻误商机。另一方面，高层管理者可以建立以数据为基础的决策文化和规范，将大部分的常规决策分配给基层管理人员，并通过以数据为基础的决策文化和规范来控制基层管理人员，这又会导致分权。

不论是导致分权还是集权，数据在决策方面的影响都将不断提高。更多的决策，上至高级管理层的战略决策，下至一线员工的日常决策，都将更多地建立在大数据分析结果，而非经验和直觉的基础之上。

中间层级管理者的数量都将不断减少。中间层管理者的主要职责是上传下达，做一些职责范围的决策。但随着大数据应用的逐步推广，高层管理者的控制幅度可以不断增加，中层管理职能的必要性将日趋下降。基层人员将更多地直接从数据处理中心获得自己需要的信息，或者更多地越过中间管理层从高层管理者那里获得授权。总而言之，基层人员对于中间管理层的依赖性将逐步下降。

随着管理层级的减少，银行的组织结构会变得更加扁平化，更加富有灵活性，银行的客户响应能力也将大幅提高。这对于小型银行而言并不是一个有利的信号，因为随着大型银行灵活性的提高，小型银行体制灵活的优势将逐步减弱，甚至不复存在。我们可以看到，银行业在提供中小企业融资方面的能力将得到极大提升。

三、运营重构

为了提高组织运行效率，仅仅减少管理层级是不够的，银行业还需要在以数据为基础的决策文化和规范的基础上，对业务流程和管理流程进行优化。流程是银行向客户提供服务和价值的一系列活动，那些不可复制和难以模仿的流程可以成为银行开展同业竞争的基础。流程再造不是建立自动化的"流水线"，尽管可以加快工作进度和提高运作效率，但流程再造的目的不仅仅是提高工作和执行效率。

流程再造以业务流程再造为核心，通过业务流程将工作人员组织在一起。科技系统是流程再造的关键，技术可以改变工作流程，降低不同环节、不同人员、企业与客户、数据收集者与决策者之间的沟通成本。银行业可以在不断推进大数据应用的过程中逐步改进流程，减少沟通中间环节。

"流程银行"是相对于"部门银行"的一种银行模式。2005 年 10 月 24日，中国银监会前主席刘明康在出席"上海银行业首届合规年会"时，列举了我国银行业存在的一些弊端，包括合规失效，内部管理规章制度和操作流程得不到有效执行,内部相互制衡机制难以有效发挥作用,等等。其原因是银行业的合规管理仍然建立在部门银行,而不是建立在流程银行的基础之上。在部门银行下,客户需求、创新、风险管控都会受到人为的限制,导致部门间相互推诿、扯皮、推卸责任等,相关职责无法细化,一旦发生问题或风险事件,难以查出。随后,国内银行业纷纷启动了流程银行建设,尽管这股热潮比国际银行业落后了十多年时间。流程银行建设可以帮助银行业削减成本,提高产品和服务质量以及市场响应速度,并最终转化为客户满意度和经营业绩的显著提升。

流程银行建设的内容之一是以"条状"组织结构取代"块状"组织结构,以改善银行内部运营过程。流程银行建设以先进的业务操作系统和管理信息系统为基础,以前、中、后台相互分离,相互制约为核心。严格分离设置前、中、后台,清晰划分前、中、后台职责边界,通过业务流程和管理流程设计以及绩效考核体系,将前、中、后台紧密联系在一起,形成相互协作相互约束的服务、监督和制衡机制。客户在客户经理的帮助下或者自发进入相应的业务流程,而不是直接面对某个业务部门。每一笔交易都需要经过相应的前、中、后台,部门及员工则为流程服务。

信息和通信技术进步为这一切的实现和普及奠定了物质基础。信息与通信技术成果在银行业数据收集传递处理、决策管理、业务处理以及风险控制等方面的广泛应用,使得银行的管理半径获得了无限制的扩大。银行能够实现数据的远程传输、共享,对交易进行实时监控,实现后台集中运作。这极大地提高了银行的管理能力和风险控制水平,降低了银行的运营成本。这为银行业建立扁平化的组织结构与垂直化的业务流程及相应的管理流程提供了技术支持和保障。

在互联网金融的刺激下,银行业经营环境的变化更加快速和激烈。银行业内部竞争日趋加剧,来自非银行金融机构和互联网企业的竞争也在不断加剧。创新已经成为一种常态现象,创新的节奏在不断加快,一款新的产品或商业模式一经出现很快便会被模仿和复制。那些期望以新产品和商业模式领先的银行不得不以更快的速度进行创新。客户的选择日益增多,消费者主权日益提高,客户的金融知识越来越丰富,需求越来越多样化、个性化。客户越来越无法容忍等待,无法容忍繁琐的流程和手续,他们不仅选择那些符合自己需求的质优价廉的产品和服务,还选择那些自己喜欢的机构。

银行业需要以互联网和大数据应用为基础继续不断改造和重构自己的运营

过程。业务流程和管理将会进一步网络化、电子化、自动化、虚拟化。一些产品和服务将通过线上线下相互结合的方式完成，而且越来越多的业务将完全通过互联网来申请和办理，特别是那些不需要进行实地尽职调查的业务以及不需要面对面交流即可办理的业务，这些业务的比重将不断提高。业务办理和交易的效率将会得到极大的改善，银行的运营成本将继续下降，客户可以得到更加快速的响应和体验。在此过程中，银行业需要开发一些数字化的单据、凭证和合同等，采取一些先进的客户身份识别技术。

　　运营效率的提升将与风险控制技术的进步紧密融合起来。比如，传统上，银行业主要依据客户的财务信息、信用记录、抵质押担保情况，以及客户经理的调查报告等，通过专家判断进行信贷审批决策。这种信用风险控制技术更多适用于那些大型企业，以及部分拥有良好抵（质）押物的中小企业，其弊端在于决策依据缺少充分的客观性、决策时间过长，往往导致客户经理与审批人员之间产生激烈的矛盾和争议。决策所使用的数据是历史数据，而且更新周期较长，风险得不到及时的评估和控制。

　　从个人客户的角度来看，银行业的信用评分体系主要用在那些拥有信用记录的客户身上，信用记录存在瑕疵或缺失的客户便无法获得银行贷款和信用卡，或者只能以非常高的成本获得银行贷款。比如在美国，大多数银行都依靠FICO信用评分来评估消费者信用，该FICO信用评分模型仅仅以消费者信用报告中的信息为主，主要考虑客户的账户偿还历史（35%）、拥有账户的情况（30%）、信用年限（15%）、新开立信用账户情况（10%）、正在使用的信用类型（10%）五类信息。类似的传统信用评估模型覆盖人群范围较狭窄、所采集的数据比较简单和单一、时间上存在滞后。利用大数据分析可以改变评估消费者信用方面的困境。当存在大数据的时候，为什么还要依靠单一的、滞后的数据来评估消费者信用呢？ZestFinance坚信"一切数据皆为信用数据"，使用机器学习技术和大数据分析技术在所能获得的尽可能多的数据中挖掘信用，更加全面地评估消费者的信用状况。在国内，前文多次提到的阿里金融、京东白条也是成功的案例。

　　银行业需要使用大数据分析改善自己的风险评估和风险控制技术。其一，大数据包含更多的信息，能够更加全面地反映客户的信用风险水平。其二，实时的数据使得银行可以随时获得客户信用评估结果。其三，大数据分析结果更加客观，可以减少审批部门与业务部门之间的冲突。以大数据应用为基础的风险控制技术已经在金融服务创新方面得到了成功的应用。这些应用无不更加重视数据挖掘，而不是抵（质）押担保技术。

　　银行业已经在借助以大数据分析为基础的风险控制技术来开发新的产品和业务流程，实现批量化和规模化业务发展。比如，银行业发展电子商务平台的目的之一就是要掌握自己客户的电子商务数据，通过对这些数据进行开发和挖掘，更好地为他们提供金融服务。银行业以电子商务为基础，开发了一些新的产品和业务模式，比如一些信用贷款或"网络贷款"，这些业务模式能够更好地与电子商务经营模式相契合。由于采取了以数据分析为基础的风险控制技术，银行不需要进行实地尽职调查，业务的办理可以通过互联网实现，审批效率得到了极大提高。这改变了小额贷款的经济学，单笔交易平均成本的下降使得小额贷款具备了商业可行性。通过批量化和规模化运作，风险可以得到一定程度的分散，也可以实现较为可观的盈利。

　　中信银行以"再造一个网上中信银行"的战略目标，不断增加其在互联网金融方面的发展力度。2013年10月，中信银行针对小微企业主以及个体商户推出了"POS商户网络贷款"。这种贷款产品是一款无抵押、无担保的小额短期线上信用贷款，中信银行个人网银平台可以实现业务受理、审批、放款、回收等全流程操作，最短只需2分钟。中信银行使用商户的声誉、POS交易记录，并结合客户的一些征信信息来对商户进行信用评估，并据此作出贷款决策。

　　交通银行借助大数据挖掘和分析，对信用卡中心的运营管理进行改造。信用卡中心主要是通过电话完成客户服务、电话销售、额度审批、催收等各种服务和经营活动的，自有和外包的电话坐席人员总计数千人，而且人员数量还会随着业务扩展而持续增加。为了解决由于业务繁忙、工作压力大、员工流失等导致的服务质量问题，交通银行信用卡中心于2012年2月11日正式启动"智能语音云"产品对语音数据进行在线和实时处理，创新服务模式、改善服务质量、提升经营效率。

　　华夏银行充分利用互联网和大数据，立足"平台经济"，创新金融服务模式，发展产业链融资、商业圈融资和企业群融资。为此，华夏银行自主研发了资金支付管理系统（CPM），该系统打通了银行会计核算系统和信贷管理系统，具有在线融资、现金管理、跨行支付、资金结算、资金监管五大功能。2013年全面上线的"平台金融"以资金支付管理系统（CPM）对接核心企业、市场商圈、电子商务平台等平台客户的财务管理或销售管理系统、电子交易平台，实现企业经营信息、交易信息、结算资金、信贷资金的整合与交互，将金融服务嵌入企业日常经营过程，提供在线融资、现金管理、跨行支付、资金结算、资金监管等金融服务。通过该平台，华夏银行可以掌握核心客户与其上下游客户日常交易中的资金流、信息流、物流信息，实现对平台客户及其体系内小企业客户的批量化、现代化、综合化金融服务。

2013年8月，浦发银行为浙江义乌小商品电商园区的线上商户量身定制了"电商通"金融服务。同年12月11日，也就是电商通推出仅4个月后，浦发银行发布了"电商通2.0"，为小微电商打造专属服务方案，实现了全面的线上操作，包括线上经营、线上数据、线上审批与线上贷款。根据浦发银行的介绍，"电商通2.0"具有五大特色：一是打造大数据引入和运用平台，全面整合各类有效数据信息，并配套设计产品和流程，做到精准定位效率领先、产品服务契合度领先、售后管理质量领先，在大数据平台搭建的过程中，浦发银行选择了电商ERP云服务专家E店宝作为首家合作伙伴，双方在大数据模式共建等方面进行积极的探索和合作。二是以"信用贷款"为主要融资产品，加载网上自助、随借随还等功能，极大地提高了小微电商的融资便利和服务体验——在资料齐全的情况下，客户贷款通过审批最快只需10分钟。三是以自动评审为核心，最大限度地简化了客户经理和客户的操作流程，客户经理上门一次、客户来银行一次即可完成所有业务流程。四是彻底颠覆银行客户经营的传统模式，实现"自上而下"组织推动，真正做到精准营销和快速服务。五是配套政策凸显优势，配套了专项的贷款规模及更高的不良容忍度。浦发银行将"电商通2.0"的推出看做是浦发银行在中小微金融服务领域又一个具有里程碑意义的事件。

利用互联网和大数据创造新的产品和商业模式已经成为银行业金融创新的一个重要方向。以上所列举的案例只是一部分银行利用互联网和大数据推出的一些新产品和模式。为了与这些新产品和模式相适应，银行业建立了全新的运营过程，网络化和高效率是这些运营过程的显著特征。

运营过程的改造和重构不会仅仅局限于这些新的产品和模式上。银行业在这些新的网络化的、高效率的运营过程方面所获得的成功，将会成为推动加强自身改革的重要驱动力量。改造既有的运营过程不仅仅需要互联网，还需要新的风险计量和风险控制技术。新的风险控制技术可以简化银行业的审批手续，提高审批效率，降低整个业务过程的平均成本。总而言之，互联网和大数据在银行业建设流程银行和重构运营过程方面的作用将不断增大。

四、变革管理

银行需要为变革做好准备。当前，互联网和大数据的发展前景及其对于银行业的影响尚难以准确估量，很难断定互联网和大数据将会把银行业发展改进到什么地步。但有两点是明确的，一是变革是趋势，是不可避免的。银行业无法左右互联网和大数据对于金融业的冲击以及给金融业带来的变革。二是行动方向是明确的，即银行业需要改变自己，自我革命，发挥能动性，走在变革的前面。人们往往惧怕变化，因为他们自身需要为适应变化作出改变，而且变化或改革并不总是成功，往往会给人一种"变是死，不变也是死"的观念。银行变革的重要内容是管理变革，而推动管理变革成功的要素之一便是对变革的管理，或变革管理（Change Management）。

银行需要让雇员感受到创新和变革的紧迫感。市场竞争的压力在不断增大，技术进步和产品更新的周期越来越短。变革可能失败，但原地踏步将注定落后和失败。银行的高级管理层需要凝聚变革共识，建立美好的发展远景，向雇员宣传促进变革和创新的理念和文化，在资源配置和绩效考核方面给变革和创新以支持。

建立让数据说话的决策文化，对于管理人员是一项重要的挑战。他们需要对自己的决策自由进行限制，更多地依靠数据分析而不是直觉和经验来作出决策。随着数据分析能够揭示越来越多的真相，越来越多的决策不需要直觉和经验，但这并不是说直觉和经验不重要。以数据为基础的决策能够增加客观性，但可能会削减银行雇员的能动性。一切以数据说话，管理人员的积极性和创造性就无法得到充分发挥。这不利于培养和积累管理人员。

绩效考核体系和人力资源管理的改革需要跟进。传统上，雇员只有成为管理人员才能获得较高的地位和薪酬。组织结构扁平化将会减少中层管理人员的数量，银行雇员的晋升通道将会变得更加狭窄。未来，会有更多银行雇员的辛勤劳动将不再能够通过职位晋升的方式得到鼓励和奖励。银行需要在其他方面进行补偿，包括工作稳定性、更好的办公场所、更多的物质激励、更大的社会认同等。

大量的雇员需要转型和接受新知识。客户的金融知识在不断增加，他们可以自助来完成账户管理、交易等简单的基本金融服务。同时，银行业建立了越来越多样和便利的电子化自助服务渠道，营业网点和网点雇员的转型是必然的趋势，营业网点的重要性将会遭到削弱，一些雇员将从营业网点分流到其他部门，比如呼叫中心。网点雇员的知识结构需要不断地优化，他们需要理解互联网和数据分析，至少能够读懂数据分析结果，并成为帮助解决客户财务问题的专家。配置在呼叫中心等服务部门的雇员也需要更多的客户服务技能和更加完善的知识结构。他们将成为客户认识和体验银行的主要力量。此外，银行业的信息科技部门和数据专家队伍将不断壮大。相反，缺少强大的信息科技部门和数据专家队伍也将成为银行业应用大数据的一个重要障碍。未来的银行雇员需要兼具数据分析技能和金融知识，而不是像目前这样两种知识被分隔在不同的雇员和部门身上。

变革会带来波动、不稳定和动荡。这会给一些雇员带来不安和焦虑。这部分雇员工作经验丰富，非常熟悉当前的工作，他们担心自己是否能够胜任新的形势和工作岗位，担心变革会让他们失去工作机会。银行业有责任帮助自己的雇员完成转型，向他们提供合适的培训和职业咨询。还需要持续与雇员进行沟通，告诉他们转型的目的是将他们从日常交易业务中解放出来，更多承担顾问的角色，为客户提供复杂的金融服务。最好的方法是建立一种学习型组织，鼓励员工自我提高，并给予他们提供一些动力和激励。

变革管理有一些基本的原则和方法需要遵守和借鉴。关键是，变革管理需要得到高级管理层的强有力支持。互联网和大数据对于银行业的影响是全面和深远的。银行业变革管理的对象包括管理人员、基层雇员、产品服务、业务流程和管理流程、组织结构、渠道体系等。变革管理将是一项全局性的战略活动，必须要由高级管理人员来负责。高级管理人员首先需要认识变革的重要性和紧迫性，得不到高级管理人员的支持和推动，变革管理是无法进行的。

变革管理需要全员参与。变革管理涉及银行的方方面面，从高级管理层将变革的远景和目标向全体雇员宣传之初，就需要他们积极参与，需要他们认同变革，而不是简单地接受。在变革的过程中，各级管理人员和员工都需要明白自己在变革过程中的角色和作用，他们需要自己作出改变，为变革建言献策，推动变革步伐，适应新的发展需要。

一个完整的变革管理流程起始于发现经营环境变化带来的机遇和挑战，需要建立一个强有力的变革领导团队，他们需要认真分析市场和竞争的现实，深入探讨其中蕴藏的机会和威胁，并逐步形成一种变革的紧迫感。变革管理需要制定变革的远景规划，为变革提供方便和指导。良好的远景规划可以减少变革的不确定性，减少雇员的疑虑和改革阻力。此外，需要为变革提供资源、人力及舆论等方面的支持。一方面，需要排除变革的阻力，包括部分雇员、僵化的机制和组织结构等。另一方面，对于那些已实现的改进，及时给予奖励，巩固改革成果。培养、聘用和提升那些支持变革，同时在变革方面作出积极贡献的雇员。

互联网和大数据的发展前景是无限广阔的，银行业需要以鼓励创新和变革的文化为引领，将变革管理正规化，进行持续的变革，充分利用不断进步的技术发展成果。变革的对象是全面的，变革管理需要保持开放。

第五节　系统转型

银行业的信息系统建设面临着电子银行渠道发展和大数据应用带来的严峻挑战。为了不落后于竞争对手，银行业需要对信息系统进行更新、改造和重建，建设具备可扩展性和灵活性的信息系统，以适应渠道体系和数据的多样性。新的信息系统要成为银行业更加充分地利用大数据快速推出新的产品服务，整合渠道体系，改善客户体验，促进管理变革，提高运行效率和灵活性的支撑。

一、遗留系统

信息系统是现代银行业各项经营管理活动得以正常运转的基础和支撑，绝大部分的关键业务流程和管理流程都需要借助信息系统来完成。核心系统就像是一家银行信息系统的"CPU"，其稳定性已经成为促进银行业稳定运行的一个重要因素。然而，在信息技术领域，稳定从来都不是主旋律。现代信息技术进步的速度越来越快。要想跟上技术进步的节奏，需要保持开放的态度，允许尝试和犯错，需要一个学习型的文化和组织。这对于信息技术创新而言非常重要，但对于确保信息系统稳定而言并不总是好事。

银行业是最早应用信息技术成果的行业之一。电子化和自动化使得银行业的业务处理能力和效率以及生产力得到了极大的提升。问题在于，信息系统往往是以比较成熟的技术为基础建设的。技术从产生到开发应用之间存在较长的时滞，还可能会出现更新的技术使得原来的技术变得过时和落后。换言之，它们永远都是过去的，也称"遗留系统"（legacy system）。

遗留系统还面临着其他一些问题，它们无法跟上金融业发展和银行业务创新的步伐。第一，竞争对手仍然在不断地增加。特别是随着信息技术发展进一步细化金融活动分工，将会有更多的互联网企业、电信运营商和大型零售企业进入金融服务领域。它们占据着"后发优势"，可以选择最先进的技术来建立自己的信息系统。它们凭借良好的客户基础和大数据应用建立全新的金融服务模式，为客户提供独特的金融服务，不断侵蚀银行业的服务领域，不断提高客户的期望。

第二，客户仍然在变化，他们面临着越来越多的选择，变得越来越挑剔。ATMs、电话和互联网已经使得银行业可以提供 7×24 小时的金融服务，银行业在延长服务时间方面已经达到了极限。但客户并没有满足，他们的要求日益提高，他们需要银行业及时为他们提供个性化的产品和服务，帮助他们解决财务问题，而且在获取服务时，他们还希望银行能够为他们提供至少不令他们失望的服务体验。客户可以通过自助设备获得简单标准化的金融服务，他们需要银行业为他们提供更多复杂的金融服务和顾问咨询服务，他们与银行的沟通方式也会更加电子化和虚拟化。这些变化要求银行业持续改善客户体验，提供全渠道的、高质量的、定制化的金融服务。

第三，电子货币和智能终端将会得到更大范围的应用。特别是熟悉、依赖互联网和智能终端的年轻一代将逐步成长为银行业客户的重要部分。他们更加热衷于接受电子货币和新型金融服务方式，并将此视为一种追求时尚潮流的生活方式。

第四，安全问题将越来越重要。一方面，信息科技风险将成为银行业面临的一项重要风险，黑客、盗窃、恐怖活动、自然灾害以及一些人为事故等都可能引发比以往更大的损失。另一方面，更高的安全性可以帮助银行业树立客户信心，但过高的安全标准可能会限制对客户数据的使用，影响客户体验。客户信息将成为一项重要的资产，银行业需要将数据应用和管理与系统安全管理融为一体。

银行业的信息科技部门不能忽视现有系统的巨大商业价值，但是需要尽可能地解决或缓解遗留系统问题，尽可能避免信息系统成为经营管理活动的限制和障碍。遗留系统并非毫无价值，银行业正是在它们的遗留系统的基础上运转的。银行的战略、业务多样性、渠道体系、客户需求、技术条件都在持续发生变化，使得这些庞大的遗留系统成为僵化、复杂、昂贵的代名词。银行业需要做的是，寻找一些切实可行的方法，及时地根据信息与通信技术进步将遗留系统改造升级为新的基础设施。在一些银行仍然在坚持遗留系统与建设新的核心系统方面左右为难的时候，另一些银行已经在考虑或着手对自己的核心系统进行更新或重建。

随着银行业信息化和网络化水平日益提高，对大数据的使用越来越多，银行业的渠道体系日益丰富，遗留系统问题将会更加显著。信息和通信技术并没有停下前进的脚步，全新的技术成果以及应用大量涌现，增加了银行业更新和重建核心系统的收益。保留遗留系统的成本和风险将逐步超过更换核心系统的成本和风险。一方面，大数据的商业价值不断显现。银行业现有的信息系统主要是以结构化的关系型数据为基础建立的，不能有效采集和处理多样化的、实时的、非结构化数据和半结构化数据。数据量的快速增长迫使银行业不断探索新的系统和方法来获取、存储、管理和分析这些数据，数据中心的工作量正在快速增长。更好地利用大数据、挖掘大数据的商业价值，需要银行业在大数据应用方面建立灵活性和包容性，需要银行业能够收集和处理多样化的、实时的海量数据。另一方面，银行业的渠道体系日益多样化，它们需要得到很好的整合。银行业的业务系统、客户关系管理系统、风险管理体系、业务流程和管理流程、决策系统都需要进行升级和改造以适应大数据应用。新的系统需要拥有强大的数据存取、管理和计算能力，而现有系统的不适应性和僵化将会越来越突出。总而言之，大数据和电子化渠道体系的发展为银行业更换核心系统带来了新的挑战。

信息科技系统转型并不仅仅涉及银行业在信息科技方面的投入和成本，还涉及银行业务的可持续发展。业务模式的适应能力和核心系统的支撑作用需要相得益彰。为了能够给客户提供更好的服务体验，在日益激烈的竞争环境中获得和保持自己的市场地位，银行业要让自己的信息系统保持在至少不落后于竞争对手的水平上，需要为自己的核心流程的运转提供一个高效率、低成本的方式，给自己创造更大的灵活性。它们越来越期望通过自己的信息系统能够充分进行数据分析，从而更好地理解客户，更好地整合渠道，更好地与客户沟通，不断改进客户体验，使自己的产品开发和业务流程设计更加以客户为中心，更好地抓住那些稍纵即逝的商业机会。

核心系统转型的驱动因素有很多。过于复杂的核心系统将使得银行难以适应外部变化，比如客户越来越挑剔、市场变化的节奏越来越快等。IBM 的金融服务部门在一份题为《核心银行系统现代化》的报告中指出，有三个关键的因素在驱动着银行业提高核心系统的现代化水平：一是借助更加完善的客户信息、理解和互动，银行业可以更好地实现以客户为中心。二是在企业范围内整合风险管理，满足日益复杂的合规要求，同时降低运营成本、打击犯罪和优化财务收益。三是反思业务、运营模式和技术结构，对现存的复杂模式进行分解，以获得理想的灵活性。银行业需要以共享的系统构成模块为基础，重建运营过程，以实现发展、市场响应速度、效率和业务弹性之间的平衡。

更换核心系统可以为银行业带来很多收益。从外部来看，全新的核心系统可以更好地实现系统的一体化，确保各项监管报告和财务数据的完整性和一致性，可以帮助银行业以更快的速度向市场推出新的产品和服务，可以支持银行业将各种应用和渠道更好地整合起来，为客户提供一致的无缝体验。从内部来看，遗留系统已经成为导致银行业陷入僵化的主要因素之一。全新的核心系统具有简单、灵活和可扩展性，将给银行业带来更大的机动性。银行业可以在新系统的基础上改造自己的业务流程和管理流程，提高运行效率。

二、服务导向

银行业的信息系统往往是由一些子系统构成的。这些子系统分别承担着不同的功能，相互之间保持着一定程度的独立性。它们既可能是银行自己的信息科技部门开发的，也可能是从外部供应商那里购买的。将这些子系统整合在一起，是银行业信息系统开发的一个重要任务。

整合可以有两种截然相反的思路。一种是纵向整合。这是一种以产品为中心的设计思路，系统和运营设计是为了给产品或业务条线提供支撑，业务条线实行从前台到后台的纵向一体化。另一种是横向整合。这是以客户为中心的设计思路，以模块化设计哲学为基础。横向整合将承担特定功能的系统模块看做是相互分离、相互独立的，根据一定的逻辑和规则将它们整合在一起，提供基础型的共享服务。

越来越多的银行将横向整合作为它们的信息系统改造、更新或重建的基础方法。"服务导向架构"（SOA）是近年来最为引人关注的系统设计方法。SOA具有很高的灵活性，可以为银行业的相互分离和异质的模块或子系统提供更高程度的一体化。

SOA可以更好地将商业和技术融合起来。在最简单的形式下，SOA提供了一些标准化的接口，它们允许一个软件程序引用另一个程序的功能。这些功能也可以称为"服务"，它们是SOA的关键。SOA是一种模块化、组件化的服务导向的结构。在以SOA为原则设计的系统中，系统不同组件之间相互提供服务，这些服务由不同的组件构成，可以重复使用。不同组件或服务通过网络建立起松散的耦合关系，银行及它们的客户也可以根据需要调用相关组件提供的服务，从而完成不同的流程、交易、数据传送或其他经营管理活动。

根据 SOA 原则，需要将复杂的遗留系统分解成一些可以由渠道体系、运营过程以及各业务条线共享的基础结构模块，模块之间保持分离，每一个模块都可以单独设计开发和完善。一方面，信息系统的维护、升级和改造可以在单个模块的基础上实现。比如，银行可以通过完善产品定义模块来单独修订一些产品的定义，但不需要改变商业规则模块。这样一来，成本可以得到极大的降低。另一方面，遗留系统问题可以得到最大限度地缓解。个别模块的改变不会引发改变其他模块的连锁反应，信息系统升级改造的难度得到尽可能地降低。可以根据技术进步更加迅速地对系统的个别模块进行升级改造。

经过模块化设计的核心系统为前台和运营过程提供服务，但与它们保持独立。核心系统需要一系列相互一致的商业逻辑和商业规则。银行业可以在核心系统之外实现对这些商业逻辑和商业规则的管理和修订。这可以给银行带来更大的灵活性和业务创新空间。新的核心系统及其他系统将丰富多样的大数据传递到统一的数据仓库。数据仓库系统和客户关系管理系统对数据进行存储、处理和分析，供不同目的使用。

三、可扩展性

成功的电子商务依赖于企业设计和建设一个能够产生卓越绩效，具备可得性和可靠性的信息系统。现代银行业需要这样的信息系统来帮助自己实现业务发展目标和满足客户需求。但它们面临着一个共同的挑战，它们需要提前为那些无法预测的业务增长和未知的问题制定解决办法。这个挑战被称为信息系统的"可扩展性问题"（Scalability Problems）。可扩展性可以由系统的响应时间和单位时间的处理量两个指标来描述。

银行业的信息系统需要随时适应被接入和使用的强度、数量和需求量的增长和波动。尽管长期的业务量具有一定的可预测性，但每小时或每天的业务量可能会发生巨大的波动。换言之，银行业需要信息系统提供一定的"冗余"能力，能够在不增加额外资源的情况下处理更大规模的业务量，除了为增长预留充足的空间之外，还需要应对不时之需。

信息系统处理能力的一次性增长非常重要，但这并非可扩展性关注的核心。银行业需要制定一种能够使信息系统适应不同规模业务量的战略，当工作量增加时，可以重复调用该战略来扩展系统的处理能力。

系统的可扩展性是硬件、软件和网络结构共同作用的结果。系统可扩展性往往会受到"瓶颈"的限制，它们往往发生在某一个或某些组件或逻辑单元上。当增加系统相关组件或逻辑单元的容量或处理能力时，"瓶颈"会发生转移。因此，系统的可扩展性取决于每一个组件或逻辑单元适应工作量增长的能力。

增加系统的容量可以从对单个组件或逻辑单元进行扩展入手。比如，增加数据存储空间，升级服务器的 CPU。也可以同时增加多个组件或逻辑单元的容量，并使它们更好地整合在一起，形成一个整体。对整个系统进行重建往往会出现在并购、新设机构等场合。

在持续经营期间，较强的可扩展性是一个重要的积极因素。当客户在接入或使用银行的信息系统时，发现自己无法接入和使用，或者使用起来不方便，他们会转向竞争对手，银行的声誉和财务表现会受到不良影响，竞争对手会非常乐意看到这种现象。

在非常时期，较高的可扩展性也会给银行带来麻烦。比如，在互联网金融时代，一旦银行陷入财务困境，客户也可以通过电话、互联网等电子手段来"挤兑"银行。"电子挤兑"将成为银行业需要关注和深思的问题。

北岩银行（Northern Rock）是第一家受美国次贷危机冲击而遭到挤兑的英国银行。英国上一次发生银行挤兑事件还是在 1866 年。在被客户挤兑之前，北岩银行在英国抵押贷款市场上排名第五。2007 年 9 月 14 日一早，英格兰银行宣布，它将向北岩银行提供紧急流动性支持。挤兑事件旋即爆发，北岩银行营业网点的窗口前排满了前来等候提款的客户，还有大量的客户尝试通过电话和互联网将自己的资金转移到其他银行。存款流失最严重的是邮政账户（Postal Account）存款、离岸账户存款以及电话和互联网账户存款，而非传统的以营业网点为基础的账户存款。在遭到挤兑的过程中，由于同时接入的客户太多，北岩银行的信息系统很快陷入超负荷，电话银行和网上银行一度陷入崩溃。

网络挤兑将是 7×24 小时的。具有讽刺意味的是，如果北岩银行的信息系统具有较大的"冗余"能力，那么客户通过电话和互联网取出的资金会更多。系统处理能力的限制起到了降低客户提款速率的效果，就像减少窗口数量、网点柜员故意拖延业务办理时间或者强制休假所发挥的作用一样。但这种限制会恶化形势，使得客户更加担心存款的安全性。当然，银行业不可能通过设置可扩展性来避免挤兑。

四、战略策应

银行业的高级管理人员需要认真思考信息技术的意义。大部分银行业高级管理人员都承认信息技术对于经营管理活动的支撑作用，但信息技术的作用已经远远不止于提高中后台运营过程和决策过程的效率，以及减少营业网点的工作量。在互联网金融时代，信息技术的角色将是战略性的。银行业的很多新的业务模式需要借助信息技术才能实现，基于先进的信息技术建设起来的信息系统将在银行业建立和维持竞争优势以及长远发展中发挥战略性作用。

银行业需要在自己的商业战略和信息系统建设战略之间建立更好的协调性和一致性，使用信息技术来为自己的商业战略提供支持，甚至创造新的产品和商业战略。为了达到这一理想的状态，它们需要建立一个动态的评估框架，对商业战略和信息系统建设战略之间的关系进行分析和评估，并根据评估结果提出改进措施，确保二者之间保持策应关系。相反，如果不能在二者之间建立协调性，那么银行便很难实现它们在信息系统建设方面的投资的价值，信息系统将会成为推行商业战略的障碍。

战略策应（strategic alignment）模型是一种帮助高级管理人员理解信息技术在公司未来发展中的角色的基础性框架。战略与结构必须相互适应，实行不同的战略需要不同的结构。如果结构不适应战略，那它们就会成为推行战略的阻碍。Henderson 和 Venkatraman 据此提出了四种战略策应模式，它们成为思考和设计商业战略与信息技术战略之间的一致性的基础框架。战略策应模型涉及四个方面，分别是商业战略、组织结构和流程、信息技术战略及信息系统结构和流程。战略与结构需要是相互匹配的，商业与技术需要是一体化的。

根据"战略执行"模式，商业战略是变革的驱动因素，特定的商业战略要求相应的组织设计来适应和执行该战略，信息系统设计需要适应和支持商业战略和组织设计。这是最为常见的一种观点，也是最容易被人们所理解的观点。高层管理人员设定战略，并设计组织结构和流程，信息科技部门是战略执行者，需要设计和建设相应的信息系统结构和流程来为商业战略提供支持。

"技术转换"模式同样将商业战略看做是驱动因素，但商业战略的执行是通过制定合适的信息技术战略，以及设计和建设相应的信息系统结构和流程来实现的。竞争力的创造和维持是通过建设独特的信息系统来实现的，商业战略制定过程本身就需要考虑到信息技术的发展前景，以及为了实施商业战略所需要的信息系统升级和改造。与"战略执行"模式的不同之处在于，这一模式不受组织设计的约束和影响。

另外两种模式将信息技术战略作为主动因素。新的技术在不断涌现，它们可能会对企业的业务范围、运作方式以及核心竞争力等带来创造性的影响。商业战略不再是给定的，企业需要调整自己的商业战略以便充分运用先进的信息技术成果。"竞争潜力"模式认为，商业战略需要适应信息技术战略，后者间接决定了组织结构和流程。高层管理人员需要深入思考信息技术的发展前景，以及信息技术将如何改进自己的商业战略或者帮助自己制定新的商业战略。信息科技部门则需要密切跟踪信息技术发展动态，对信息技术进步作出识别和解释，为高层管理人员制定信息技术战略和商业战略提供信息和咨询，帮助他们理解信息技术进步的机遇和挑战。

根据"服务水准"模式，企业需要建设先进的信息系统，为包括企业自身在内的"客户"提供更高水平的服务。这一模式要求对信息技术发展前景有着更加充分的理解，并将信息技术战略转化为企业内部的信息系统结构和流程。信息系统是企业设计、改造和完善组织结构和流程的基础，而商业战略的角色是间接的。提供信息系统服务的企业往往采取这种战略策应模式。

在大部分场合，银行的业务部门根据发展目标以及业务发展和流程改造的需求提出信息系统建设需求，信息科技部门按照这些需求对信息系统进行开发、升级或改造。在此过程中，信息科技系统建设往往还会受到系统开发能力和预算的约束，在这里，缺少信息系统开发建设整体规划。在信息技术发展前景尚且比较模糊的时期，这种方法是具有一定可行性的。

在大部分银行的发展战略中，商业战略占据主导地位，信息系统开发建设往往被作为起支撑作用的基础设施，并单独作为一部分来进行阐述，但二者之间的融合需要深入和强化。在互联网金融时代，信息技术在商业战略的制定过程中需要发挥更加重要的角色，商业与技术的区分更多地将成为逻辑上的，在实践中它们将互为鱼水。银行业可以采取不同的战略策应模式将自己的商业战略与信息技术战略结合起来，但不论采取哪种模式，它们都需要将商业战略与信息技术战略融合为一体，而不是将二者相互分离，分别进行考察。

此外，在银行业建立核心竞争力方面，信息技术将比以往发挥更大的作用。银行业不能仅仅将精力集中在组织内部，而是需要紧密跟踪那些关键的信息技术进步。它们不能忽视那些能够对核心竞争力构成创造性破坏的技术进步，而这样的技术进步往往都是发生在行业之外的。

关键技术进步往往会带来创造性的破坏。重要的是，战略的制定不再必然从商业的角度出发，新技术很可能成为新的业务和商业战略的策源地。这一点对于那些处于日益加剧的竞争环境当中的银行而言，将是一个重大的挑战，它们需要密切跟踪并紧紧抓住新技术中所蕴藏的商业机会。对于银行战略规划人员也应如此，他们需要获得信息技术的更多知识和信息。商业战略将更多是成为技术驱动型的战略。

五、IT 现代化

互联网和大数据与商业之间的融合程度正在快速提升，它们对于金融业的影响也在逐步显现。在发展互联网金融和应用大数据方面，一些银行已经切身感受到了信息系统的限制。信息系统将不仅是一个基础支撑，一些新的商业战略将与信息系统形成有机整体。银行业需要更好地识别和理解关键技术进步，并将它们融入信息系统建设和核心系统转型之中，更好地将信息科技系统建设与商业战略结合在一起。它们面临的一个重大挑战是，及时作出充分的改变来适应动态的环境和客户需求。

外部环境将成为推动银行业系统转型的一个重要压力。为了更好地利用互联网和大数据应用所蕴藏的商业机遇来创造灵活性和竞争优势，银行业必须解决遗留系统问题，以先进的信息技术来更新和改造信息系统。信息系统现代化不仅仅是要提高运营效率、降低成本，还要使信息系统更好地与商业战略和组织设计融合起来，创造更多的商业和技术的灵活性，提供更好的客户体验和金融服务。

今天的决策将会影响未来的竞争力。商业和技术将成为一体化的，新渠道、新产品、新市场、新业务模式都需要借助先进的信息系统来实现。技术将成为银行业竞争的利器，成为银行业建立差异化的基础。为了能够更好地发展，银行业需要利用现代化信息系统来创造更大的灵活性以抓住商机。

信息系统转型和现代化是一个渐进的过程，是一项复杂的工程，耗时费力。高层管理人员需要对商业和技术之间的关系，对信息系统转型和现代化有一个清晰的认识，作出正确的信息技术投资决策，在预算和人员方面给予充分支持。银行要制订信息系统现代化计划并在全行推行，以确保信息系统更好地与商业战略以及组织结构和流程保持相互协调和一致。转型过程可能长达数年，其间可能会遇到一些风险，但银行要明确哪些方面和环节是需要变革的，为什么要进行变革，以及变革会带来哪些收益。

关键是要认识到技术、市场、产品和客户都是不断变化的，它们将会对信息系统建设提出动态的要求。信息系统转型没有终点，但可以取得阶段性成果，结构化的系统一旦建成，随后的工作更多的是对个别模块、组件或功能的升级、改造或优化。对此，银行需要进行定期评估，除了评估技术与商业之间的协调一致性之外，还要评估信息系统是否是竞争优势的来源，信息系统是否能够带来新的商业机会。评估结果要应用到信息技术投资以及改善商业与技术的一体化上。特别是在新的信息技术成果不断涌现，技术周期越来越短暂的环境中，一旦决定采用新技术，银行需要加快步伐。

外包是银行业信息化建设的普遍模式，即使是那些拥有庞大的信息科技部门的大型银行，也需要信息科技服务商提供专业化的服务。小型银行无法支撑一个庞大的信息科技部门，它们对于外包的依赖程度更高。在作出自主开发还是购买的决策时，银行业需要考虑到信息系统现代化方案与商业战略之间的协调一致性，考虑在建设适合自己的信息系统方面所需要付出的各种努力和投入，还需要考虑系统方案供应商的经验、技能以及长期合作承诺。小型银行还可以考虑以联合的形式开发核心系统，共同分担系统开发的成本。

对信息安全的担心将成为银行业信息系统转型和现代化的一个重要影响因素。2013 年 6 月"棱镜门"事件爆发后，国家信息安全受到更高程度的重视，在国内，国有企业与外资信息科技服务商的合作将会受到一些限制。国内银行业同样面临着"核心技术受制于人"的困境。一些公开消息称，国内商业银行90%的核心系统都是 IBM 的，大部分数据库应用则是甲骨文（Oracle）的。IBM、甲骨文等外资信息科技服务商拥有更加先进的理念、技术和方案，国内尚缺乏先进可靠的、可替代的高端服务器和成熟解决方案，再加上更换核心系统过于复杂、成本高昂，在短期内更换当前的核心系统几乎是不可能的。但中国邮政储蓄银行、中国进出口银行、国家开发银行等国内金融机构已经在核心系统国产化方面与国内信息科技服务商展开了深入的合作。如果考虑信息安全问题，银行业信息系统转型过程可能会更加曲折，它们在信息系统转型效果方面有可能会作出一些折中和牺牲。

技术与商业一体化程度不断加深，信息系统对于银行业参与全球化和竞争越来越重要。如何在确保信息安全的条件下并在先进的技术基础上实现核心系统的现代化，更好地抓住互联网和大数据应用带来的商业机会，将成为国内银行业需要解决的重大课题。国内信息科技服务商也需要对此作出贡献，这对它们也是一个重大的发展机遇。

第六章　互联网金融风险与监管

在欣喜于互联网金融所开创的新气象的同时，一连串的风险事件使得我们不得不关注互联网金融的风险。互联网金融的本质仍然是金融，难以避免存在各类金融风险，同时，互联网应用使得互联网金融风险具备了新的特征。只有厘清风险的来源、特征和影响，才能制定有效的风险防范措施，建立科学合理的互联网金融监管体系，促进互联网金融的健康发展。目前，互联网金融监管尚未成熟，有诸多问题有待讨论。对互联网金融的监管，需要根据金融监管的根本原则，依据互联网金融的特性、现状及趋势，采取各类监管措施。

第一节　互联网金融未来

互联网金融的兴起使得金融服务业对于互联网经济规律的认识更加深入，引发了人们更多的思考。客户至上、用户体验、网络效应、平台战略、O2O、B2C 等概念已经成为金融从业人员必备的知识。开放、平等、互动、普惠、分享等理念越来越多地影响着金融产品和金融服务的创新。

信息通信技术仍然在飞速前进。视频通信、即时通讯、大数据、云计算、物联网、移动终端、移动互联网、网络安全等技术越来越成熟。互联网金融将会在这些新技术成果的基础上获得更大的发展，已有的金融服务模式会越来越成熟和完善，新的金融服务模式将会适应新的客户需求而出现，一些不适应服务模式将会被替代并逐步消失。金融服务提供商的客户服务能力将不断提高，互联网金融应用场景将进一步扩大和丰富，金融交易活动的便利性和安全性将会得到大的提高，交易成本将不断下降。

互联网金融服务领域的从业者将得到更好的发展。在新的信息社会条件下，拥抱互联网使金融服务提供商要作出自我改革，只有这样，它们才能更好地履行自己的功能，才能获得存在的必要性和合理性，才能在竞争中获益。随着技术的成熟，以及金融监管和行业自律不断加强，互联网金融发展将越来越有序，将会有更多的互联网企业和金融机构借助互联网来开办业务，从业机构的多样性和成熟度都将不断增加,从业人员自身素质也将逐渐提升。

互联网金融的客户范围将不断扩展。互联网金融科技化程度高,具有鲜明的时代特征。在互联网金融发展初期,互联网金融的消费群体有限,只有那些接受和熟悉互联网和互联网金融的消费者才会选择通过互联网获取金融服务。从当前来看,这部分消费者主要是年轻人群。未来,年龄因素对于使用互联网金融的影响将越来越小。

互联网金融服务业拥有较高的市场化程度,竞争的有序性将得到加强。随着各类监管措施的出台和完善,市场竞争的优胜劣汰对于促进互联网金融业良性发展将发挥更加重要的作用。互联网透明度较高,在这里,市场具有强大的约束力,即使是行业领导者,也需兢兢业业,公平竞争,依靠优质的产品和客户体验占领市场。

技术进步仍然在继续,整个经济、商业、社会、生活、消费、休闲、健康等都将在新的技术成果基础上继续发生深刻变化,人们对互联网经济规律和金融规律的认识将不断加深,很难判断互联网金融将会发展到什么地步。但毫无疑问的是,金融业与技术的一体化程度将会不断提高,互联网金融在金融服务领域中的地位将会不断巩固和提升,金融服务效率将会不断提高,金融消费者和整个社会将从中受益。那些不能适应互联网化发展需要的金融服务从业机构将丧失竞争优势和退出金融服务行业。

第二节　互联网金融风险

风险与收益并存是金融的本性,互联网金融作为金融业态的一种,也无法摆脱各类风险的威胁。从发展周期看,目前的互联网金融正逐步由萌芽期过渡至成长期,体现出的阶段性特征为发展速度快,创新程度高,但伴随的潜在风险也不可小觑。互联网金融作为一种新兴的金融业态,其面临的风险既具有金融风险的一般特征,又有着自身的特性。可以将互联网金融的风险分为三个层次:一是互联网金融的系统性风险。二是互联网金融机构面临的风险。三是互联网金融的投资人与消费者面临的风险。

一、系统风险

系统风险主要体现为,金融服务的暂时中断或服务成本的大幅提高,以及对实体经济显著的负面溢出效应。互联网金融已经与资本市场和金融业融合在一起，必然会对资产价格、货币政策和金融稳定产生影响。借助互联网，金融机构之间的相互联系更加紧密，更加具有实时性。互联网金融的系统性风险主要是指源自互联网金融业务模式，通过一系列市场连锁反应，影响金融市场的正常运行，最终导致实体经济受损或干扰经济金融稳定的风险。

随着互联网金融业务向股票、债券等市场的渗透，来自互联网金融的资金有可能成为资产市场上极具影响力的参与主体。碎片化是这部分资金的主要特征，它们是由大量个人的小额资金汇集起来的。这个群体有一个重要特征，即"羊群效应"。他们容易受到其他人的影响，在互联网理财和资本市场上追涨杀跌，加剧资产价格的波动性。互联网渠道操作简单，他们可以通过互联网进行及时快捷的资金调动。这本来是互联网理财的一个重要特征，但在形势变化的关键节点，往往也会成为加剧形势变化的力量。

互联网金融对货币政策的冲击已经比较显著。越来越多的电子货币降低了人们对现金的需求，加快了各层次货币之间的转换，影响了原有的货币层次划分，货币与实体经济之间的关系更加不稳定。互联网金融还为影子银行创造了生存空间，大量的金融活动无法得到有效的监测，使得货币政策所面临的环境更为复杂，货币政策调控的有效性将遭到削弱。

需要根据实际情况，尽快将互联网金融业态纳入统计和监管范围内。只有实时把握互联网金融的行业状态，才能制定科学合理的监管措施，并适当地调节货币政策，降低互联网金融对金融体系和实体经济的负面影响。

二、机构风险

互联网金融机构面临着信用风险、市场风险、操作风险、流动性风险、模型风险、法律风险、信誉风险。机构风险事件的发生，将直接影响互联网金融经营主体的生存和发展，间接损害投资人和消费者的利益，严重者则可能引发系统性风险，扰乱正常的经济金融秩序。

（一）信用风险

信用风险是指借款人、证券发行人或交易对手因种种原因，不愿或无力履行合同条件而构成违约，致使银行、投资者或交易对手遭受损失的可能性。互联网金融能够利用大数据和云计算对海量信息进行处理，更好地了解客户的信用状况和控制风险。然而现实中，由于数据处理的不完善，加之现实中的各种外部因素干扰，信用风险是不可能得到完全消除的。承担风险才能获得收益，互联网金融机构也不能例外。

比如，对于承诺保障本金和利息的 P2P 网络贷款平台，承诺本身将它们暴露在借款人或筹资人的信用风险之下。监管部门正在为 P2P 网络贷款平台监管寻找对策，将要求它们只能做信息中介，而不是信用中介。

再比如，基于电商平台的网络贷款公司同样面临信用风险。此类公司以商户和网络购物消费者为服务对象，利用平台积累的历史交易信息，评估他们的信用水平和还款能力。这些贷款机构也暴露在它们的服务对象的信用风险之下。

（二）市场风险

市场风险是指未来市场价格（利率、汇率、股票价格和商品价格）的不确定性对企业实现其既定目标的不利影响。互联网金融的经营主体在日常运营过程中参与了大量市场交易，同样面临着市场风险。

比如，网络理财由于资金具体投向的不同，面临的市场风险更为多样化。以余额宝、微信理财通为代表的新兴网络理财产品，通过与支付宝、微信支付绑定的形式，募集了大量的社会闲散小额资金，并在后台以货币市场基金的形式进行资金运作。货币市场基金的投资对象集中于货币市场上的短期有价证券，如国库券、商业票据、银行定期存单等。市场风险是货币市场基金面临的主要风险之一。市场价格的变动，直接影响着货币市场基金的收益状况。

在国内，市场化改革正在进一步深入推进，目的是要让市场在资源配置中发挥决定性作用。利率、汇率等方面的市场化改革将形成更为复杂多变的市场环境。互联网企业进入金融服务领域时间尚短，经验不足，其发展更易遭受市场变动的冲击。

（三）操作风险

操作风险是指由于不完善或有问题的内部程序、人员、系统或外部事件而导致的直接或间接损失的风险。随着金融交易的全球化、电子化以及金融产品工程化、复杂化，操作风险事件屡屡发生、屡见不鲜。互联网金融发展时间短，新进入金融服务领域的经营主体管理经验有限，且在业务操作的科技化程度更高，对员工素质、系统稳定性的要求更严格，其面临的操作风险也更为突出。

互联网企业的优势是反应灵活，决策链条短，决策效率高。它们往往没有像商业银行一样建立严谨的内部控制体系，因为这会削弱它们的优势。

面对复杂的系统，可能会发生员工操作失误，特别是在证券投资交易过程中，交易员对交易方向（买或卖）、交易金额和交易点位的操作失误，将直接导致无法挽回的损失。基于第三方支付的网络证券投资、网络银行、网络证券和网络保险等互联网金融模式，均涉及投资交易业务，应在操作过程中严防员工操作失误。

系统存在漏洞是互联网金融面临的一大难题。这些漏洞给黑客攻击留下了可乘之机。客户信息、交易数据都可能因此泄露，导致严重的损失。面对异常的灾难，互联网企业也需要事前做好准备，建立灾备系统和业务可持续性计划。在互联网金融发展较为成熟的支付领域，技术漏洞同样非常严重。特别是，移动支付多采用短信认证、预约码验证等身份识别措施，容易受到非法窃密软件的渗入和攻击。

人员方面的操作风险也不能忽视。互联网企业一半以上的员工都是技术人员，他们对于金融风险和风险控制的认识很难说是充分的。从业经历的缺乏，或者说缺少经验丰富的从业人员将是互联网企业发展金融服务的重要限制。比如，在 P2P 网络贷款中，分析员可能会违背客观事实，篡改数据，提高借款人的信贷评级，损害公司和投资者的利益。

（四）流动性风险

流动性风险是无法以合理的成本及时获得充足资金，以应对资产增长、偿付到期债务、履行其他支付义务和满足正常业务开展的资金需求的风险。随着互联网金融的扩张，经营主体面临的流动性风险也在逐渐显化。一些互联网金融机构因经营不善，屡陷流动性危机，严重者则关门打烊。比如，早在 2012 年 8 月，深圳的网赢天下与武汉的中财在线、浙江的非诚勿贷等知名 P2P 平台就接连出现挤兑风波。广融贷、中贷信创、富豪创投三家 P2P 平台在 2014 年初的六天内接连发出流动性告急，限制投资人的正常提现。以上平台出现流动性告急的原因，或是把长期借款标的拆成短期造成的期限错配，或是借款人逾期，坏账率超过平台的承受能力。

再比如，经营互联网理财的互联网企业同样面临着流动性风险，而且是更为严重的流动性风险。从投资者来看，收益率是他们选择互联网理财产品的一个重要原因，一旦产品收益率走低，他们可能会大规模地赎回。此外，互联网理财方便快捷，大部分采用 T+0 交易模式，这是客户资金赎回的一个重要的加速因子。从资金运用看，互联网理财产品存在明显的期限错配。互联网企业无法参与银行间市场，得不到中央银行的流动性支持，在应对赎回问题方面的回旋余地更小。

互联网金融企业面临着更具随机性和多样性的提款需求，相应的流动性风险应对措施也应更为谨慎。在资金来源有限，市场和政策存在不确定性的前提下，互联网金融企业应高度重视流动性风险，设置合理的监测指标，严格监控资金流动和资金投向。

（五）模型风险

互联网金融的一个重要基础是大数据分析。在大数据时代，数据越来越多了，存储能力和计算能力越来越高了，但大数据分析技术仍然不完善。在风险计量方面，包括对于信用风险、市场风险、操作风险、流动性风险等已经可以进行量化分析和管理的重要风险类型，风险计量模型都不能说是没有缺陷的。

风险计量模型设定方面的缺陷会导致模型设定风险，它们是模型化风险管理必然存在的一个风险。模型风险影响的是整个企业，对企业而言是一种系统性风险。模型设定方面的结构性缺陷一旦暴露出来，有可能会给互联网金融企业带来巨大的甚至致命性的损失。

（六）法律风险

法律风险是企业在日常经营活动或各类交易过程中，因为无法满足或违反相关的商业准则和法律要求，导致不能履行合同、发生争议或诉讼或其他法律纠纷，而可能给银行造成经济损失的风险。互联网金融企业面临的法律风险尤为突出，特别是对于新进入金融服务领域的互联网企业。

在国内，目前针对互联网金融的立法和监管还处于探讨研究阶段。监管部门已经围绕第三方支付、P2P网络贷款、电子银行、互联网证券、互联网保险等出台了一些规范，新的法律法规尚处于立法过程中，但总体上还不完善。关于经营主体的合法性，服务模式的合法性，交易中的权利和义务的规定，对消费者的保护等问题尚无针对性的法律法规，但现行的相关法律法规无法充分适用于这些新颖的金融服务模式。互联网金融呈现给人们的是它的简单和便捷，但其背后则是复杂的企业关系和信息科技系统。

互联网金融立法已经落后于互联网金融发展，立法的进程需要加快。在准入方面，要为机构准入、业务准入、高管人员资格、风险管理与内部控制制度、信息科技系统等设定标准。在审慎监管方面，可以根据金融服务模式的特征，制定审慎经营规则，包括要求一些互联网企业遵守适当的资本要求。在保护消费者权益方面，应明确各类业务中交易方的权责归属，使经营主体明晰从事相关交易的权利和义务，以及违法违规的法律后果，使投资人和消费者明晰各类业务的风险和维权渠道。

（七）信誉风险

信誉风险对互联网金融经营主体的威胁非常严重。互联网金融业务多基于虚拟化的网络展开，交易双方互不相见，不利于信誉的建立。加之社会信用体系的不完善，投资人和消费者极易因个别事件对互联网金融经营主体产生怀疑。互联网金融的所有交易均可通过人机互动完成，交易成本和转换成本大幅下降。客户可以自主安排个人的投资结构，随时进行资金在各类产品和账户之间的转换。这增加了信誉风险对互联网金融经营主体的影响程度。

触发互联网金融信誉风险的因素呈现多样化趋势，任何一次服务都会影响互联网金融经营主体的信誉风险。互联网金融经营主体自身的经营不善或违法违规，将在很大程度上影响客户对机构甚至行业的信任度。2014 年初爆出的金玉恒通事件，一家名为"金玉恒通"的投资理财公司，利用网络理财产品进行诈骗，金额达百亿元，堪称中国互联网金融史上空前的诈骗案。金玉恒通事件的发生，诚然会使投资者在选择网络理财产品时更为谨慎，但也会导致部分投资者对网络理财失去信心，使合规经营的网络理财平台流失潜在客户。

政策动向在一定程度上影响着投资人和消费者的态度。投资人和消费者作为金融交易中的信息弱势群体，不可避免地以谨小慎微的态度对待互联网金融。在投资过程中，监管政策会成为投资人和消费者判断风险的一大依据。比如，中央银行对于比特币的态度对经营比特币的互联网企业产生了极大的影响。

三、投资风险

消费者（包括贷款人和投资人）在交易中处于劣势。互联网金融从属于金融，同样具有风险，而且有些互联网金融模式的风险特性更加复杂。在参与和接受互联网金融服务的过程中，消费者难免会遇到各种风险。

（一）信用风险

比如，P2P 网络贷款平台的贷款人就暴露在信用风险之下。P2P 网络贷款平台的借款人往往是一些无法从商业银行或资本市场获得充足资金的企业或个人，他们的信用风险偏高。同时，P2P 网络贷款平台的信用评级模型存在缺陷，而且还存在审查不严格，风险控制不到位的问题，贷款质量很难保证。此外，一些 P2P 网络贷款平台擅自挪用贷款人资金，导致贷款人利益受损。2014 年 3 月，中投宝公司被立案调查，其原因正是挪用贷款人资金投向自己的房地产囤地项目。

再比如，互联网理财产品同样存在信用风险。互联网理财产品多通过较低的投资门槛和较高的承诺收益率吸引资金。高收益往往伴随着高风险，在市场行情不景气的情况下，理财产品难以摆脱收益率走低的趋势。投资者暴露在互联网理财产品发行机构无法履行高收益承诺的风险之下。

（二）网络欺诈

网络欺诈往往是不法机构和个人有意为之，他们以超常的承诺收益为诱饵，引诱缺乏投资经验和风险识别能力，且处于信息劣势的投资者上当。网络欺诈多打着"理财"的名号，涉案人员相对分散，资金容易隐藏，案件的侦查难度较大，一旦遭遇网络欺诈，损失难以挽回。一些互联网金融理财产品，则直接标出月收益率30%的超常值。前面提到的金玉恒通曾标出"月纯收益率35%"，且不断宣扬收益的稳定性。除超高的收益率外，理财产品的发行方还可能通过各类社会活动维护自身形象，以获得投资人和消费者的信任。金玉恒通声称自己具有"跨国背景"，曾在2012年公司内部筹集7万美元，向1500万个困难家庭施以援手，还向慈善机构捐款累计近30万美元。浓墨重彩的渲染，加上高额的回报率，投资者难免会受到诱惑。

不法机构还可能通过网络众筹进行欺诈。与理财产品的高收益率类似，在众筹过程中，项目发起人可能通过对项目前景的大肆渲染引诱投资者上钩，并在筹得资金后挪作他用或携款潜逃。

在监管不到位、风险提示不充分的前提下，风险意识薄弱、缺乏经验和金融知识的投资者极易被高收益率所吸引，这也是网络欺诈屡屡得手的原因。从网络欺诈的手段来看，识破其欺诈的本质并非难事。仅高额收益率一项，就应引起投资者的高度重视。投资者在面对类似的夸张宣传时，应时刻保持冷静，在充分识别投资风险的前提下，理性投资，谨慎理财，谨防"庞氏骗局"。

（三）道德风险

一些人在最大限度地增进自身收益时，会作出不利于他人的行为。缺少外部监督，投资者缺乏监督能力，有些互联网企业难免会作出损人利己的行为。例如，P2P网络贷款平台冒着非法集资的风险，直接过手投资人资金，导致了大批网络贷款平台的倒闭。"互利网"开创者袁建春曾表示，"很多平台没有做真实业务，募集很多资金但没有把钱借出去，而是用于自己经营。平台碰触了借贷资金，会滋生平台的道德风险。"相比于P2P网络贷款，众筹模式的投资期更长，投资人对资金后续用途的监督也相对薄弱。在众筹项目陷入经营困难时，项目发起人有可能铤而走险，改变资金用途，引发道德风险。互联网金融理财产品同样可能成为道德风险的滋生地，特别是在资金用途监督不到位的情况下，管理人可以改变资金用途。

（四）信息安全

随着大量的客户信息被互联网金融经营主体所掌握，信息安全逐渐成为互联网金融投资人和消费者关心的话题。互联网金融的一大优势就在于信息的挖掘和数据的处理。在大数据的基础上互联网金融企业可以为消费者和投资人量身定做各类金融产品和服务，从而变被动销售为主动出击。这些信息直接关系到投资人和消费者的隐私和财产安全。

中国互联网络信息中心的调查显示，30.4%的非网上支付用户是因为感觉不安全，担心被盗而放弃使用网上支付，11%的非网上支付用户担心账户信息泄露。互联网金融投资人和消费者面临的信息安全风险包括信息泄露、木马病毒、账户被盗和虚假网站等。中国国家互联网应急中心的调查显示，2013 年1～11 月，境外约 2.4 万木马或僵尸网络控制服务器控制了我国境内 933 万余台主机，手机病毒样本 314290 个，境内网站的钓鱼页面 27396 个，涉及 IP 地址 3745 个，被黑客骗取的用于信用卡信息 4.7 万条，信息安全漏洞 7151 个，其中，高危漏洞 2932 个，约 600 个中国网站用户信息数据库在互联网上公开售卖，其中真实信息数据近 1 亿条。当前，互联网和互联网金融的信息安全保障工作还有大幅的提升空间。

在互联网金融模式下，客户有用信息一旦落入不法分子手中，关联财产极易遭受不法提取和转账。以手机移动端的支付宝和余额宝为例，支付宝和余额宝仅有 8 位的登录密码和 6 位的数字支付密码，且与手机 SIM 卡绑定。在遗忘密码的情况下，使用人可通过绑定的 SIM 卡，轻松修改各类密码，进而顺畅地对绑定的银行卡资金进行操作。倘若手机落入不法分子手中，后果不堪设想。

为降低行业信息安全隐患，监管部门已开始研究制定相关措施，对相关业务的安全性和合规性进行全面评估。比如，中国人民银行曾下发通知，要求暂停二维码（条码）支付、虚拟信用卡等支付业务和产品，认为相关产品在客户实名制审核、支付指令确认、支付安全、交易信息的真实完整和消费者保护等方面存在风险隐患。相信，随着制度的完善和技术的升级，互联网金融的安全性将逐步提升。

第三节　互联网金融监管

互联网金融在金融业中的地位越来越重要，加强监管对于维护金融稳定和保护消费者权益也越来越重要。在国内，李克强总理在 2014 年的政府工作报告中明确指出，要"促进互联网金融健康发展，完善金融监管协调机制"。随后，中国人民银行提出，按照"鼓励创新、防范风险、趋利避害、健康发展"的总体要求，加强互联网金融监管。互联网金融业态纷繁复杂，监管起来并非易事。金融业本身就需要接受主管部门的监管，发展互联网金融也是在主管部门的监管之下进行的。但并不是提供互联网金融服务的全部主体都接受了类似的监管。当前，互联网企业仍然游离在金融业监管范围之外，或者只接受了一些轻微的监管。目前监管部门正在就互联网监管进行研究和协调，一方面要将提供金融服务的互联网企业纳入监管范围，另一方面要根据互联网经济发展规律制定合理的互联网金融监管措施。

一、机遇挑战

事物有正反两面。互联网金融作为一种新型金融模式，既提升了金融业的服务效率，又隐藏着各种风险隐患。对于监管也是如此，一方面，互联网金融全新的经营理念、业务模式和技术手段为监管升级带来了机遇，另一方面，互联网金融日新月异的产品和服务也让监管部门应接不暇，对监管政策的制定和落实提出了挑战。

互联网技术在金融业中的运用，打破了传统金融的诸多限制，更新了传统金融的经营理念和操作流程，为金融业开拓了一片崭新的天地。互联网金融监管同样应借鉴互联网行业的创新理念和新兴技术。在理念方面，监管部门需要研究互联网经济规律，遵循规律办事。在技术方面，互联网与金融的融合使金融监管创新体现在三个方面。一是监管技术的科技化程度将不断提高。为了适应互联网技术对金融业的科技升级，现有金融监管也将不断采用更科学更先进的监管技术，确保对各类电子化和网络化交易的即时监控，把握金融市场的瞬息万变。二是监管技术的针对性将不断增强。互联网技术在一定程度上降低了金融业的行业门槛，各类企业将凭借自身的科技优势和经营的灵活性进入金融市场。针对不同背景的从业者，金融监管有必要设计更具针对性的监管技术，防范不同经营主体引起的各类风险。三是监管技术的时效性将不断提升。互联网疏通了各类金融交易渠道，加快了金融交易的速度和频率，也使得金融风险的传播更为迅速。为在第一时间了解各类风险状况或遏制各类风险的蔓延，现有监管技术的时效性有必要进一步提升。监管部门应抓住互联网与金融融合的机遇，尽快建立系统性的监管网络，合理设置各类监管指标，强化风险预警机制和风险防火墙，及时发现风险源，阻隔风险传播。

互联网金融的飞速发展也给金融监管改革带来了巨大的挑战。其一是对监管立法的挑战。完善的监管法律体系是金融监管的基础和保障。目前，互联网与金融的融合不断加快，新的金融交易和金融产品不断涌现，如何在不影响行业发展势头的前提下合理规范行业的准入标准，准确划定交易和产品的法律边界，是监管立法需要谨慎考虑的问题。其二是对监管部门的挑战。互联网金融作为新兴事物，尚未全部纳入监管范围，部分业务无法找到对应的监管部门和监管措施。加之互联网金融发展迅猛、创新活跃，让监管部门短期内处于被动局面。如何合理分配新形势下监管主体的监管责任，对进入金融服务领域的互联网企业进行监管，如何提高监管主体间的协同性，应对通过互联网开展的跨银行、证券、保险的业务，管理监管套利行为，如何把握互联网与金融融合的大趋势，从容应对新形势下的一系列监管难题，提升监管有效性，这些都是监管部门必须思考和应对的问题。其三是对监管措施的挑战。互联网与金融的融合所催生的各类新的业务模式，对于现有监管措施的针对性和协调性构成了极大的挑战。监管措施针对性的不足，容易导致行业内部鱼龙混杂，野蛮生长；而监管措施协调性的不足，则容易导致监管套利的发生，降低了监管措施的实施效果。

新的理念和技术将极大地改善金融监管的效率和有效性。首先，金融监管的有效覆盖范围将不断扩大。以网络技术为手段，金融监管的范围将随着金融交易而扩大，时间和空间对金融监管的束缚将不断下降，监管将渗入互联网金融业务的方方面面。其次，金融监管的联动性将不断增强。互联网与金融的融合，使金融机构之间的业务联系更为密切，行业一体化程度不断提升。为适应这一趋势，监管机构之间和监管手段之间的联动性、协调性需要不断加强，而日新月异的互联网科技，则为设定合理灵活的联合监管体系提供了技术可能。最后，金融监管的信息披露将更为充分有效。网络技术的不断发展，使市场主体能够方便快捷地获取各类监管信息，监管过程将更为公开透明。监管信息的充分披露，有助于增强监管的一致性，树立牢固的监管信誉。

追根溯源，有效监管措施的出台依赖于对监管对象的充分了解。监管部门的第一要务并非急于出台各类措施，而是应尽快深入了解现有各类互联网金融业务的具体运营情况，把握风险节点和发展趋势，如此才能在制定监管政策时胸有成竹，对症下药。

二、监管争论

加强对互联网金融的监管，促进行业健康稳定发展，不仅是政府和监管部门的意图，也是互联网金融机构和金融消费者的期待。互联网金融的"野蛮"成长，以及监管套利和一系列风险事件的发生，使得社会各界日益看到监管互联网金融的必要性。互联网金融具有自身的一些特殊性，互联网金融监管需要建立在合理的理论基础之上，拥有明确的目标，需要考虑到对金融创新和金融效率的影响以及监管的成本和可行性。

（一）监管原因

互联网金融属于金融，针对互联网金融的监管自然属于金融监管的范畴。金融监管是为了弥补金融体系的失灵，创造自由、平等、公平、健康平稳的运行环境，而由政府施加的一种外生约束机制。互联网金融作为金融体系的组成部分，同样应接受金融监管。

具体来讲，对互联网金融进行监管的原因主要有三点。

第一，存在负外部性。所谓负外部性，是指单个经济主体的行为对其他经济主体造成负面影响，却不承担相应义务和成本的现象。一家互联网企业的行为会对金融业的其他部分造成负面影响，这有可能加剧资产价格的波动，干扰货币政策，增强金融机构之间业务的交叉性，扩大负外部性的波及范围。系统性风险是互联网金融负外部性重要体现之一。

第二，存在监管套利。监管套利是金融机构利用不同监管机构在监管规则和标准上的不同或监管空白，通过巧妙的产品设计和营销，规避监管、获取超额收益的行为。我国采取多头的分业监管机制，"一行三会"分别针对各自监管领域制定监管政策。随着金融混业趋势的加剧，分业监管政策之间的冲突和空白逐渐显现。互联网金融的业务模式恰恰促进了金融混业的进程，通过产品的创新，充分利用了现有监管体制的漏洞，进行监管套利。以余额宝为例，余额宝账户资金可以用于支付，能够随时随意存入和转出，并通过货币市场投资收益支付高于活期存款利息的收益。从功能上看，余额宝具有银行存款的功能。但余额宝不需向人民银行缴存存款准备金，也不受银监会关于存款业务以及证监会对货币市场基金的监管。

第三，存在道德风险隐患。道德风险源自对违约方问责机制的不到位，当违约方不完全承担或不承担违约责任时，极有可能在利益的驱使下触发道德风险。互联网金融监管机制的不到位，为道德风险埋下了隐患。P2P网络贷款平台跑路事件已敲响了道德风险的警钟。由于监管的不到位，网贷平台一旦跑路之后，事后追查如大海捞针，难有结果。网络贷款平台涉及众多的小额投资人，仅深圳的旺旺贷跑路事件就有超过200位投资人遭到损失，最大单个投资人损失超过250万元。为最大限度地降低互联网金融的道德风险需要对各类风险设计周密的事前、事中和事后的监管措施。

第四，互联网金融交易合约的特殊性也是加强金融监管的一个重要原因。金融产品和合约都是虚拟的，消费者与互联网金融企业签订合约，但并不能确保合约的价值，这一点对于那些不设立营业网点的互联网金融企业而言尤其严重。这需要监管部门对互联网金融企业的商业行为进行监管，通过行业准入、信息披露、隐私保护、反欺诈和不正当竞争等手段，保护消费者权益。单个消费者没有能力和资源来对互联网企业施加充分的监督，监管部门可以代替他们进行监督，消除重复监督，降低整个经济体系的监管成本。

（二）监管原则

互联网金融的监管应遵循金融监管注重安全与效益、平等与公平、开放与兼容等基本原则，在不影响金融业务正常开展，不妨碍行业创新发展的前提下，依法管理，规范行业秩序，鼓励适当竞争，有效避免和遏制各类风险的发生。在国内，2014年4月中国人民银行颁布的《中国金融稳定报告（2014）》明确了互联网金融监管的五大原则。

一是互联网金融创新必须坚持金融服务实体经济的本质要求，合理把握创新的界限和力度。金融的根本宗旨在于服务实体经济，互联网金融作为金融服务模式的一种，自然不能脱离服务实体经济的本质。互联网金融目前正处于活跃的创新期，新业务和新产品层出不穷，不断推动着行业自身的发展。对待互联网金融的创新，监管部门在原则上应持鼓励态度，但在监管过程中，需要合理引导行业的创新方向，创造和谐的市场环境，把握创新的界限和力度，使互联网金融的创新有利于提升行业效率和服务实体经济。监管部门在鼓励创新、引导创新的同时，还应重点惩治那些打着互联网金融创新的名义，实质上从事非法金融业务的各项金融活动。

二是互联网金融创新应服从宏观调控和金融稳定的总体要求。作为金融系统的成员之一，互联网金融的发展应以金融系统的稳定为要务。互联网金融的创新应有利于推动我国的金融市场改革，有利于提升资源配置效率，有利于宏观调控政策的实施和维护金融稳定。监管部门应高度关注互联网金融创新活动对风险的影响，一切创新活动不能助长系统性风险隐患，不能造成金融系统动荡，影响国家宏观调控政策的效果。

三是切实维护消费者的合法权益。互联网金融的任何业务、产品和服务，均应具备详尽的信息披露和明确的消费者权益保护措施。监管部门应将消费者保护作为制定政策的出发点之一，建立完善的消费者保护机制，切实维护消费者的合法权益。

四是维护公平竞争的市场秩序。互联网金融监管要充分保障各参与主体的利益，实现公平平等的目标。对于互联网金融的各类业务模式和行业技术不能存在任何歧视，并为技术的发展提供监管空间。对各类载体和渠道应公平对待，设定相对同等的门槛和政策支持。对于各类经营主体应一视同仁，平等地维护国内互联网金融和跨国互联网金融参与者的利益。对于任何违反现有法律法规的行为，均应按照相关法律法规的要求严肃处理。

五是处理好政府监管和自律管理的关系，充分发挥行业自律的作用。为提升监管的独立性、一致性和协调性，国家有必要成立或指派专门机构承担互联网金融监管的责任，全局统筹互联网金融的监管。注重政府监管的同时，还应促进互联网金融行业自律，充分发挥行业自律组织在互联网金融监管过程中的作用。相对于政府监管，行业自律组织能更好地把握行业发展趋势，熟悉业务模式，对行业的各类风险也更为敏感，能够更敏锐更高效地根据行业发展态势及时出台相关行业章程和技术标准，监管方式灵活，成本较低。中国人民银行在《中国金融稳定报告（2014）》中指出，鼓励"中国互联网金融协会"的成立，进而推动行业服务标准和规则的统一。

三、金融监测

金融监管与监测均以防范风险，保障行业安全为目的，但却是两个不同的范畴。金融监管是指监管部门根据法律法规和规章制度，对金融机构和业务实施的监督、检查和管理；而金融监测是指对金融业运营情况实施的持续的跟踪和调查。相比于监管，监测倾向于对数据和指标的掌握。

互联网金融监测的重点在于跟踪市场发展态势，收集各类交易信息，关注交易主体经营状况，及时发现异常信息和危险信号，提升对异常指标的敏感性。互联网金融的数字化交易降低了传统现场检查的有效性，不法交易更为隐蔽，风险传播也更为快速。发展互联网金融的非现场监测尤为重要。为适应互联网金融的网络化运营模式，互联网金融的监测应主要以网络化的监测系统为载体，建立监测指标体系，通过持续性的信息收集与交易跟踪，及时掌握行业发展状况，发现风险隐患，维护行业安全。

为及时监控互联网金融市场的运营状态，在技术允许的情况下，可尝试搭建网上集中监控系统，将监测范围覆盖互联网金融的各个子模式。具体操作上，一方面，集中监控系统可连接网络资金在账户之间的流动节点，实时监测各类资金流动数据，另一方面，互联网金融机构在监管部门备案后，需在网络上与集中监控系统进行对接，按照监测要求定期报送数据。由于互联网金融以数字化模式运作，对各个传输节点和交易主体的联网，能够使监管部门及时搜集市场信息，在第一时间监测各类指标，发现异常值。出于保护经营主体隐私的考虑，集中监测系统无权直接获取经营主体的各类账户类和交易类基础数据，只能获取根据基础数据计算得到的指标。只有当指标出现异常值后，集中监控系统方可在经营主体的配合下对其基础数据进行提取。

监测指标的选取和设定是监管部门需要谨慎考虑的问题。具体的指标应针对互联网金融各个子模式的风险源逐一选择。例如，对第三方支付大额资金流动进行监测，对特定账户之间的频繁资金流动进行跟踪。对P2P网络贷款模式中的信贷额规模进行监控、对投向特定行业资金的跟踪和违约率监测。对网络众筹模式中资金与项目信息匹配度的跟踪。对网络理财产品的过高承诺收益率进行实现监测，等等。关于各类指标临界值的设定，可以参考现有的各类监管指标，根据互联网金融的自身特征，谨慎设置，定期调整和优化。

为提高行业信息的透明度，互联网金融企业应定期向监管部门报送经营数据，向市场和消费者披露各类信息。监管部门应根据集中监控系统的监测结果和经营主体所披露的信息，定期发布监测报告，公布行业发展状态，完善行业信息披露制度。

四、功能监管

我国现行的监管体制属于机构监管，即按照不同机构来划分监管对象的金融监管模式。银监会负责监管银行类金融机构，证监会负责监管证券类金融机构，保监会负责监管保险类金融机构。机构监管的对象固定为特定类型的金融机构，是分业经营模式下较为稳固的监管体制。

随着互联网技术向金融服务领域的渗入，金融分业的格局被进一步打破。

在互联网金融交易中，一笔业务的参与方可能包括银行、证券、保险、基金、信托等多领域的经营主体，资金不再局限于某一金融子行业。金融机构的综合化经营进一步增强，还出现了以蚂蚁小微金融服务集团为代表的新型金融服务集团。对这些新兴业务和金融服务集团的监管，原有的分业监管和机构性监管的有效性遭到大大的削弱。

对于互联网金融的监管，更适合采取功能监管方法。功能监管是一种以经营业务的性质来划分监管对象的金融监管模式。功能监管模糊了不同金融机构的界限，能够按功能实现跨产品、跨机构、跨市场的监管与协调，使监管更具连续性和一致性，更有利于行业变革和创新。

功能监管有利于解决我国互联网金融的诸多监管难题。在搭建针对互联网金融的功能监管框架时，应注意以下几个问题。其一，树立功能监管协调部门的合法性和权威性。可以在功能监管框架下，新设立一个功能监管协调部门。该协调部门需要具备明确的合法性和权威性，在法律授权的范围内，对现有机构性监管部门的监管职责进行分工和协调。现有监管机构应积极配合功能监管协调部门，履行自身的监管职能，使监管效益最大化。其二，推进现有监管机构向功能监管的转变。例如，在功能监管框架下，无论任何机构，只要从事银行类业务，均应由银监会对其实施监管。为快速适应功能监管的要求，"一行三会"应在监管协调部门的统筹下，加快制定功能监管细则，明确自身在功能监管框架下的监管范围，出台具体的功能监管措施，完成由机构性监管向功能监管的平稳过渡。其三，注重功能监管部门之间的协调配合。在功能监管模式下，监管部门关注的不再是金融机构本身，而是各机构在业务中发挥的基本功能。它们针对某一金融业务共同发挥监管职能，相互之间的协调配合显得更为重要。一方面，监管协调主体应统筹全局，制定工作章程，疏通监管部门之间的协调机制，规定具体的协调方式。另一方面，各个监管部门应强化协调意识，在制定各自监管细则的同时，还应注重部门之间的信息交流和共享，不断增强监管措施的协同效应，使监管过程中的部门冲突降到最低。

适应金融业综合化经营的趋势，功能监管将不仅仅局限于互联网金融范围，而是将替代现有的机构监管，成为金融监管的主旋律。针对互联网金融的功能监管将成为未来金融监管改革发展的"试金石"，对于我国金融监管由机构性向功能性转变具有重要意义。

五、国际经验

相关国家和地区的监管部门围绕互联网金融，已出台了一些零散的监管措施，但欠缺的是一个体系化的监管框架。尽管一些互联网金融业务尚未纳入监管范围，但对互联网金融而言并不是零监管。

（一）美国

美国对于互联网金融的监管以立法为核心，在传统监管法律体系的基础上，不断补充新的监管法律法规，以适应互联网金融的发展需求。美国政府对互联网与金融的融合持开放与鼓励的态度，不过分干预，仅针对行业发展跟进补充必要的法律法规，将互联网金融纳入现有监管体系。相关法律法规涉及电子货币、互联网支付、网络银行、网络证券、网络保险等。

在第三方支付监管方面，美国将第三方支付视为货币转移业务，将第三方支付机构视为货币服务机构，实施功能性监管，监管的重点在于交易过程。美国通过在现有监管法律中增补相应的监管条文，以完善相应的监管法律。监管主体涉及美国货币监理署（OCC）、美联储、联邦存款保险公司（FDIC）等多个部门，联邦和各州分工协作，形成多元监管体制。联邦存款保险公司要求第三方支付机构将沉淀资金视为负债，而非存款，要求该部分资金应存放于联邦存款保险公司在商业银行的账户中，并对该类资金提供存款延伸保险，单个用户最高保额为10万美元，征收的保险费为沉淀资金的利息。第三方支付机构成立时，需要在财政部的"金融犯罪执法网络"（FinCEN）上进行注册，并接受联邦和各州监管部门的反洗钱监管。各州监管部门根据本州立法，对具体的监管细则作出切合实际的规定。

在网络借贷监管方面，美国将网络借贷视为证券类理财产品，纳入证券监管范围，要求借贷平台应在联邦证券交易委员会（SEC）进行注册，取得证券交易委员会颁发的证券经纪商经营资格。证券交易委员会具有较高的注册门槛，对申请注册公司的经营状况、潜在风险、管理机制和财务状况进行严格的审查，这在一定程度上排除了劣质网贷平台浑水摸鱼的情况发生，在一定程度上净化了市场环境。所有网络贷款平台必须遵循证券交易委员会严格的信息披露制度，每天至少向证券交易委员会提交一次报告。同时，消费者金融保护局和联邦存款保险公司也将协助证券交易委员会，共同对网络贷款平台进行监管。

在众筹监管方面，美国通过《创业企业投资法案》（JOBS法案）开放了众筹股权融资，并围绕投资人利益的保护制定了详细的措施，包括募集资金的额度、单个投资人的投资上限、平台的注册、信息披露和业务禁区等。2013年10月，美国证券交易委员会批准了对众筹融资进行监管的草案，并在之后制订了众筹监管的试行方案，但却于2014年4月叫停了该方案，理由为该方案与JOBS法案的精神相违背，具体的众筹监管方案被延迟。

在互联网理财方面，美国未制定专门的监管法律，对其监管尚处于不干预现状的审慎观察期。在虚拟货币方面，美联储并不直接监管虚拟货币。但美联储前主席伯南克曾公开表示，比特币等虚拟货币具有广阔的发展空间，能够推动快捷、安全、高效的支付体系的发展。

（二）欧盟

针对互联网与金融的融合，欧盟则采取区分传统金融的专门监管。部分国家专门成立了负责网络金融监管的机构或小组，以提高监管的针对性。

在第三方支付监管方面，欧盟对第三方支付机构给予明确界定，将其纳入金融类企业监管范畴，施以机构性监管，通过对电子货币的监管实现对第三方支付机构的监管。欧盟规定第三方支付的媒介必须为货币或电子货币，要求第三方支付的服务商必须是银行，或具备与银行机构有关的营业执照，并在中央银行设立专门账户，用于存放闲置资金。通过制定《电子签名共同框架指引》、《电子货币指引》和《电子货币机构指引》等法律法规，欧盟对第三方支付机构的最低资本金、投资活动、业务风险管理和记录报告制度等方面进行了规定，体现了审慎监管的原则。英国的金融行为管理局（FCA）通过设立注册条件和审慎监管要求，规范包括互联网支付机构在内的所有支付机构。法国的银行监管局承担对本国第三方支付机构的监管职能，依据的主要文件为《欧盟电子货币指引Ⅱ》。德国针对支付业务出台了《支付服务监管法》，要求第三方支付机构需取得电子货币机构牌照，且不得从事贷款业务。

在网络借贷监管方面，欧盟通过出台指引性文件为借贷双方的权利义务进行规范，并制定详细的监管要求以保护投资人权益，相关要求包括借贷平台的注册、信息披露以及例如撤销权等保护投资人权益的其他措施。英国则将网络借贷纳入消费者信贷的监管范畴，由金融服务局施加监管。英国金融协会针对网贷平台的资本要求、资金管理、平台操作、内控机制和投诉处理等方面进行了详细的规定，而行业自律组织则对借贷平台的运作进行规范，促进了行业的健康发展和消费者权益的保护。2014年，英国金融行为监管局颁布了《众筹监管规则》，将P2P网络借贷型众筹纳入了众筹监管范畴。法国和德国要求从事信贷业务的机构必须取得银行牌照。

在众筹监管方面，欧盟对众筹融资业务持支持态度。英国将其纳入金融行为监管局的监管范畴，其颁布的《众筹监管规则》将监管范畴的众筹分为 P2P 网络借贷型众筹和股权投资型众筹两种类型，而捐赠类众筹和预付或产品类众筹则不在监管范围内。针对 P2P 网络借贷型众筹，金融行为监管局围绕最低资本要求、客户资金、争议解决及补偿、信息披露和报告五个方面，作出了监管规定。针对投资型众筹，金融行为监管局则新增了投资者限制、投资额度限制、投资咨询要求等规定。英国 P2P 金融行业协会和众筹行业协会均对该规则持认可与支持态度。法国则根据《众筹融资指引》的规定，对众筹中的股权投资和贷款，分别适用证券法律和银行法规。

（三）中国

相对于西方发达国家，我国互联网金融起步较晚，相应的互联网金融监管也较为滞后。由于我国施行分业监管，现有的监管措施均是相关监管部门在职责权限内根据当前局势事后制定，尽管出台了一些监管措施，但现有监管体系尚不完善，监管效率有待提升。

第三方支付方面，2010 年 6 月，中国人民银行发布的《非金融机构支付服务管理办法》在一定程度上规范了非金融机构支付服务的行为，2014 年 3 月，人民银行连续出台《中国人民银行支付结算司关于暂停支付宝公司线下条码（二维码）支付等业务意见的函》、《支付机构网络支付业务管理办法》（征求意见稿）、《中国人民银行关于手机支付业务发展的指导意见》（征求意见稿），同期，银监会出台了《关于加强商业银行与第三方支付机构合作业务管理的通知》，进一步规范了第三方支付，使得我国在第三方支付监管法律法规方面取得了实质性进展。

关于网络借贷，2011 年 8 月，银监会发布的《关于人人贷有关风险提示的通知》，揭示了人人贷融资模式的七大风险，并就风险的预测和防范，要求银行业金融机构做好"防火墙"的建立、从业人员的管理以及与工商管理部门的沟通等工作。2013 年 11 月，中国人民银行对人人贷行业的非法集资行为进行了界定，认定资金池模式、不合格借款人导致的非法集资风险以及"庞氏骗局"为非法集资。2013 年 12 月，上海市网络信贷服务业企业联盟出台了《网络借贷行业准入标准》，就网络借贷公司的运营范围、经营规范和管理人作了相关要求。

关于网络虚拟货币，现有相关法规多集中于对网络游戏币的规范，2013

年 12 月，中国人民银行出台的《关于防范比特币风险的通知》，明确了比特币的非货币属性，提示了相关风险，《通知》在一定程度上代表了监管部门对网络货币的谨慎态度。

关于网络银行和网络保险，银监会 2006 年颁布的《电子银行业务管理办法》、证监会 2013 年颁布的《证券投资基金销售机构通过第三方电子商务平台开展业务管理暂行规定》和保监会 2012 年发布的《关于提示互联网保险业务风险的公告》，分别就相关监管领域的具体业务作出了操作说明和风险提示。中国人民银行发布的《中国金融稳定报告（2014）》明确将互联网金融的发展与监管列为专题，明确了互联网金融监管的五大原则，为监管措施的进一步出台提供了方向性意见。

六、监管安排

针对互联网金融的监管法律法规和措施无法跟上互联网金融的发展速度，且已有的相关监管方案彼此间缺乏协调性，互联网金融实践的发展，监管措施需要不断更新以适应新形势下的维护金融稳定和保护消费者权益的需要。

（一）金融立法

监管立法在金融监管中发挥着基础性和纲领性作用，任何一项监管行为都应在相应法律法规的指导下实施。目前，法律法规的滞后是监管部门不能有效监管互联网金融的根本原因之一。

互联网金融监管立法需顾全监管的方方面面，例如对合规交易行为、合规产品的界定，对网络交易合同的法律认证，对知识产权、交易主体隐私的保护，监管职责划分，以及对互联网金融的安全保证，等等。可以说，监管立法的每一个细节，都是互联网金融监管需要讨论的。立法部门需要将互联网金融监管立法纳入我国金融监管法律体系中，明确互联网金融监管的法律地位，对监管的主体、原则、对象和重点予以明确规定。监管部门应在现有监管体制的基础上，遵循监管立法的精神，相互协调制定互联网金融监管制度，进一步完善互联网金融的监管体系。

（二）市场准入

互联网金融的兴起不断冲击着金融市场的进入壁垒。不同从业背景机构的大量涌入，容易导致市场上经营主体的良莠不齐，不利于形成良好的行业秩序。科学合理的市场准入机制，是互联网金融监管的第一道防线。监管部门有必要尽快设立互联网金融行业的准入门槛，提升行业的专业化、规范化和标准化程度。

需要对从业机构的注册资本、经营范围、经营条件、管理人员资格、风险管理能力等方面，补充完善互联网金融行业准入要求。为使准入标准更具针对性和可行性，可以针对互联网金融的不同子模式，例如网络借贷、网络理财、移动支付等，分别设置相应的准入门槛。比如，2013 年 12 月，上海市网络信贷服务业企业联盟公布了《网络借贷行业准入标准》，根据人民银行、银监会等相关金融监管部门关于网络借贷的指导意见，从持续性运营要求、高层人员任职资格条件、经营条件、经营规范、风险防范、信息披露、出借人权益保护、征信报告、行业监督和适用范围等方面，对网络贷款平台的准入门槛进行了全面细致的规范和说明。

互联网金融的行业准入审核可以采用注册制，凡满足市场准入标准的机构，均有资格从事互联网金融业务。互联网金融机构应具备相应的业务牌照，在成立时向监管部门递交详尽全面的申请材料。监管部门根据准入标准的要求，对申请公司的从业资格和业务能力进行尽职调查。获得经营许可的机构，应严格按照申请材料的描述，如实开展相关业务。

（三）审慎监管

审慎监管是监管部门制定的，金融机构必须遵循的一系列审慎经营规则，涉及资本充足率、风险管理、内部控制、资产质量、损失准备、风险集中度、关联交易、流动性管理等。巴塞尔委员会的《银行有效监管核心原则》明确将审慎监管作为银行业监管的核心原则之一。

目前，互联网金融的一部分是处于无监管状态或轻微监管状态的，并在业务开展过程中暴露了一定的风险。这种状态既不利于行业自身的发展，也不利于风险的防控和消费者权益的维护。为保障互联网金融在新生阶段科学发展，有效降低行业的风险隐患，监管部门应当施以适当的审慎监管要求。

防范行业风险是审慎监管的重要目标。针对特定的互联网金融服务模式，围绕风险管理制定相关措施，应成为互联网金融审慎监管的重要部分。比如，余额宝账户可以用于支付，还可以赚取一定的利息收入。从功能上看，此类账户与银行业的存款账户无本质区别。换言之，支付宝公司就是一家持有支付牌照但吸收"存款"的银行，它承担着按时按需偿付投资者的责任。再比如，对于承诺保证本金的 P2P 业务而言，贷款人与 P2P 网络贷款平台之间具有了或有债权债务关系，借款人的违约将直接导致贷款平台的损失，因此，有必要要求这些承担风险的机构遵守审慎的经营原则。

需要针对互联网金融机构的内控机制以及纠正措施制定相应的审慎规定。在内控机制方面，应对互联网金融机构的内部管理程序，以及互联网金融机构之间的交易等进行规范，确保互联网金融机构落实现代公司治理机制，杜绝违反正规业务流程的事件发生。在纠错机制方面，应明确监管部门在特殊情况下，对互联网金融机构的干预权力。对于违法违规、损害消费者合法权益的互联网金融机构，监管部门有权要求对其进行详尽的调查，并有权作出停业整改等处罚。

（四）行为规范

网络交易的信息更加地充分和透明，但消费者与互联网金融机构之间仍然存在一定程度的信息不对称，消费者仍处于较为弱势的地位。金融消费者权益保护，应遵循现有金融消费者保护的基本原则，在坚持以人为本、服务至上、社会责任的基础上，向互联网金融消费者公开信息，公正对待，公平交易，依法维护互联网金融消费者的合法权益。

第一，完善互联网金融消费者权益保护的法律制度框架。监管部门应抓紧从法律层面界定互联网金融的问题，明确互联网金融条件下金融消费者权益的保护主体，规范互联网金融机构的交易行为，明确划定的合法经营范围，要求互联网金融机构建立投诉处理机制，并对投诉处理情况进行定期的评估。

第二，建立严格的市场信息披露机制。监管部门应配套互联网金融的其他监管措施，制定严格的信息披露机制，借助互联网平台上便捷的信息发布渠道，最大限度地降低互联网金融市场上的信息不对称，做到充分的产品风险提示，保护消费者的知情权，减少盲目投资事件。

第三，建立消费者权益保护的协调合作机制。互联网金融具有明显的跨行业性，消费者权益保护工作需要各监管部门通力合作、协调配合。监管部门应遵循依法合规和内部自律的原则，积极构建落实协调合作的体制机制，增强互联网金融条件下金融消费者权益保护工作的一体性和联动性。

第四，加强对消费者隐私的保护。要求互联网金融机构建立严密的客户信息管理制度，互联网金融机构对消费者的全部资料负有保密责任，除依法配合特定监管机构检查等特殊情况，应禁止互联网金融机构在未经消费者允许的情况下，将消费者的任何资料提供给第三方。

第五，疏通投诉渠道，明确赔偿机制。监管部门应建立相应的消费者投诉平台，明确投诉的各类手段，疏通消费者赔偿渠道，明确互联网金融机构的赔偿范围，强化赔偿监督力度，确保消费者非自身原因导致的任何损失均能得到有效赔偿。中国人民银行金融消费者权益保护局局长焦谨璞透露，有关金融消费者的保护平台"12363 金融消费者权益保护咨询投诉电话"已在上海、陕西和湖北分别试点运行。该平台在上海试点仅开通两个月，便受理了两百余件投诉事件，是对保护金融消费者权益的有益尝试。对于互联网金融的消费纠纷，可建立独立的第三方纠纷解决机构，专门承担对互联网金融领域的消费纠纷处理。

第六，加强消费者教育。互联网金融消费者的教育，应根据被教育对象群体特征划分类别，对不同知识背景、学习能力的消费者，设计针对性的教育模式。监管部门可通过建立相应的咨询和教育中心，提供互联网金融基础知识、交易指南、风险提示指南等资源，提升消费者的金融素养，保证消费者明晰维权通道，强化消费者的风险意识和自我保护能力。同时，还应借助互联网媒体平台，拓宽教育渠道，开展平面化教育，大力宣传互联网金融的基础知识，最大限度地拓宽教育的受益群体。

（五）行业自律

互联网金融监管应充分发挥行业自律的作用。行业自律指的是行业内部形成自我规范、自我约束、自我协调和自我管理的行为机制，通过行业内部协会组织和各个成员自身的力量，维护市场稳定，维护行业利益，保护相关主体的合法权益，促进行业的健康发展。我国互联网金融行业正在有条不紊地推进行业自律机制建设。2013 年 8 月 13 日，中国互联网协会成立了互联网金融工作委员会，成员包括工商银行、农业银行、建设银行、中移电子商务有限公司等25 家机构，并宣布了《中国互联网金融行业自律"8·13"宣言》。与此同时，"互联网金融千人会俱乐部"宣布成立，并发布了《互联网金融行业自律公约》，明确了八条行业纲领，成为互联网金融行业自律的一面旗帜。2013 年 12月，上海市信息服务业协会公布了全国首个 P2P 行业标准《网络借贷行业准入标准》，对 P2P 公司的注册资本、管理人资格、风险管理制度、信息披露等多个方面作出了明确规定。2014 年 5 月，百度公司制定了首批上线的 P2P 白名单核心准则，履行了龙头企业的行业自律带头示范责任。

行业自律机制建设需要考虑互联网金融业态的多样性。除了建立统一的行业自律组织之外，还需要根据不同的互联网金融业态，建立诸如"P2P 行业协会"、"众筹行业协会"等自律组织，提高行业组织的专业性和行业自律机制的有效性。

七、监管结构

（一）监管职责

在我国现行的监管结构中，"一行三会"各司其职，对我国金融体系实行监管。互联网金融的出现，进一步推动了金融混业的发展，使得分业监管模式的弊端进一步暴露，我国有必要在现有监管体制的基础上，完善监管结构，理清各部门监管职责，降低监管套利的空间。各监管部门需要突破机构监管的局限，借鉴功能监管的原理，对涉及自身监管领域的互联网金融业务，承担监管责任。

中国人民银行作为我国的中央银行，应在互联网金融监管中担负重要职责。首先，人民银行需要与其他监管机构和各行业自律组织一起，共同制定互联网金融监管的总体方针、策略，推动监管立法进程，明确监管的原则、方向和重点。在《中国金融稳定报告（2014）》中，人民银行明确提出了互联网金融监管的五大原则，为互联网金融监管措施的制定指明了方向。其次，需要承担与货币流动相关的业务的监管责任。加强对第三方支付机构的监管。可以考虑由人民银行牵头建立互联网金融监测中心，时刻监测互联网金融的运营情况。再次，需要积极参与监管协调机制，提供货币监测及监管安排的一致性、协调性和有效性，降低监管套利空间。最后，需要谨慎思考针对互联网金融的最后贷款人机制。在条件允许的情况下，可以将一些具有系统重要性的互联网企业纳入最后贷款人机制覆盖范围。

银监会的监管范围需要涵盖从事互联网金融的银行业金融机构和与银行业务相关的互联网金融业务。例如，一些与存款具有类似功能的"宝宝"类产品、P2P网络贷款平台、银行业借助互联网平台从事的互联网金融业务等，均应纳入银监会的监管范围。

证监会的监管范围应包括证券业以及与证券业紧密相关的互联网金融业务。证监会需要按照现有监管法律法规和规章制度实施监管，将以互联网金融为名义绕开监管的机构和业务，重新纳入监管范围。对于众筹融资等带有证券业务性质的新兴业务，证监会应仔细甄别其业务性质、运营模式和风险特征，尽快作出监管的制度安排。

保监会需要对涉及保险业的互联网金融业务履行监管职能。除了对监管对象偿付能力、业务运营等方面的监管外，保监会还应重点关注网络保险中的跨区域销售业务。保监会于2014年4月发布的《关于规范人身保险公司经营互联网保险有关问题的通知（征求意见稿）》中，界定了互联网保险的业务范围，并对保险产品的跨区域销售进行了明确规范。该文件的发布，预示着监管部门在互联网保险监管方面将取得重要突破。

为充分维护消费者的合法权益，金融消费者保护局应积极配合其他监管部门，建立完善的金融消费者权益保护机制，疏通消费者的维权通道，并不断加强消费者金融知识普及和维权教育。

（二）分层监管

目前，我国"一行三会"均在全国各省市和地方设有分支机构，监管机构的分层设立，有利于扩大监管的覆盖范围，有利于监管资源的调动和整合。在分层监管安排上，可沿用现有监管层级设置，每一层级的监管机构受上一级部门领导，遵循上级的监管指引。在同级监管层面上，"一行三会"和其他监管部门应积极发挥协调功能，立足辖区实际，增补切实可行的监管措施。虽然互联网金融以虚拟网络为渠道开展业务，不受地域限制，但依然可以根据经营主体的营业地址划归监管范围。需要建立快速高效的信息沟通渠道。各层监管部门逐级上报行业运营情况，中央监管部门即时汇总信息，以便于适时合理地对监管措施进行调整。

分层监管的另一个含义是，"一行三会"作为中央监管机构将部分监管权力和职责下放给一些地方性的金融管理部门，比如地方政府设立的金融办。地方性金融管理部门负责监管自己发放的互联网金融牌照持牌企业。中央监管部门及其派出机构与地方金融管理部门积极配合，相互提供帮助。

第四节　互联网金融处置

互联网金融处置是一种危机管理。当监管对象因违法违规操作、经营不善或其他因素，遭受风险冲击，丧失持续经营能力，并有可能导致风险外溢时，监管部门需要对问题机构采取相应的处置措施。有效的处置机制能够最大限度地降低风险损失，稳定行业秩序，降低损失的溢出效应，保护其他经营主体和金融消费者的合法权益。根据问题的不同，处置方式可分为两种，一是针对流动性不足的危机救助措施，二是针对清偿能力不足的市场退出机制。此外，由于互联网金融的国际化特征，互联网金融的问题处置还涉及监管机构的跨国协调。

一、危机救助

当从事互联网金融业务的机构，因经营不善导致资金链断裂，无法通过自身努力满足流动性需求时，相关部门可适时提供危机救助。科学合理的危机救助机制，能够在不影响市场平稳运行的前提下，及时为问题机构提供流动性支持，防止损失的扩大，保护金融消费者的合法权益。

危机救助的对象应该是那些陷入流动性困境的从事互联网金融业务的互联网企业或金融机构。对于出现清偿能力不足，难以持续经营的问题机构，则应通过市场退出机制予以处理。陷入流动性危机的互联网金融机构可能对金融市场，甚至对实体经济造成冲击。例如，从事电子商务平台商户贷款的小额信贷公司以满足小微企业的资金需求为主，小额信贷公司的流动性困境相当于切断了大量小微企业的资金来源。而小微企业的资金需求具有金额小、周期短等特点，且难以通过银行贷款等其他途径获取资金，短暂的流动性困难也有可能致使小微企业大面积倒闭，进而影响实体经济。因此，针对互联网金融机构的危机救助措施具有明显的必要性。

危机救助以提供流动性为主，相当于发挥中央银行的最后贷款人职能。对于危机救助的对象可模糊"救机构"与"救市场"的区别，既可对一家或多家机构实施救助，也可对特定的市场和区域注入外部流动性。中央银行作为最后贷款人是最重要的危机救助主体，它们可以通过自己的最后贷款人便利向市场或机构提供流动性支持。

可以考虑扩大最后贷款人便利覆盖范围，纳入部分提供金融服务的互联网企业，这些互联网企业在整个支付结算系统、金融市场和实体经济中发挥着重要作用。在必要的条件下，中央银行需要与其他金融监管部门进行沟通，来确定救助名单和救助力度。需要明确流动性危机标准，有效识别陷入流动性危机的互联网金融机构。针对不同的互联网金融业态，流动性危机标准可有所不同。但凡符合流动性危机标准的互联网金融企业，均可获得救助。还应注意救助时机、救助力度，以及救助的退出等问题。为避免延误救助时机，当危机机构救助申请通过后，救助措施需要尽快跟进。救助措施的出台无须等待救助条件完全成熟，可针对危机机构和细分市场，分批次地实施救助。救助力度和退出时机的把握，以解决危机机构的基本流动性需求为准，依据危机机构在救助过程中的流动性状况而定。

中央银行不可能将全部互联网金融机构都纳入自己的流动性便利覆盖范

围。可以考虑由互联网金融行业自行设立一些自救基金，当基金成员陷入流动性困境时，可以向自救基金申请流动性支持。行业自救基金可以由不同的互联网金融业态分别成立。例如，各家 P2P 借贷平台可联合成立"P2P 行业自救基金"，但凡合法注册的 P2P 机构，均有条件成为该基金的会员。自救基金由专人管理，定期向会员发布运营报告，会员缴纳的年费是自救基金的主要资金来源。行业自救基金应设立完整的救助体系，明确规定救助标准、救助方式、救助流程等问题。与中央银行的流动性便利相比，行业自救组织的门槛更低。那些没有达到中央银行流动性便利标准的互联网金融机构，可通过行业自救获得一定的流动性支持。完整的行业自救机制，能够弥补中央银行流动性便利的不足，进一步防范流动性风险，为行业发展保驾护航。

无论是扩大官方流动性便利覆盖面，还是行业自发成立的自救组织，都要防范危机救助可能导致的道德风险。第一，救助主体可引入"模糊性"救助机制。尽管账面数据符合流动性危机标准的企业，可获得被救助资格，但救助主体保留对救助申请的拒绝权。当救助主体发现虚假救助申请，或确定危机机构因不理性、不规范行为导致流动性困境时，有权拒绝或撤销其救助资格。第二，要求救助申请机构支付较高的成本，并对它们进行事后问责。第三，提升救助过程的信息透明度。救助主体应及时充分地披露救助的相关信息，包括救助理由、救助措施、救助力度，以及事后的问责机制，降低市场主体对危机救助的心理预期。第四，建立顺畅、可信的退出机制，提高发生问题的成本。

二、退出机制

清偿力不足与流动性不足不同。陷入流动性危机的机构，只要获得一定的资金支持便可渡过难关，但清偿力不足意味着资不抵债，简单的资金注入难以解决问题，应对其作出问题处置安排。一般的企业破产法的处理程序过于缓慢，在金融危机发生时不仅于事无补，还会加剧危机的严重性。因此，对于那些陷入清偿危机，并且扭亏无望的机构，有必要制定专业的破产程序。顺畅的退出机制有利于形成优胜劣汰的有序竞争环境，减少行业风险的积累，提升行业效率。

国际金融危机以来，国际社会对金融市场的危机处置和系统重要性金融机构的"大而不倒"问题日益重视。其中，英国通过《2009 年银行法》创建了针对银行退出的"特殊处置机制"。美国通过《多德—弗兰克法案》建立了"有序清算当局"，负责处置系统重要性金融机构。欧盟则筹备建立欧元区统一的恢复与处置计划，确保问题银行的有序退出。从各国做法来看，系统重要性金融机构被明确列入了退出机制的处置名单，以缓解"大而不倒"现象对金融系统的危害。

系统重要性机构指的是其倒闭将对金融体系稳定和实体经济运行造成重大负面冲击的金融机构。现有的系统重要性机构是针对金融机构而言的，但不排除部分提供金融服务的互联网企业成为系统重要性机构。互联网金融的问题处置同样应避免"大而不倒"的问题，其处置对象不仅包括一般的互联网金融企业，还应包括未来行业内可能出现的系统重要性机构。关于互联网金融行业内系统重要性机构的识别，可参考现有评估方法，根据单个机构的总资产、机构间的资产和负债，以及若干补充性指标，对行业内机构的系统重要性等级进行排序。还需要考虑互联网金融自身的特殊性。比如，为电子商务平台商户提供信用贷款的小额贷款公司可能逐步发展成为对于该电子商务平台而言的系统重要性金融机构。

在国内，无论是对于传统金融机构，还是新兴的互联网金融机构，尚未建立可操作的退出机制。比如，在一些P2P网络贷款平台倒闭事件中，企业说关闭就关闭，投资者权益得不到保护，严重影响P2P网络贷款行业发展。若诉诸于企业破产程序，则耗时过长，不利于金融体系的稳定。为提升互联网金融市场的退出效率，降低退出对市场的负面冲击，可考虑建立互联网金融的特殊处置机制。

处置对象为陷入清偿力危机的互联网金融机构。根据不同的互联网金融业态和不同的危机机构，处置细则可有所不同。监管部门可设立互联网金融特殊处置工作组，专门负责处理该行业的企业退出问题。对于主动申请退出的机构，工作组有必要对其清偿能力状况进行审查，防止恶意破产等情况的出现。对于因违法违规触发风险，陷入清偿力不足的机构，工作组有权对其作出强制性的退出安排。在处置过程中，工作组有权对问题机构所有者和管理人的行为进行干预。

依危机的严重程度，可采取私人收购、剥离不良资产、政府注资和破产清算等处置措施。由财务状况良好的金融机构收购问题机构的全部或部分业务，能够保证问题机构服务的连续性，对市场和金融消费者的影响程度最低。剥离不良资产是问题机构存续的另一种方式，不良资产的承接方可为政府部门、私人机构，或各方联合组建的资产管理公司。当危机过于严重，难以通过上述两种方式处置问题机构时，可由政府进行注资，将其国有化。政府注资不同于危机救助，不单单提供了流动性，而且收购了问题机构的所有权。破产清算将使问题机构完全退出市场，尽管该方式对市场有一定负面影响，但却是维持市场化竞争，促进行业稳定发展的必要手段。为维护处置机制的权威性，避免"大而不倒"现象，对于具有系统重要性的互联网金融机构，还可考虑要求该类机构确立"生前遗嘱"，自行制订快速有效的危机处置方案。

建立配套的金融消费者权益保护机制，比如存款保险计划、投资者保护计划或保单持有人保护计划。当前，我国已加强了金融消费者保护力度，存款保险计划建设正在稳步推进。可以考虑将那些提供与存款账户功能类似的金融服务的账户和机构纳入存款保险计划。可以将这一思路类推到互联网理财产品投资者和互联网保险产品购买者。

处置机制的建立还需要重点考虑以下三个问题。第一，建立完善的法律依据。无规矩不成方圆，只有以法律形式明确互联网金融市场退出的概念、程序、方式和风险分摊与补偿机制，才能使相关机构在退出时有章可循。第二，增强市场力量在退出机制中的决定性作用。我国的金融市场退出以行政手段为主，不利于优胜劣汰的市场竞争环境的形成。在退出机制的设计中，需要在保证行业秩序的前提下，以市场为主导，发挥优胜劣汰的市场筛选机制的作用，减少行政力量的影响。第三，确保退出机制对系统重要性机构的执行力度。退出机制的设计应考虑对系统重要性机构实施退出的可操作性，降低该类机构在退出过程中对市场的不利冲击。

三、跨境协调

互联网金融本身是无国界的，其发展进一步促进了金融全球化进程。随之而来的是，互联网金融风险也将在相关国家和地区之间蔓延。2014年初，日本比特币交易平台 Mt. Gox 宣布倒闭，85万个比特币瞬间蒸发，折合约4.7亿美元。该平台倒闭导致全球比特币市场的震动，多个国家的比特币投资人遭受损失。由于没有完善的跨境协调监管机制，事后处置和投资人权益维护极为困难。互联网金融亟须加强跨境监管的合作与协调，促进国际间互联网金融监管统一框架的形成。

埋想的互联网金融跨境协调监管应辐射全球各个国家和区域。但由于各国经济、政治、文化以及开放程度的不同，相应的监管理念、制度和监管主体也呈现多元化特征。可以考虑将互联网金融监管，特别是对于提供金融服务的互联网企业的监管纳入国际监管协调框架，由金融稳定理事会、巴塞尔委员会等国际机构负责推动各国监管部门针对互联网金融进行跨境协调。各国政府和监管部门需要加强沟通协作，建立完善互联网金融跨境协调监管机制。这可能需要各国政府和监管部门让渡部分权力和利益。

国际金融监管需要各个主权国家监管部门的协调与配合。在各国经济发展水平、法律体系、社会文化存在明显差异的背景下，建立统一的跨境协调监管机制，绝非一朝一夕所能为。完备的跨境协调监管框架，应包括双边合作、区域性合作和全球协调监管，对协调主体、法律框架、技术标准、权责分担等问题作出方向性指引。

第一，明确协调主体。为促进协调监管框架下各国监管部门的有效沟通，提升跨境协调的灵活性和时效性，避免多重监管、监管冲突和监管真空的出现，有必要明确跨境协调主体。可考虑建立统一的跨境协调平台，由国际监管组织代表出任平台的负责人，各国监管部门委派代表参与管理。平台的职责在于平衡各国的监管利益，促进监管信息的披露和共享，增强危机爆发时跨境监管的协调能力和资源调度能力，最大限度地降低互联网金融风险的负外部性。凡跨境协调框架下的成员，需遵守跨境协调平台的监管纲领，并在危机爆发后，配合平台的安排进行危机救助和处置。

第二，明确协调原则。目前，各国或未建立针对互联网金融的监管法律体系，或已有法律体系尚不完善。为统一各国监管法律精神，避免冲突，协调主体应明确互联网金融的跨境协调原则。维护国际金融市场稳定，降低风险外溢程度，保护国际金融消费者的合法权益，杜绝各自为战，应是跨境协调的基本原则。各个国家和地区应在统一协调原则下，对辖区内监管法律法规进行适度调整。

第三，统一技术标准。互联网金融的跨境协调监管应以统一的监管口径、会计准则、风险计量标准、软硬件技术标准等为基础。由于各个国家和地区互联网金融及其监管的发展程度不一，互联网金融监管尚处于摸索阶段，统一监管标准目前具有一定的操作困难。鉴于互联网金融业务与传统金融存在密切关联，各个国家和地区可参考现有的国际金融监管标准，分批次出台试行方案，并在实践中不断完善。

第四，明确权责分担。权责分担是互联网金融跨境监管与处置的重要问题，正是由于权责分担机制的不明确，导致 Mt. Gox 平台倒闭后，大量国际投资人的损失无法问责。互联网金融可以突破国界限制，但监管却关乎国家利益，各个国家和地区的监管部门应合理划归监管范围、监管权限和监管责任。

对于注册地和经营地属于同一国家的机构，应由本国监管部门负责监管，监管部门对其风险负全责。对于注册地和经营地在不同国家或地区的机构，经营地所属国监管部门应与注册地监管部门协商划分监管责任，经营地所属国监管部门有权要求该机构服从其监管要求，否则可不准其在本国内经营。对于跨国经营的互联网金融机构，境外机构的设立应符合东道国和母国监管机构的同意，境外机构应遵循东道国的监管要求，否则东道国有权拒绝境外机构的进入。母国监管部门可考虑组织各东道国建立监管联席会议，明确对跨国机构的监管责任，进一步加强对跨国金融机构的监管。各类互联网金融机构均需事前进行充分的风险提示，要求投资人在明确投资风险的前提下进行投资，并制定详尽的投资人保护机制。投资人保护机制需要区别境内机构、境外机构。对境内机构导致的投资人的损失，由本国监管部门组织对投资人的补偿。对境外机构导致的投资人的损失，应由东道国监管部门和母国监管部门共同组织对投资人进行赔偿，具体的责任分摊应由监管双方事前确定。至于对投资人的赔偿比例，可由各国监管部门协商设定统一的标准。

参考文献

[1] 阿尔·里斯，劳拉·里斯：《打造网络品牌的 11 条法则》，上海，上海人民出版社，2002。

[2] 阿尔·里斯，劳拉·里斯：《商战》，北京，机械工业出版社，2011。

[3] 艾瑞咨询集团：中国移动互联网行业年度研究报告（2014 年）。

[4] 艾瑞咨询集团：中国互联网保险年度报告（2013 年）。

[5] 艾瑞咨询集团：中国第三方支付行业年度监测报告（2013 年）。

[6] 彼得·德鲁克：《管理的实践》，北京，机械工业出版社，2009。

[7] 国际电信联盟（ITU）：《2013 年世界信息通信技术：事实与数字》。

[8] 国际电信联盟（ITU）：《衡量信息社会发展（2013）》。

[9] 焦瑾璞，陈瑾：《建设中国普惠金融体系》，北京，中国金融出版社，2009。

[10] 克里斯·安德森：《长尾理论》，北京，中信出版社，2012。

[11] 克里斯·安德森：《免费》，北京，中信出版社，2012。

[12] 李耀东，李钧：《互联网金融：框架与实践》，北京，电子工业出版社，2014。

[13] 廖理，贺裴菲：《从 Lending Club 业务模式转变看 P2P 监管》，载《清华金融评论》，2014（2）。

[14] 零壹财经：《众筹服务行业白皮书（2014）》，北京，中国经济出版社，2014。

[15] 罗明雄：《互联网金融》，北京，中国财政经济出版社，2013。

[16] 芮晓武，刘烈宏：《中国互联网金融发展报告（2013）》，北京，社会科学文献出版社，2014。

[17] 斯金纳：《全球时代银行业的未来》，北京，经济科学出版社，2010。

[18] 万建华：《金融 e 时代：数字化时代的金融变局》，北京，中信出版社，2013。

［19］维克托·迈尔－舍恩伯格，肯尼思·库克耶:《大数据时代:生活、工作与思维的大变革》,杭州,浙江人民出版社,2013。

［20］吴晓灵:《互联网金融应分类监管区别对待》,载《IT时代周刊》,2013（22）。

［21］项俊波:《金融风险的防范与法律制度的完善》,载《金融研究》,2005（8）。

［22］谢平,尹龙:《网络银行:21世纪金融领域的一场革命》,载《财经科学》,2000（4）。

［23］谢平,邹传伟,刘海二:《互联网金融手册》,北京,中国人民大学出版社,2014。

［24］谢平,邹传伟:《互联网金融模式研究》,载《金融研究》,2012（12）。

［25］闫冰竹:《互联网时代的金融业发展》,载《中国金融》,2014（8）。

［26］杨凯生:《关于互联网金融的几点看法》,载《中国金融电脑》,2013（12）。

［27］姚文平:《互联网金融:即将到来的新金融时代》,北京,中信出版社,2014。

［28］招商银行:《2013年中国城市居民财富管理与资产配置现状调查报告》,2013。

［29］中国电子商务研究中心:《2013年中国电子商务市场数据监测报告》,2014。

［30］工业和信息化部电信研究院:《移动互联网白皮书（2011）》,2011。

［31］工业和信息化部电信研究院:《移动互联网白皮书（2013）》,2013。

［32］中国互联网络信息中心:2012年中国网络购物市场研究报告,2013。

［33］中国互联网络信息中心:2012年中国移动互联网发展状况统计报告,2013。

［34］中国互联网络信息中心:2013年中国网络购物市场研究报告,2014。

［35］中国互联网络信息中心:第33次中国互联网络发展状况统计报告,2014。

［36］中国互联网络信息中心：第 34 次中国互联网络发展状况统计报告，2014。

［37］中国人民银行：《中国金融稳定报告（2014）》，北京，中国金融出版社，2014。

［38］中国人民银行：《2013 年支付体系运行总体情况》，2014。

［39］Davenport, T. H. and D. J. Patil, Data Scientist: The Sexiest Job of the 21st Century, Harvard Business Review, October 2012.

［40］FDIC, 2011 FDIC National Survey of Unbanked and Underbanked Households, September 2012.

［41］Federal Reserve Board, Consumers and Mobile Financial Services 2014, March 2014.

［42］Global Mobile Suppliers Association（GSA）, Evolution to LTE Report, March 31, 2014.

［43］Haldane, A. G., Why banks failed the stress test, The basis for a speech given at the Marcus – Evans Conference on Stress – Testing, 9 – 10 February 2009.

［44］Hayashi, F., R. Sullivan, and S. E. Weiner, A Guide to the ATM and Debit Card Industry. Federal Reserve Bank of Kansas City Payments System Research, 2003.

［45］Henderson, J. C. and N. Venkatraman, Strategic Alignment: Leveraging Information Technology for Transforming Organizations. IBM Systems Journal, Vol. 32（1）, 1993.

［46］IBM Financial Services Sector, Core Banking Modernization, October 2011.

［47］Katz, M. L. and C. Shapiro, Network Externalities, Competition, and Compatibility, American Economic Review, Vol. 75, No. 3（June 1985）, 424 – 440.

［48］McAfee, A. and E. Brynjolfsson, Big Data: The Management Revolution, Harvard Business Review, October 2012.

［49］Merton, R. C., A Functional Perspective of Financial Intermediation. Financial Management, 1995, Vol. 24, Issue 2.

［50］Neuberger, D., Direct Banking – A Demand Pull and Technology Push

Innovation, Thünen – Series of Applied Economic Theory, No. 5, 1997.

[51] Pine II, B. J. and Gilmore, J. H. , Welcome to the Experience Economy, Harvard Business Review, July – August 1998.

[52] PWC Viewpoint, Rebooting the branch: Branch strategy in a multi – channel, global environment, Dec. 2012.

[53] Schafer, J. B. , J. Konstan and J. Riedl, E – Commerce Recommendation Applications, Data Mining and Knowledge Discovery, 5, 115 – 153, 2001.

[54] Shah, M. and S. Clarke, E – Banking Management: Issues, Solutions, and Strategies. New York Information Science Reference, 2009.

[55] Shin, H. S. , Reflections on Northern Rock: The Bank Run that Heralded the Global Financial Crisis, Journal of Economic Perspectives, Vol. 23 (1), Winter 2009.

[56] Smart Card Alliance, The Changing U. S. Payments Landscape: Impact on Payment Transactions at Physical Stores, A Smart Card Alliance Payments Council White Paper, No, PC – 13002, November 2013.

[57] World Economic Forum, The Mobile Financial Services Development Report 2011, May, 2011.

后 记

　　2013 年，互联网金融进入爆发期，新的产品、应用、渠道和服务模式获得了用户的青睐。一时间，金融业仿佛四面楚歌。实际上，金融业与信息技术的融合早在 20 世纪 60 年代就已经开始，银行业是最早应用现代信息技术成果的行业之一。当前，技术、经济、商业、生活、娱乐、习惯、市场、客户都在因为互联网应用而发生深刻变化，银行业需要与时俱进、图新求变，更好地履行自己的使命和功能。

　　本书以银行业与互联网之间的融合为主线，尝试着对互联网时代银行业发展趋势及银行业创新转型发展进行了探讨。在互联网金融的刺激下，银行业创新的积极性和活跃度已经得到了极大的提高，一些创新成果也已产生了良好的客户体验和商业成功，银行内部运营更加高效。由于精力所限，这些创新成果并没有全部体现在本书中。本书在行文过程中所引荐的案例，仅以阐明观点为目的。

　　本书自确定选题到定稿，历时 20 月余。在此过程中，得到了许多同志的帮助。其中，王澄和张岩参与了本书写作思路和行文结构的设计论证，提出了很多好的建议，并参与了部分章节的撰写。龚研参与了本书初稿的修改。另外，中国金融出版社的魏革军社长和赵燕红女士为本书的校勘和出版做了大量工作，在此表示感谢。

　　在新的历史条件下，银行业与互联网的融合仍然是一个新课题。由于认识所限，书稿肯定存有不足，敬请专家朋友们批评指正。

肖远企

2015 年 4 月